Rudolf Radke

W0049217

Teddy Kollek

*Ein Leben
für die Menschlichkeit*

List Verlag
München · Leipzig

Lektorat: Autoren- und Medienservice, Reute

ISBN 3-471-78547-7

© 1991 Paul List Verlag
in der Südwest Verlag GmbH & Co. KG, München.
Alle Rechte vorbehalten. Printed in Austria
Satz: Typodata GmbH, München
Druck- und Bindearbeit: Wiener Verlag, Himberg

Inhalt

Vorwort

von
Bernhard Vogel

Jerusalem ist eine Stadt wie keine andere. Es ist eine einzigartige Stadt. Jerusalem ist die Heimat von drei großen monotheistischen Weltreligionen, die in ihrer jahrtausendealten Geschichte nie Frieden gefunden hat.

Für die Gegenwart, für die Zeit nach der Wiedergeburt des Staates Israel im Jahr 1948, ist der Name Teddy Kollek untrennbar mit dieser Stadt verbunden. Er ist seit über 25 Jahren ihr Oberbürgermeister. Ein Oberbürgermeister wie kein anderer im Einsatz für die Menschen seiner Stadt.

Sein Lebenswerk ist der Wiederaufbau Jerusalems, und sein Traum ist es, in dieser Stadt Versöhnung zu erreichen. Versöhnung von Israeli und Arabern, von Juden und Christen. Zu erreichen, daß alle Menschen im Frieden und guter Nachbarschaft miteinander leben können. Sein Ziel ist ein offenes Jerusalem für alle Einwohner jeglichen Glaubens. Auf die Frage nach seinem Traum vom Glück hat er geantwortet: »Eine Stadt, in der alle Bürger zufrieden sind.«

Teddy Kollek hat die Idee des Schmelztiegels verworfen. Er will keine jüdischen, muslimischen, christlichen Durchschnittsbürger. Sein Ideal ist das Bild vom Mosaik, das sich aus vielen Steinen zusammensetzt. »Die Koexistenz von differenzierten Gemeinschaften«, wo jeder seiner eigenen Kultur und seiner Religion treu bleiben kann. Von der »Sisyphusarbeit der Toleranz« hat man gesprochen, wobei Toleranz bedeutet, des anderen Meinung zu achten, auch wenn man sie nicht teilt, wie Rosa Luxemburg, die deutsch-polnische Radikalsozialistin, Tochter

I

eines jüdischen Kaufmanns, es gesagt hat: »Freiheit ist immer Freiheit der Andersdenkenden!«

Teddy Kollek steht seit Jahrzehnten in der täglichen Konfrontation mit der Wirklichkeit. Er ist ein lebendes Beispiel dafür, daß nicht der dem Frieden am meisten dient, der sich über den Unfrieden aufregt und gegen den Krieg demonstriert, sondern der, der Hand anlegt und mit seinen ganzen Kräften dazu beiträgt, daß Frieden wird, daß Konflikte beigelegt und Kompromisse gefunden werden. Er besitzt die Fähigkeit, Spannungen auszuhalten und sich ihnen nicht zu entziehen.

Jerusalem ist ein Symbol. Wer sich für den Frieden in Jerusalem einsetzt, setzt sich für den Frieden in der ganzen Welt ein. Teddy Kollek lebt dafür, daß Jerusalem nicht vergessen wird. Jerusalem nicht zu vergessen, heißt zugleich, Israel nicht zu vergessen.

Teddy Kollek hat sich für Jerusalem entschieden, obwohl vieles auf seinem Lebensweg dafür sprach, daß er als israelischer Politiker eine herausragende Rolle spielen würde, als Außenminister oder als Ministerpräsident. Und er hat zugleich Israel und die Weltpolitik nicht aus den Augen verloren. Er ist stets für die Normalisierung der israelisch-deutschen Beziehungen eingetreten.

Dafür haben wir Deutsche ihm wohl am meisten zu danken, vor allem dafür, daß er uns immer wieder mit der Gegenwart konfrontiert hat. Wer über Auschwitz trauert, den kann – so meine ich – die Gefahr eines Gasangriffs durch Saddam Hussein gegen Israel nicht gleichgültig lassen. Und wer wie die Juden im Deutschland Hitlers grausam hat erfahren müssen, daß Wehrlosigkeit Entrechtung, Demütigung und Tod bedeutet, der muß über Friedensliebe und Verteidigungsbereitschaft neu nachdenken.

Amos Oz, einer der bekanntesten und meistgelesenen lebenden israelischen Schriftsteller, Begründer der »Peace now«-Bewegung und leidenschaftlicher Befürworter der Aussöhnung von Juden und Arabern, hat vier Wochen nach Beginn des Golfkriegs der Frankfurter Allgemeinen Zeitung ein Interview gegeben. In ihm kommt er zu dem Ergebnis, daß einige Folgerungen, die Deutsche aus der Nazizeit gezogen haben, falsch und gefährlich

II

zu sein scheinen: »Der sentimentale Pazifismus, die blinde Zustimmung zu allem, was die Dritte Welt tut, der Anti-Amerikanismus und schließlich die fanatischen – ich wiederhole, die fanatischen – Aspekte der ökologischen Bewegung.«

Nachdenken müssen wir wohl vor allem über seine Bemerkung, die auch die Bemerkung eines Angehörigen einer Friedensbewegung ist, daß nicht der Krieg das absolut Böse ist, sondern die Aggression. Wer unter allen Umständen Gewalt vermeidet, beschwört Gewalt herauf. »Wenn die ganze Welt die Haltung der deutschen Pazifisten übernähme, wäre diese Welt bald in den Händen von sehr, sehr üblen Leuten.«

Hitler und Saddam Hussein sind bestimmt nicht vergleichbar; Hitlers Verbrechen sind singulär. Aber wer aus Hitlers Weltkrieg den Schluß zieht, niemals und unter keinen Umständen dürfe Krieg geführt werden, verkennt, was Daladier und Chamberlain in München falsch gemacht haben: Sie haben mit der Hinnahme eines Übels ein ungleich größeres Verbrechen nicht verhindert.

Amos Oz weist uns Deutsche – wie ich meine, zu Recht – darauf hin, daß man vom wiedervereinigten Deutschland mehr Verantwortung in der Welt erwartet. Zugegeben, die Forderung, größere Verantwortung zu übernehmen, traf uns unvorbereitet, aber wir werden uns zumindest nach der Lektion der Ereignisse im Januar 1991 auf sie einstellen müssen. Dazu gehört auch, daß wir begreifen, daß ein Angriff auf die, die das Inferno der Gaskammern von Auschwitz überstanden haben, ein Angriff auf uns ist.

Natürlich darf die Vergangenheit nicht verschwiegen oder vergessen werden, aber sie lebendig zu halten heißt, gemeinsam an einer besseren Zukunft zu bauen.

Teddy Kollek hat in der Paulskirche, als man ihm dort im Oktober 1985 den Friedenspreis des deutschen Buchhandels verlieh, offen bekannt, daß er einen Augenblick gezögert hat, die Ehrung anzunehmen. Aber er hat es dann doch getan, wie vor ihm Martin Buber, Yehudi Menuhin und Manès Sperber. Und er hat bewußt Manfred Rommel, den Sohn des Generalfeldmarschalls des Zweiten Weltkriegs, als Laudator vorgeschlagen, weil dieser ihm bei einem Besuch in Jerusalem Fotografien geschenkt hat, die sein Onkel 1917 von einem Flugzeug aus von Jerusalem gemacht hatte. Der Onkel war dort mit einer deutschen Jagdstaffel, um den Türken im Ersten Weltkrieg zu helfen. Aber natürlich vor allem, weil er sich an 1942 erinnert hat, als man sich in Palästina auf eine mögliche Invasion der deutschen Armee unter Rommel vorbereitet hat. Dies nicht zu verschweigen und 40 Jahre später den Oberbürgermeister einer deutschen Großstadt, der seinen Namen trägt, aus diesem Anlaß um sein Wort zu bitten, heißt: Vergangenheit und Zukunft miteinander verbinden.

Den mit dem Preis verbundenen Geldbetrag hat Teddy Kollek der Jerusalem Foundation gespendet. Noch am Nachmittag des gleichen Tages haben wir beschlossen, die Initiative für den Bau eines Begegnungszentrums für arabische und jüdische Jugendliche in Jerusalem zu ergreifen. Ähnlich, wie zuvor mit starker Unterstützung der Jerusalem Foundation Deutschland das arabische Gesundheitszentrum Sheikh Jarach gebaut worden war, eine hochmoderne Poliklinik, in der auch in den Tagen der heftigsten Unruhen in Jerusalem wie gewohnt zwischen 600 und 700 arabische Patienten behandelt worden sind.

Die Jerusalem Foundation ist eine Stiftung, durch die fast überall in der Welt Juden Jerusalem, dem Zentrum des jüdischen Volkes, zu helfen versuchen, indem sie historische Stätten restaurieren und zum Ausgleich der sozialen Beziehungen zwischen Juden und Arabern beitragen. Nur in Deutschland, wo es kaum noch Juden gibt, haben stellvertretend deutsche Politiker, Wissenschaftler und Publizisten die Initiative ergriffen. Eric Blumenfeld zum Beispiel, Georg Leber, Heinz Kühn, Monika Schöller, Reinhard Mohn, Frieder Burda, Bernhard Servatius, Gisela Freudenberg, um nur einige Namen zu nennen.

»Leicht ist es nicht, 20 Jahre Bürgermeister von Jerusalem zu sein«, hat Teddy Kollek vor Jahren einmal gesagt. Aber er ist heute – im 80. Lebensjahr – in einer Zeit, in der sein Werk erneut bedroht ist, wie vor 25 Jahren: rastlos vom frühen Morgen bis spät in die Nacht, ungeduldig, weil alles viel zu langsam geht, unbequem, weil einer den anderen behindert, schöpferisch, weil das Außergewöhnliche in seiner Stadt die Regel ist, leidenschaftlich, weil nichts in der Welt ihm wichtiger ist, ausgleichend, weil jeder in eine andere Richtung gehen will, unkonventionell, weil der Alltag jede Konvention sprengt, humorvoll, weil er den Humor für die wichtigste Tugend hält, liebenswürdig, weil er die Menschen liebt, voller Hoffnung, daß es morgen besser sein wird. Teddy Kollek gehört zu den Menschen, die nicht nur einen, sondern zwei Apfelbäume pflanzten, auch wenn ihnen gesagt würde, daß die Welt morgen ein Ende hat.

1 Eine Jugend in Wien

Die Wurzeln

Daß die Eltern ihm den Vornamen des Mannes gaben, der das Judentum zur Neubesinnung auf seine Wurzeln in Palästina führte, war gewiß kein Zufall. Theodor Herzl hatte das Denken der Familie Kollek so tief geprägt wie das von vielen tausend anderen Juden in Europa auch. Der Zionismus wurde Theodor Kollek – später nannte ihn jeder nur noch »Teddy« – mit in die Wiege gelegt. Sonst aber verlief der Lebensweg des ältesten Sohns der Familie Kollek so ganz anders als der des Namenspatrons; verschiedener konnten zwei Menschen kaum sein.

Theodor Herzl, der zurückhaltende, sensible Student der Rechte und der Volkswirtschaft im Wien der k.u.k.Monarchie, der spätere Feuilletonredakteur und Literat, der die große Geste liebte und sich gern an den Fürstenhöfen Europas zeigte. Theodor Herzl, dessen Vision schließlich dem jüdischen Volk den Weg aus der Drangsal der Unterdrückung wies. Von seiner grandiosen Schrift »Der Judenstaat« sagte er, »alles Tun der Menschen war vorher Traum«. Teddy Kollek – ein halbes Jahrhundert später geboren – wurde dieser Mann des »Tuns«. Er steuerte ähnlich begeistert auf die Heimstätte der Juden in Palästina zu, aber von einem anderen Ausgangspunkt aus.

Nicht die politischen Rahmenbedingungen des zionistischen Gebäudes standen im Vordergrund seines Interesses, sondern die praktische Arbeit. Am Siedlungswerk der Juden in Palästina mitzuarbeiten, das Land »von unten her« zu erobern, war seine Vorstellung. Dem Volk zugewandt, rastlos arbeitend, Theorien abgeneigt, entsprach er so ganz dem Bild des »neuen Juden«. Es

Mit der Mutter in Wien 1914 im Alter von dreieinhalb Jahren.

war jener Typ, den Max Nordau, einer der frühen Zionisten, in der etwas pathetischen Sprache jener Zeit »Muskeljuden« genannt hatte. Ein Mann eben, der allen »spiritualistischen Spekulationen« der Zionisten fernstand.

Gemeinsam war den beiden Männern die Herkunft aus Ungarn: Theodor Herzl kam am 2. Mai 1860 als Sohn eines wohlhabenden Kaufmanns in Budapest zur Welt, Teddy Kollek nicht weit davon entfernt in dem Dorf Nagyvaszony am 27. Mai 1911 – sieben Jahre nach Herzls Tod. Vater Alfred Kollek war dort leitender Angestellter einer ungarischen Holzfirma, die zum Besitz der Wiener Rothschilds gehörte. Als Sohn eines Lehrers, der an einer ungarischen Oberschule jüdischen Religionsunterricht gab, sprach er fließend ungarisch. Seine Frau Grete, die er 1910 in Wien geheiratet hatte, kam aus einer weniger religiösen Familie in der Slowakei. Die Großeltern stammten überwiegend aus Brünn.

In dieser Herkunft des jungen Teddy spiegelte sich die ganze Völkervielfalt der Monarchie wider, ihre jahrhundertealte Fä-

Ferien in Karlsbad 1925. Von links: Teddy, Mutter Grete, Bruder Paul, Vater Alfred Kollek.

11

higkeit zum friedlichen Miteinander. Viel später erinnert sich Kollek noch an Wahlplakate in Wien, die in deutscher, tschechischer, ungarischer und polnischer Sprache abgefaßt waren. Sollte die Toleranz dieser multikulturellen Gesellschaft nicht auch auf den jüdisch-arabischen Konflikt zu übertragen sein? Der Bürgermeister von Jerusalem glaubt daran, aber die Rückschläge auf dem Weg dorthin sind zu offensichtlich, um sie zu übersehen – damals wie heute.

Teddy Kollek wurde in eine Zeit hineingeboren, als das Gebäude der k.u.k.Monarchie bereits gefährliche Risse zeigte. Die Nationalitätenfrage war zum Kernproblem geworden. Autonomiebewegungen entstanden. In Ungarn bildeten sich Massenparteien. Die Donaumonarchie wurde immer instabiler und unbeweglicher. Die politische Führung begann zu resignieren. Mit dem Mord an Erzherzog Franz Ferdinand, dem Thronfolger, senkten sich die Schatten endgültig herab.

Später, schon gegen Ende des Ersten Weltkriegs, steht der junge Teddy mit seinem Vater – er war Reserveoffizier der österreichischen Armee – am Grab des Erzherzogs im niederösterreichischen Herzogenburg. Ein anderes Erlebnis hinterließ bei ihm tiefere Spuren: die Beisetzung Kaiser Franz Josefs im Jahr 1916. Er schreibt darüber in seiner Autobiographie: »Es war ein großes Staatsbegräbnis, vermutlich die letzte Prachtentfaltung des sterbenden k.u.k.Österreich-Ungarn. Lebhaft erinnere ich mich an den Trauerzug: Uniformen, Pferde und Fahnen vor dem Hintergrund der traurigen Gesichter des Volkes… Sie müssen geahnt haben, daß eine große Zeit zu Ende ging.«

Zwei Jahre später war der Zerfall der Donaumonarchie besiegelt. In den Pariser Vorortverträgen wurde 1919 und 1920 die Nachkriegsordnung für Südosteuropa festgeschrieben.

Neue Staaten entstanden: Österreich, die Tschechoslowakei und Ungarn. Teile der ehemaligen Habsburgermonarchie kamen an Italien, Polen, Rumänien und Serbien. Als die Eltern sich 1918 in Wien niederlassen, ist Teddy Kollek noch zu jung, um Ursachen und Folgen dieser historischen Ereignisse zu begreifen. Wohl spürt er die große Not, die Hunger und Kälte den Menschen in der ehemaligen Metropole auferlegen. Aber welche Prüfungen die Zukunft für die Juden Österreichs bereithält, ahnt er zu jener Zeit nicht.

Kaiser Franz Josef war es, der den Juden Österreich-Ungarns im Jahr 1869 die volle bürgerliche Gleichberechtigung zugestand. Im benachbarten Deutschen Reich geschah das zwei Jahre später, 1871. Die Gleichstellung der Juden in Österreich-Ungarn hatte ein jahrhundertelanges Auf und Ab von Duldung und Verfolgung abgelöst. Nun brauchten die Juden sich nicht mehr auf Tätigkeiten im Handel zu beschränken. Im Jahr 1890 gehörte in Wien schon fast die Hälfte der Ärzte, Anwälte, Publizisten und Angehörigen anderer geistiger Berufe die israelitischen Gemeinde an, darunter so bekannte Männer wie Karl Kraus, Stefan Zweig, Franz Werfel, Max Reinhardt, Sigmund Freud, Victor Adler und – Theodor Herzl. Die pulsierende und vielgesichtige Hauptstadt der Völker der Donaumonarchie war seit langem für die Juden ein Symbol der Hoffnung, der Diskriminierung und Deklassierung, den Ghettos und Pogromen Osteuropas zu entkommen. Schließlich gab ihnen der populäre Kaiser Franz Josef Brief und Siegel, daß sich die Hoffnung erfüllen werde. Rasch stieg die Zahl jüdischer Bürger Wiens an. Waren es 1856 noch 15 600, so 1910 schon 175 318.

Aufbruchsstimmung breitete sich aus. Die staatsbürgerliche Gleichstellung schien die Juden endlich aus dem gesellschaftspolitischen Abseits in Westeuropa hinauszuführen. War es jetzt nicht an der Zeit, den Weg der Assimilierung zu gehen? Tatsächlich suchte ein großer Teil des oberen und mittleren Bürgertums in Österreich wie in Deutschland – die Familie Herzl war ein Beispiel dafür – die Anpassung an Sprache und soziales Verhalten, an Sitten und Gebräuche des Gastlandes. Ziel war der national und liberal gesinnte Bürger mosaischen Glaubens. Wenn Juden im Ersten Weltkrieg in den Armeen Deutschlands oder Österreichs dienten, wie es Alfred Kollek tat, dann oft aus dieser Überzeugung heraus.

Doch das Schicksal wollte es, daß mit dem Aufbruch der Juden auch ihre Bedrohung gegenwärtig blieb. Bei der Entwicklung des modernen Kapitalismus hatten sie eine bedeutende Rolle gespielt – in Österreich mehr noch als in Deutschland. Und die geistig lebendigsten Vertreter des Judentums fanden zur aufkommenden Moderne schneller Zugang als die übrige Gesellschaft. Was die Juden aber ernteten, war nicht Anerkennung, sondern zunehmend Mißtrauen. Emanzipation und Assimilation führten geradewegs in den Antisemitismus.

Als der Dichter Heinrich Heine mit dem Judentum brach und sich taufen ließ, mußte er bald darauf feststellen, daß auch der getaufte Jude immer noch diskriminiert wurde. Offensichtlich stand die gesellschaftliche Diskriminierung in einer Wechselbeziehung zum Prozeß der von Staats wegen verfügten Befreiung von eben dieser Diskriminierung. Schon Ende der siebziger Jahre des vorigen Jahrhunderts nahm der Antisemitismus in Deutschland – nur wenige Jahre nach der Gleichstellung der Juden – spektakuläre Formen an. Er organisierte sich zum erstenmal parteipolitisch: in der Christlich-Sozialen Partei des protestantischen Predigers Adolf Stoecker.

Katholische Kreise waren schon vorher dazu übergegangen, in ihrem Kampf gegen den Liberalismus der frühen Jahre des Bismarckreichs den Antisemitismus als politische Waffe zu nutzen. Die antisemitischen Parteien in Deutschland blieben zwar am Ende Randerscheinungen – nicht aber der Antisemitismus selbst. Eine seltsame Mischung von rassischen und religiösen Argumenten gegen das Judentum fand einen fruchtbaren Nährboden z. B. bei den katholischen Bauernverbänden, dem Deutschen Handlungsgehilfenverband und dem Alldeutschen Verband. Mit seinem Pamphlet »Der Talmudjude« erregte der Prager katholische Theologe August Rohling besonders in der Donaumonarchie Aufsehen.

Der neubelebte, zum Teil organisierte Antisemitismus in Deutschland griff über die deutschen Grenzen hinaus. In Österreich-Ungarn fand er in militant klerikalen Kreisen schnell Anhänger. Die problematische wirtschaftliche Lage in den Ländern der k.u.k. Monarchie begünstigte seine Verbreitung noch. Aber es ging langsamer voran als bei den Nachbarn. Erst allmählich drang der Virus in die Strukturen der österreichischen Gesellschaft ein, um sich dort dann aber um so dauerhafter festzusetzen.

Anders in Rußland. Wie mit einer brennenden Fackel löste der deutsche Antisemitismus dort ein Feuer aus, das den großen jüdischen Bevölkerungsteil zutiefst erschütterte. Als die Ermordung des Reformzaren Alexander II. im Jahr 1881 durch eine anarchistische Gruppe den Juden zur Last gelegt wurde, begannen Verfolgungen, die an Brutalität kaum zu überbieten waren. Staatlich gelenkt, mindestens geduldet, entsprachen sie der offiziellen Unterdrückungspolitik Petersburgs. Schwere soziale Gegensätze verschärften die haßerfüllte Pogromstimmung gegenüber den Juden noch. Mord war an der Tagesordnung. Besonders in Kiew und Odessa.

Aber so schwer auch die Trauer über das Geschehen auf den Juden lastete, es war die Keimzelle einer Solidarität, die von der Hoffnung auf ein menschenwürdiges Leben innerhalb der bestehenden Nationen Abschied zu nehmen begann. Bald nach den Pogromen von 1881/82 formulierte Leon Pinsker, ein assimilierter jüdischer Arzt aus Odessa, in einer Schrift mit dem Titel »Autoemanzipation« das Ziel. Er rief das jüdische Volk zum Umschwung auf, zur Selbsthilfe: »Nicht die bürgerliche Gleichstellung der Juden in dem einen oder anderen Staate vermag diesen Umschwung herbeizuführen, sondern einzig und allein die Autoemanzipation des jüdischen Volkes als Nation, die Gründung eines eigenen jüdischen Kolonistengemeinwesens, welches dereinst unsere ureigene, unveräußerliche Heimat, unser Vaterland werden soll.«

Der nationale Gedanke, den Pinsker so aufrüttelnd formuliert hatte, fand ein weiträumiges Echo. In vielen Städten Rußlands, aber auch in Paris und London, in Berlin und Wien, bildeten sich jüdische Aktionsgruppen, die Zionsfreunde. Noch aber war die Zeit nicht reif, der Boden nur vorbereitet für die Visionen eines anderen Mannes.

Wohl aber hatten die Pogrome in Rußland den Hoffnungen auf wirkliche Gleichberechtigung einen tödlichen Stoß versetzt. Viele Tausende russischer Juden brachen auf, um ihr nacktes Leben zu retten. Von 1882 bis zum Ersten Weltkrieg wanderten 1,5 Millionen in die USA aus. Bis 1903 wurden 20000 bis 30000 gezählt, die den Mut hatten, in das Land ihrer Vorväter auszuwandern –

nach Palästina. Später nannte man es die 1. Alija (»Zug hinauf nach Zion«). In der Nähe von Jaffa, am Ufer des Mittelmeers, entstand die erste jüdische Kolonie:»Rischon le Zion« (»Erste in Zion«). Weitere jüdische Dörfer und Kolonien wurden in harter, entbehrungsreicher Arbeit angelegt.

Knapp ein Jahrzehnt später gab es schon zehn jüdische Siedlungen auf palästinensischem Boden. Platz war genug da, denn kaum mehr als 500000 Araber wohnten im Land. Aber die mutigen Siedler konnten von ihrer Hände Arbeit nicht existieren. Sie lebten von der Unterstützung wohlhabender Juden Westeuropas. Die Bemühungen des britischen Philantropen Sir Moses Montefiore, in Jerusalem ansässigen Juden zu einer eigenen Existenz zu verhelfen, steckten noch in den Anfängen. Wohl hatten Wiener Studenten bereits 1882 eine nationaljüdische Verbindung gegründet, genannt »Kadima« (»vorwärts«), doch die meisten Juden Österreich-Ungarns blickten noch in eine andere Richtung.

So auch die Familie Herzl. Sie war weitgehend assimiliert. Der Sohn Theodor Herzl empfand sich als österreichischer Patriot. Hebräischer Kultur stand er fern. Was andere Juden zum Thema »nationale Heimstätte« gedacht hatten, war ihm zunächst unbekannt. Antisemitische Strömungen in Österreich blieben ihm zwar nicht verborgen, aber erst seine Korrespondentenzeit in Paris, wo er die antijüdische Kampagne im Zusammenhang mit der Dreyfus-Affäre erlebte, sollte ihn die Größe der Gefahr erkennen lassen.

An einem Wintertag des Jahres 1896 legte der christliche Verlagsbuchhändler Breitenstein in Wiens Währingerstraße eine kleine Broschüre in sein Schaufenster, der Titel lautete »Der Judenstaat – Versuch einer modernen Lösung der Judenfrage«. Verfasser war der bekannte Wiener Journalist und Bühnenautor Theodor Herzl. Sorgfältig hatte er die Lage der Juden in Europa analysiert und war zu einem deprimierenden Schluß gekommen: »Wir haben überall ehrlich versucht, in der uns umgebenden Volksgemeinschaft unterzugehen und nur den Glauben unserer Väter zu bewahren. Man läßt es nicht zu.

Vergebens sind wir treue und an manchen Orten sogar über- schwengliche Patrioten, vergebens bemühen wir uns, den Ruhm unserer Vaterländer in Künsten und Wissenschaften, ihren Reichtum durch Handel und Verkehr zu erhöhen. In unseren Vaterländern, in denen wir ja auch schon seit Jahrhunderten wohnen, werden wir als Fremdlinge ausgeschrien… Im jetzigen Zustande der Welt und wohl noch in unabsehbarer Zeit geht Macht vor Recht. Wenn man uns in Ruhe ließe… Aber ich glau- be, man wird uns nicht in Ruhe lassen.«

Mutig forderte Herzl einen eigenen Staat für die Juden. Er ließ die Frage noch offen, wo er liegen solle, in Palästina oder in Ar- gentinien. Später wurde kurze Zeit auch Uganda genannt. Aber es ist klar, welchen Platz er damals bevorzugte: »Palästina ist un- sere unvergeßliche historische Heimat. Dieser Name allein wäre ein gewaltig ergreifender Sammelruf für unser Volk.« Und mit erstaunlichem Weitblick fügte er hinzu: »Für die heiligen Stätten der Christenheit ließe sich eine völkerrechtliche Form der Exter- ritorialisierung finden. Wir würden die Ehrenwache um die heiligen Stätten bilden… Diese Ehrenwache wäre das große Symbol für die Lösung der Judenfrage nach achtzehn für uns qualvollen Jahrhunderten.«

Die Schwierigkeiten, die der Ausführung seines Plans entge- genstehen mußten, sah Herzl in vielen Punkten voraus. Die Staatsgründung würde nach seiner Meinung ein langwieriger Prozeß sein, was er dann auch tatsächlich war. Wo der Staat lie- gen sollte – das hat die aufkommende zionistische Bewegung bald entschieden, in Palästina. Aber wie sollte die Staatsgrün- dung erreicht werden? An dieser Frage schieden sich die Geister sehr schnell. Herzl sprach sich gegen das weitere Eindringen einzelner Juden in Palästina aus. Auch von einer späteren Unab- hängigkeitserklärung hielt er nichts.

Er strebte vielmehr eine international anerkannte Erwerbung Palästinas durch die Juden an – mit Hilfe eines Charter, wie er sie nannte. Um das zu erreichen, sah er umfangreiche diploma- tische Verhandlungen voraus. Die Reaktion auf den »Juden- staat« im Judentum Wiens und darüber hinaus in Europa war zunächst äußerst zwiespältig. Auch Herzls erste Erkundungsreisen zum Sultan in Konstantinopel, zu dessen Reich Palästina gehörte, und zu den Politikern in den europäischen Hauptstädten konnten ihn kaum ermutigen. So diplomatisch und charmant er auch auftrat: Sein Nachteil war, daß er wenig mehr als sich selbst vertrat.

Aber dieser Mann, der mit seiner selbstgestellten Aufgabe über sich hinauswuchs, gab nicht auf. Und ganz allmählich brachte er die zionistische Bewegung in Schwung. Am 29. August 1897 konnte in Basel der erste Zionistische Kongreß stattfinden, um, wie Herzl sagte, »den Grundstein zu dem Haus zu legen, das dereinst die jüdische Nation beherbergen wird«. Die Lagebeschreibung, die Max Nordau vor den Vertretern der 117 zionistischen Gruppen gab, war erschütternd. Er sprach von der »moralischen Judennot«, die bitterer sei als die materielle. Der emanzipierte Jude sei seiner selbst und der anderen Menschen nicht sicher, voll von Ängsten, unausgeglichen, und er mißtraue sogar den verborgenen Gefühlen seiner Freunde. Manche Juden versuchten, der Gefahr durch die Taufe zu entgehen, aber der neue rassistische Antisemitismus anerkenne diesen einfachen Ausweg nicht. Andere wiederum schlössen sich revolutionären Bewegungen an und hofften, daß mit der Vernichtung der alten Ordnung auch der Antisemitismus verschwinden würde. Schließlich gebe es noch die Zionisten. Und diese gaben sich nun auf dem Basler Kongreß ihr Grundgesetz – das offizielle Programm der Bewegung, ein Meilenstein der jüdischen Geschichte:

»Der Zionismus erstrebt für das jüdische Volk die Schaffung einer öffentlich-rechtlich gesicherten Heimstätte in Palästina. Zur Erreichung dieses Ziels sieht der Kongreß folgende Maßnahmen vor:

1. Die zweckdienliche Besiedlung Palästinas mit jüdischen Ackerbauern, Handwerkern und Gewerbetreibenden.
2. Die Gliederung und Zusammenfassung der gesamten Judenschaft durch geeignete örtliche und allgemeine Veranstaltungen nach den Landesgesetzen.
3. Die Stärkung des jüdischen Volksgefühls und Volksbewußtseins.

4. Vorbereitende Schritte zur Erlangung der Regierungszustim-
mungen, die nötig sind, um das Ziel des Zionismus zu erreichen.«

Der Baseler Kongreß und seine Beschlüsse, die diese Versamm-
lungen auch zu einer ständigen Einrichtung machten, fand
weltweite Aufmerksamkeit. Theodor Herzl hatte damit sein
wichtigstes Ziel erreicht. Hinter ihm stand jetzt eine dynamische
Bewegung. Donnernder Beifall hatte es ihm in Basel vielfach bestätigt. Bereits beim nächsten Kongreß ein Jahr später konnte er
feststellen, daß die Zionistische Bewegung weiter gewachsen
war: Statt 200 Delegierte wie 1897 waren es nun 400 aus 913
zionistischen Gruppen.
Mit neuem Schwung nahm Herzl seine Aktivitäten wieder auf,
die zu einer Zustimmung der Türkei und europäischer Mächte
zum Basler Programm führen sollten. Aber das Interessenge-
flecht der Herrschenden war um die Jahrhundertwende nicht zu
durchdringen. Typisch dafür Kaiser Wilhelm II., der auf die Bitte
Herzls nach der Schirmherrschaft über das zionistische Projekt
weder ja noch nein sagte. Er wollte den Sultan nicht verärgern.
Und innerhalb der Bewegung stieß Herzls Modell eines modernen, aufgeklärten Gemeinwesens, das nicht spezifisch jüdisch
sein mußte, auf wachsende Kritik. Andere prominente Zionisten
wollten auf die speziell jüdische Ausprägung keinesfalls ver-
zichten.
Der unermüdliche Theodor Herzl hatte es mit schwierigen, ja
widerspenstigen Anhängern zu tun, von denen jeder eigene
politische Vorstellungen besaß. Ein Umstand, der für die Zionisten ebenso charakteristisch war wie später für den Staat
Israel. Zwar setzte er sich mit autokratischem Stil oft darüber
hinweg, aber so war vorauszusehen, daß der Zionismus seine
härtesten Bewährungsproben noch vor sich hatte. Als Herzl
1904 im Alter von 44 Jahren an einem Herzleiden starb, konnte
die Zionistische Bewegung nicht mehr hoffen, in Palästina
festen Halt zu finden, solange das Osmanische Reich noch existierte. Und das sollte noch beinahe anderthalb Jahrzehnte der
Fall sein.

Sein historisches Verdienst blieb die Begründung des politischen Zionismus. Auf einer mächtigen Zeitströmung aufbauend, gab er den Juden wieder Selbstvertrauen und Hoffnung, denen in Osteuropa mehr noch als jenen in Westeuropa. Aber nach dem Tod des großen Visionärs brach in der Zionistischen Bewegung die Auseinandersetzung um das »Wie« der erstrebten Heimstätte nur um so leidenschaftlicher aus. Auf dem 7. Kongreß 1905 in Basel wurde der Kurs neu bestimmt: Die Förderung von Landwirtschaft und Industrie in Palästina stand nun obenan, nicht mehr Geheimdiplomatie. Die zupackenden Pragmatiker hatten sich durchgesetzt.

Der neue Jude

Wieder machten sich um diese Zeit Zehntausende von Juden Osteuropas auf den Weg nach Palästina. Sie warteten das Ende der Debatten in der Zionistischen Bewegung nicht ab. Sie waren, von der Not getrieben, entschlossen, Tatsachen zu schaffen. Das Siedlungswerk der 1. Alija wollten sie mit eigener Hände Arbeit erweitern und sichern. Es waren 35 000 bis 45 000 osteuropäische Juden, die mit der 2. Alija zwischen 1905 und 1914 in Palästina eintrafen. Unter ihnen auch Arthur Ruppin, deutscher Soziologe und Volkswirt, der den Aufbau genossenschaftlicher Siedlungen leitete. Die erste – Vorläuferin der Kibbuz-Bewegung – hieß Degania und lag am See Genezareth.

Der Mann, der später als Vater des zionistischen Siedlungswerks bezeichnet werden sollte, machte den Weg frei vom politischen zum realen Zionismus.

»Für den Zionisten in Europa ist der Zionismus eine Art Religion, für mich ist er Tat«, sagte Arthur Ruppin einmal. Und es war nicht zu übersehen, wie stark die jüdische Psyche sich unter dem Einfluß der kargen Lebensbedingungen in Palästina veränderte. Die Rückkehr zu Ackerbau und Viehzucht brachte eine Umschichtung zu produktiven Berufen mit sich, die einen veränderten Typ des Juden zur Folge hatte.

Harte Arbeit erwartete auch die Einwanderinnen. Ihre Kraft schien unerschöpflich zu sein – und ihr Optimismus. Hier in Galiläa.

Die Arbeiterbewegung lieferte dazu den ideologischen »Über-bau«. Ihre Geschichte beginnt mit der 2. Alija, und sie fand ihren ersten Ausdruck in zwei miteinander rivalisierenden Gruppen. Die eine nannte sich »Poale Zion«, eine betont klassenkämpferi-sche sozialistische Gruppierung, zu der auch David Ben Gurion gehörte, der spätere langjährige Ministerpräsident Israels; die andere war »Hapoel Hazair«, die ebenfalls aus dem osteuropäi-schen Kleinbürgertum hervorgegangen war, aber pragmatischer vorgehen wollte. Die »Eroberung der Arbeit« stand für sie im Mittelpunkt. Der Boden war für beide wichtiger als das Kapital. Was die »Eroberung der Arbeit« für die ungeübten Einwanderer bedeutete, das hat niemand plastischer beschrieben als Arthur Ruppin. Vor dem 11. Zionisten-Kongreß in Wien 1913 sagte er: »Wir müssen erst kolonisieren lernen. Geldverleihen ist ein Ge-schäft, das wir Juden leider seit zwei Jahrtausenden mehr als zu-viel betreiben; es wäre also mehr als merkwürdig, wenn wir auf dem Gebiet, in dem wir in allen Ländern der Welt exzellieren, nicht auch in Palästina etwas leisten sollten. Aber wo in der Welt finden Sie landwirtschaftliche Sachverständige, Leiter und Ar-beiter, wo finden Sie ein Schema oder Vorbild für solche Arbeit?

21

Die meisten der jungen jüdischen Einwanderer waren die harte Landarbeit nicht gewöhnt. Aber die Begeisterung half mit. Pflügen 1920 in Galiläa.

Hier müssen wir selbst erst mit Schweiß und Blut durch dichtestes Gestrüpp unseren Weg bahnen…«

So war der Zionismus in seiner praktischen und politischen Ausprägung bereits zu einer Kraft geworden, die ihren Platz im Strom der Geschichte suchte, als der junge Teddy Kollek 1918 mit seinen Eltern nach Wien kam. Der Vater unterstützte den Zionismus, war aber nicht aktiv dafür tätig. Noch war der größere Teil der Wiener Juden wenig geneigt, sich vom Gedanken der Assimilation abzuwenden, so religiös sie auch sonst sein mochten. Der Antisemitismus war während des Ersten Weltkriegs abgeflaut, und in der jungen Republik Österreich gab es sogar für kurze Zeit zwei jüdische Minister: Otto Bauer und Julius Deutsch.

Doch für die Familie Kollek war der Zionismus das wichtigste Gesprächsthema. Alfred Kollek hatte zionistische Wochenschriften abonniert und hörte regelmäßig Vorträge. In seiner Grundhaltung ein Konservativer, orientierte er sich wie stets im Leben auch in den Fragen des Zionismus auf das genaueste. Dazu fühlte er sich verpflichtet, und da er Pflichten ernst zu nehmen gewöhnt war, mühte er sich redlich um jedes Detail. Wenn auch

Am See Genezareth im Jahr 1921. Bis dorthin waren die jüdischen Pioniere zu jener Zeit noch nicht gelangt.

nicht eigentlich fromm, ging ihm doch die Treue zum Judentum über alles.

Der Vater hatte es in Österreich-Ungarn zu Ansehen gebracht. Die vielen Reisen, die er zu unternehmen hatte, hinderten ihn jedoch nicht daran, sich soviel wie möglich der Familie zu widmen. Sie bedeutete ihm viel. Um so betrübter war er darüber, daß der Sohn ein schlechter Schüler blieb. Vergeblich versuchte er, Teddy für Geigen- und Sprachunterricht zu interessieren. Der Sohn war am glücklichsten, wenn er still in einer Ecke sitzen und lesen konnte. Da hatten es ihm besonders Bücher angetan, in denen britische Gentlemen die Fähigkeit zeigten, ihre Gefühle zu verbergen. Mehr noch imponierten ihm Helden, die sich rückhaltlos mit einer Sache identifizierten.

Das Verhältnis des Sohnes zur Mutter war herzlich, während die Beziehungen zum Vater eher förmlich blieben. Dennoch ist Teddy noch viele Jahre später überzeugt davon, manche Wertvorstellungen vom Vater übernommen zu haben: hartes Arbeiten zum Beispiel, Liebe zum Detail, Treue zu Menschen und Idealen. Selbst die Neigung Alfred Kolleks, altes Glas und andere Antiquitäten zu sammeln, scheint sich auf den Sohn übertragen zu haben. Dessen Wohnung in Jerusalem ähnelte später Mu-

23

seum und Antiquariat gleichermaßen. In Wien geht Teddy, dessen jüngerer Bruder Paul inzwischen geboren worden war, an Feiertagen in die Synagoge.

Als religiös aber hat er sich nie bezeichnet. Noch nach Jahren erinnert er sich daran, wie er am Sabbat etwas tat, was gläubige Juden unterließen: Er fuhr mit der Straßenbahn. Während Teddy Kollek in Wien die ungeliebte Schulbank drückt, beginnt in der Geschichte Österreichs ein neues, wenig hoffnungsvolles Kapitel. Die junge Republik, am 12. November 1918 von der provisorischen Nationalversammlung ins Leben gerufen, gewinnt keine innere Stabilität. Die wirtschaftliche Lage wird immer trister. Haß vergiftet die Beziehungen zwischen den Parteien der Linken und Rechten, schwere Unruhen kündigen sich an.

Massenarbeitslosigkeit und Inflation bringen Hunger und tiefe Not ins Land. Da überrascht es nicht, daß zu Beginn der zwanziger Jahre in Österreich und darüber hinaus – ganz Europa leidet schließlich unter den Kriegsfolgen – der Antisemitismus gleichsam automatisch wieder aufflammt. Schuldige am Nachkriegselend werden gesucht, und für nicht wenige sind es wieder einmal die Juden. Unter ihnen gibt es manch Älteren, dem noch die Worte des christlich-sozialen Politikers Karl Lueger in den Ohren klingen. Er hatte um die Jahrhundertwende vor der »judenliberalen Verfolgung des katholischen Volkes« gewarnt.

Bestätigt fühlten die Antisemiten sich noch, als um 1919/20 die »Protokolle der Weisen von Zion« in Mitteleuropa auftauchten, ein Pamphlet, das eine weltweite Verschwörung des Judentums zu suggerieren versuchte. Die »Protokolle« waren eine Fälschung, doch sie fanden einen aufnahmebereiten Boden und zeigten ihre verheerende Wirkung noch lange danach in der NS-Propaganda.

In Österreich konnte der wiederauflebende Antisemitismus besonders auf dem flachen Land niemand verborgen bleiben. Aber in den vier Wänden seiner Schule in Wien merkte Teddy Kollek wenig davon.

Seine spätere Frau Tamar, Tochter eines liberalen Rabbiners, ging ebenfalls in den zwanziger Jahren in Wien zur Schule. Sie erfuhr sogar erst nach deren Beendigung, daß sie eine antisemitische Klassenleiterin gehabt hatte. Diese hatte sich bei Tamars Mutter darüber beschwert, daß die Tochter an Samstagen, also am Sabbat, Klassenarbeiten nicht mitschrieb. Bald aber wehte draußen, auf den Straßen Wiens, ein rauherer Wind. Bei Ausflügen sahen sich Teddy und seine jüdischen Freunde nicht selten haßerfüllten nationalistischen Gruppen gegenüber. Es gab Rangeleien. Das Wort »dreckiger Jude« fiel.

Weg in die Wüste

Der Zufall wollte es, daß der Sohn des Hausarztes der Familie Kollek eines Tages den elfjährigen Teddy zu einem Treffen der jüdischen Jugendbewegung mitnahm. Der junge Kollek ahnte nicht, daß sein Leben damit eine neue Wendung zu nehmen begann. Die Gruppe, der er sich zugesellte, traf sich mehrmals in der Woche, sang hebräische Lieder, hörte Berichte über Palästina, trieb Sport und machte sonntags Ausflüge. Später schrieb er darüber: »Wann ich wirklich ein überzeugter Zionist wurde, weiß ich nicht. Ich glaube, ich identifizierte mich deshalb so sehr mit der Bewegung, weil mir die Dinge, die wir dort trieben, besser gefielen als die Schule.«

Es war dann doch nicht nur eine unterhaltsame, auch die Abenteuerlust befriedigende Freizeitbeschäftigung: »Schließlich verbrachte ich immer mehr Zeit in der Bewegung, und je mehr Zeit man der Bewegung widmete, desto wichtiger wurde die Rolle, die man dort spielte. Folglich wurde ich wichtig, und ich nehme an, das war der Augenblick, in dem ich wirklich zum Zionisten wurde. Nachdem ich jedoch einmal ein wahrer Zionist geworden war, stellte ich der Bewegung meine ganze Zeit und Energie zur Verfügung. Etwas anderes wäre mir gar nicht möglich gewesen; das hätte nicht meinem Wesen entsprochen.«

Von den Zielen des Zionismus hatte Teddy Kollek keineswegs eine klare Vorstellung. Er hatte davon gehört, daß in Palästina eine neue jüdische Gesellschaft aufgebaut werden sollte, in der die Landwirtschaft und die körperliche Arbeit im Vordergrund stehen sollten. Das Ziel eines eigenen Staates aber lag dabei –

nicht nur für ihn – in weiter Ferne. Jedenfalls aber zog ihn das Abenteuer Palästina mehr in den Bann als Österreich, das zwar eine großartige Vergangenheit, kaum aber eine attraktive Zukunft hatte.

Die Jugendbewegungen spielten in der Geschichte des Zionismus stets eine bedeutende Rolle. In Mittel- und Westeuropa waren Studenten die ersten Zionisten. Sie gründeten Verbindungen – wie Kadima in Wien – und wurden zum Rückgrat der Bewegung in Deutschland und Österreich. Nicht zufällig legten ihre Mitglieder besonderen Wert auf körperliche Ertüchtigung; denn sie war in den jüdischen Gemeinden traditionell vernachlässigt worden. Nun wurde sie Teil des zionistischen Feldzugs zur Normalisierung jüdischen Lebens. Schon 1898, beim 2. Zionisten-Kongreß in Basel, wurde das Thema diskutiert. Drei Jahre später prägte dann Max Nordau von derselben Stelle aus den Begriff des »Muskeljudentums«.

Der erste unabhängige Bund junger Juden hieß »Blau-Weiß«. Er entstand 1912/13 in Berlin und Breslau; später auch in anderen Städten, darunter in Wien, wo Teddy Kollek Mitglied wurde. Es war nicht zu übersehen, daß der deutsche »Wandervogel« und die britischen »boy scouts« die jüdische Jugendbewegung beeinflußt hatten. Fahrten und Wanderungen verliefen ähnlich, die Lieder glichen sich sogar. Das ideologische Grundmuster von »Blau-Weiß« fand 1922 formellen Ausdruck in der Verpflichtung seiner Mitglieder, nach Palästina auszuwandern und dort gemeinsam zu leben und zu arbeiten.

Bei jüdischen Jugendlichen in Petersburg löste Joseph Trumpeldor mit der Gründung der »Hechalutz-Pioniere« 1917 Begeisterung aus. Trumpeldor hatte als russischer Soldat am russisch-japanischen Krieg teilgenommen. Nun gab er den Anstoß für ein Leben mit manueller Arbeit in Palästina. Eine »Armee namenloser Diener Zions« sah er vor sich. Seine Vision fand ein großes Echo, und in den dreißiger Jahren wurden die Hechalutz-Pioniere, die sich auch nach Westen ausgedehnt hatten, zur Massenbewegung. Jeder vierte von ihnen wurde in Deutschland oder Polen auf Bauernhöfen ausgebildet. Auch Teddy Kollek hatte Kontakt zu ihnen.

Die Begeisterung des jungen Mannes für die zionistische Jugendbewegung wurde jedoch keineswegs von der Mehrheit der jüdischen Jugend Wiens geteilt. In der großen jüdischen Kultusgemeinde Wiens mit ihren 200000 Mitgliedern waren die Zionisten in den zwanziger Jahren sogar in der Minderheit. Das jüdische Bürgertum in der Hauptstadt wollte assimiliert bleiben. Es suchte seinen Weg innerhalb der nichtjüdischen Gesellschaft. Und dort wiederum lehnte sich die Mehrheit der Juden an die Sozialisten an. Die Christlich-Soziale Partei war für sie nicht wählbar, weil sie sich auf die katholische Landbevölkerung mit ihren starken antisemitischen Tendenzen stützte.

Karl Kautsky, Otto Bauer, Victor Adler und die anderen Austromarxisten hatten für den Zionismus nichts übrig. Sie wollten Nationalismus durch Internationalismus ablösen. Die Juden als Nation, erklärte Otto Bauer, seien zum Untergang verurteilt. Jene Wiener Juden, die nicht zionistisch dachten, und das war die Mehrheit, störte das nicht. Auch ein Mann wie Bruno Kreisky, der spätere österreichische Bundeskanzler, fühlte sich von dieser Art des Sozialismus angezogen und blieb deshalb stets auf Distanz zum Staat Israel.

Anders Teddy Kollek. Sein und seiner Freunde politisches Weltbild wuchs aus dem Denken der frühen jüdischen Arbeiterbewegung Osteuropas. Sie waren Zionisten. Ein Teil von ihnen wollte klassenkämpferische Ideen auf das Siedlungswerk in Palästina übertragen, ein anderer eher pragmatisch an die Probleme herangehen. Für wen man sich auch entschied, beide blieben Zionisten, Nationalisten also. Und der praktische Weg dahin beeindruckte den jungen Kollek am meisten. »Ich glaube«, hat er später einmal gesagt, »daß große Dinge nur aus kleinen praktischen Dingen, die man wirklich fertigbringt, herauswachsen.«

Nie ließ er sich von diesem Weg abbringen. Als er später im Amt des Bürgermeisters daranging, das jüdische West- mit dem moslemischen und christlichen Ostjerusalem zusammenzuführen, basierte seine Politik wieder auf dieser einfachen Erkenntnis. Sozialist mit einem fest umrissenen Programm ist er nie gewesen. Die endlosen Streitereien auf den Zionisten-Kongressen über den richtigen Weg des Judentums ließen ihn kalt. Eher ist in ihm – auch darin dem Vater ähnlich – der Liberale zu erkennen, der den Menschen ohne Vorurteil begegnet, welcher Herkunft oder Religion sie auch sein mögen.

Anders als andere konnte er mit Nichtjuden immer gut umgehen. Aber ihn bedrückte doch die schmachvolle Behandlung, der die Juden im zunehmend faschistisch gestimmten Österreich ausgesetzt waren. So kam es, daß die ursprünglich von jugendlicher Abenteuerlust geprägte Mitgliedschaft in der Jugendbewegung in ernsthafte Zukunftsplanung überging. Leidenschaftlich wünschte er sich, nach Palästina auszuwandern. Aber er mußte warten. Die britische Mandatsmacht kontingentierte die Einwanderung streng. Juden aus Polen, die in Palästina einreisen durften und auf dem Weg dorthin in Wien von ihm betreut wurden, stellten seine Geduld auf eine harte Probe.

Es war eine Zeit der Entscheidung. Wer Ende der zwanziger Jahre nicht wirklich nach Palästina wollte, verließ die Jugendgruppe. Die anderen begannen die Landwirtschaft zu erlernen; denn es sollten Bauern und Arbeiter sein, die den Staat aufbauten, keine Kaufleute. Teddy Kolleks früh erkennbare Eigenschaft, sich mit einer Sache ganz zu identifizieren, paarte sich nun mit seiner Ungeduld: 1930 verließ er die Oberschule, um auf einem kleinen Bauernhof zu arbeiten, den die Jugendbewegung in der Nähe Wiens betrieb.

Nur widerstrebend ließ er sich von den besorgten Eltern bewegen, die Schule doch noch abzuschließen. Als das geschehen war, gab es für den Sohn keine weiteren Kompromisse mehr. Wohl steckte ihn der Vater in ein Stahlwerk der Rothschilds bei Mährisch-Ostrau in der Tschechoslowakei – in der Hoffnung, er werde doch noch einen kaufmännischen Beruf erlernen und den Kibbuz vergessen. Aber Mährisch-Ostrau war ein Zentrum des Zionismus, und es vergingen nur wenige Wochen, bis Teddy Kontakt zu den dortigen Hechalutz-Pionieren aufnahm. Er verließ das Stahlwerk, gab eine zionistische Zeitung heraus und bereitete Jugendlager vor. Mit seiner Gruppe übte er hebräische Lieder und Tänze ein.

Die geduldigen Eltern versuchten es noch einmal. Er sollte wenigstens ein Handwerk lernen. Wieder schien er bereit. Als er nach einjährigem Aufenthalt in Mährisch-Ostrau 1932 zurückkehrte, reiste er gleich weiter nach Dortmund, wo ein Onkel eine Autowerkstatt betrieb. Täglich fand er sich dort auch ein. Aber nach ein paar Stunden verschwand er wieder. Sein Ziel: die örtliche Zionistenjugend. Dann nahm das Dortmunder Zwischenspiel ein unvorhergesehenes Ende. Seine Gruppe wurde mehrfach in Zusammenstöße mit Nazis verwickelt, und man bedeutete ihm, dem österreichischen Staatsbürger, er möge Deutschland verlassen. Hitler war gerade Reichskanzler geworden.

Nun gaben es die Eltern auf. Teddy Kollek ließ sich von dem vorgezeichneten Weg nicht abbringen. Seine Aktivitäten für die zionistische Sache waren nicht zu bremsen, seine Begeisterung schien buchstäblich grenzenlos zu sein. Das sollte sich nun noch öfter zeigen. Es konnte auch keinen Zweifel geben, daß er organisatorische und menschliche Fähigkeiten besaß, mit deren Hilfe er junge Zionisten mitriß. Er scheute vor keiner Herausforderung zurück.

Eine neue Bewährungsprobe ließ nicht lange auf sich warten. Im Winter 1933/34 lernte er im tschechoslowakischen Karlsbad, wo er sich nach der Rückkehr aus Dortmund für einige Zeit niedergelassen hatte, um eine Jugendgruppe im Sudetenland aufzubauen, ein jüdisches Ehepaar aus Persien kennen. Es hatte in Chemnitz gelebt und war aufgrund einer Warnung vor der Gestapo über die »grüne Grenze« nach Karlsbad geflohen. Zu jener Zeit hatte die Judenverfolgung des NS-Regimes noch keine einheitliche Ausrichtung. Während auf der einen Seite schon im Frühjahr 1933 zum Boykott jüdischer Geschäfte in Deutschland aufgerufen worden war, förderte die SS auf der anderen Seite die Auswanderung von Juden.

Die Gestapo ging allerdings auf lokaler Ebene gegen jüdische Geschäftsleute rigoros vor. So waren die beiden persischen Juden Hals über Kopf geflohen. Dabei hatten sie ihr zweijähriges Kind bei Verwandten zurückgelassen, außerdem große Summen Geld. Hilfesuchend wandten sie sich an die zionistische

Organisation in Karlsbad. Teddy Kollek zögerte keinen Augenblick, seine Hilfe anzubieten. In seinem österreichischen Paß war sein jüngerer Bruder eingetragen »geboren 1922«. Er änderte die Zahl in »1932« und durfte hoffen, das Kind mit diesem Dokument über die Grenze zu bringen.

Er fand in Chemnitz auch tatsächlich die Villa, in der die Familie gewohnt hatte, und die nun von der Gestapo versiegelt worden war. Da er die Schlüssel hatte, verschaffte er sich Zutritt zu dem Haus und fand auch das Geld. Er machte das Kind ausfindig, setzte sich mit ihm in die Eisenbahn und kam glücklich wieder über die Grenze. Weder der deutsche noch der tschechoslowakische Zoll hatten Verdacht geschöpft. Kind, Geld und Schlüssel trafen wohlbehalten bei den dankbaren Eltern ein.

Noch im selben Winter reiste Teddy Kollek nach Transsilvanien, dem westlichen Teil Rumäniens, in dem ungarisch gesprochen wurde. Ihm war zu Ohren gekommen, daß die dortige zionistische Jugendgruppe, die immerhin etwa tausend Mitglieder hatte, von anderen Jugendbewegungen – mit unterschiedlichen politischen Zielen – umworben wurde. Es waren Konkurrenten von »Blau-Weiß«, Teddy Kolleks eigener Gruppe. In Transsilvanien angekommen, ging er als erstes in die landwirtschaftlichen Ausbildungsbetriebe und arbeitete auf dem Feld mit. In den Pausen diskutierte er mit den jungen Juden.

Dann erst erschien er in dem Jugendlager, das zu dieser Zeit in den Wäldern der Karpaten stattfand. Hunderte von jungen Zionisten waren dort versammelt, darunter auch Amos Manor, ein 16jähriger aus einer jüdischen Familie ungarischer Herkunft. Er war später am Transport von Juden aus Rumänien und Bulgarien nach Palästina beteiligt, überlebte mehrere Konzentrationslager und kam schließlich zum israelischen Geheimdienst. Er und Teddy blieben gute Freunde. Über die erste Begegnung der beiden berichtet Amos Manor, Teddy sei völlig anders gewesen, als es die Freunde gewöhnt waren. Er sei europäisch angezogen gewesen, im Tiroler Stil und mit kurzen Hosen. Er habe sie – groß und blond – mit seinem guten Aussehen und seinem Charme sehr beeindruckt.

Zionistische Ideologien seien nicht gefragt gewesen bei den jungen Juden Transsilvaniens. Dafür habe Teddy Kollek viel Verständnis gehabt und wenig darüber gesprochen. Wichtiger sei es ihnen gewesen, daß er Fußball spielen konnte wie sie – und ein Zelt aufbauen. Eine Woche später entschieden sich die Transsilvaner einmütig, Kolleks Gruppe »Blau-Weiß« beizutreten. Zwar wußten sie nicht genau, was das besagte, doch Teddy als Personifizierung genügte ihnen voll und ganz.

Stolz auf seine Leistung kehrt der 23jährige bald darauf nach Wien zurück. Er lebt noch einmal bei seinen Eltern. Für die Menschen in der österreichischen Hauptstadt verläuft das Jahr 1934 besonders dramatisch. Die Weltwirtschaftskrise hatte in diesem Land tiefe Spuren hinterlassen. Die Industrieproduktion sank, die Arbeitslosigkeit stieg von Jahr zu Jahr an, von 8,8% im Jahr 1929 auf 26% im Jahr 1933. Hunger, Elend und Leid verbergen sich hinter diesen nackten Zahlen. Der Staat beginnt zu wanken. Ein Bürgerkrieg gegen das autoritäre Regime des Bundeskanzlers Dollfuß bricht zusammen, ein Putschversuch der Nationalsozialisten ebenfalls. Aber bald wird ihre Stunde schlagen.

Teddy Kollek erkennt die Schatten die Antisemitismus, die sich zugleich verstärkt über das Land legen. Ihn drängt es nun mit Macht aus Europa hinaus. Da aber nimmt sein Leben eine unerwartete Wendung. Er lernt Tamar kennen, die Tochter eines Rabbiners, die seit kurzem seiner Jugendgruppe angehört. Sie ist sechs Jahre jünger als er und besucht gerade die letzte Oberschulklasse. Nebenbei lernt sie noch Gärtnerin, um sich auf das Leben in Palästina vorzubereiten. Trotzdem macht sie ihr Examen mit sehr guten Noten: Teddy ist tief beeindruckt.

Beide kommen sich näher, und 1935 wird eine regelrechte Romanze daraus. Das junge Mädchen mit den braunen Augen und braunen Haaren, an dem auch der ausgeprägte Sinn für Humor auffällt, ist bald ein Teil seines Lebens. Sie ahnen nicht, wie viele Jahre äußerer Gefahren, längerer Trennung und dann wieder gemeinsamer Anstrengung ihnen bevorstehen. Sehr viel später wird eine Freundin der Familie einmal sagen, »ohne Tamar wäre Teddy Kollek nicht Teddy Kollek«. Niemand anderes sei so rea-

Von Jugend auf verstand es Teddy Kollek, sich Freunde zu machen.
1934 besuchte er die jüdische Jugendbewegung in REV (Siebenbür-
gen/Transsilvanien) und lernte dort Amos Manor kennen, einen der
wenigen, der später Auschwitz überlebte.

Der junge Teddy Kollek (rechts) 1935 mit einem Freund auf einer Farm in Großbritannien, wo junge Juden – auch aus Deutschland – mit der Landwirtschaft vertraut gemacht wurden.

listisch, so standfest und wisse so genau, was zu tun sei, wie sie. Ihr höre er zu.

Im Frühjahr 1935 hält der junge Zionist eines Tages die Einreiseerlaubnis für Palästina in der Hand. Die Zionistische Bewegung, der die Briten die Verteilung der genehmigten Zertifikate übertragen hatten, zögerte im Falle Kolleks. Er wurde gebraucht in Wien. Leicht konnte man sich vorstellen, warum. Jetzt aber wollte man ihn ziehen lassen. Die Bewegung hatte das Ruder seines Lebens in die Hand genommen und den Kurs festgelegt. Es war nicht das letzte Mal. Sie durfte sich darauf verlassen, daß er tun würde, was die Aufgabe von ihm verlangte. Und er tat es aus Überzeugung.

Eine schon vorgesehene Reise nach London wurde noch eingeschoben. Er sollte dort einige Monate im Büro der Zionistischen Bewegung arbeiten. Er war neugierig auf die Stadt, denn seine Jugendlektüre hatte in ihm große Hochachtung für alles Britische hinterlassen. Seine ersten Eindrücke beschrieb Teddy Kollek so:

»Ich mietete ein Zimmer bei einer nichtjüdischen Arbeiterfamilie in Hackney und war völlig hingerissen von London. Man stelle sich einmal vor, da kommt man aus dem von Antisemitismus schwärenden Kontinent und stellt fest, daß die Gebrauchsanweisungen für Feuerlöscher in Whitechapel auch auf jiddisch angegeben waren – den Juden zuliebe, die vor Jahrzehnten aus Rußland und Polen herübergekommen waren.«

Wie ein Vorbote kommender Dinge begegnete ihm in London erstmals ein »Sabra«, ein in Palästina geborener Jude: Moshe Dayan, der mit seiner Frau Ruth in der Stadt Flitterwochen verlebte; jener Mann, der 32 Jahre später als israelischer Verteidigungsminister im wiedervereinigten Jerusalem vor die Klagemauer treten und verkünden sollte, daß die Juden zu ihrer heiligsten Stätte zurückgekehrt seien, um sie nie wieder zu verlassen. Teddy Kollek fuhr bald darauf nach Wien zurück, packte den Koffer, verabredete mit Tamar, daß sie sobald wie möglich nachkommen solle, und bestieg an einem Dezembertag des Jahres 1935 den Zug nach Triest.

2 Kampf um Palästina

Die neue Heimat

Voller Erwartung ging Teddy Kollek im Hafen von Triest an
Bord der »Gerusalemme«, die ihn nach Haifa bringen sollte.
»Meine Mitpassagiere«, so schreibt er darüber, »waren Hunder-
te von Pionieren auf ihrer ersten Reise nach Palästina sowie einige führende Zionisten, die nach Hause fuhren. Es herrschte
jene Atmosphäre, von der ich bisher immer nur gehört und seit
Jahren gelesen hatte. Abends saßen wir an Deck und sangen zur
Begleitung einer Harmonika. Ich war jung, unbeschwert und
sorgenfrei. Nach Palästina zu fahren und mich dort in einem
Kibbuz niederzulassen, war die Erfüllung eines Traums, und ich
befand mich in Hochstimmung.«
Kaum in Haifa angekommen, wurde er auch schon in einen Kibbuz gebracht, und am nächsten Morgen fing der 24jährige
bereits mit der Arbeit an. Er traf es so, wie er es sich vorgestellt
hatte, und fühlte sich regelrecht zu Hause. Bald darauf aber
schloß er sich einer Gruppe junger Österreicher und Tschecho-
slowaken an, die am Ostufer des Sees Genezareth einen neuen
Kibbuz gründen wollten. Bis es soweit war, lebten Kollek und
seine Freunde auf einem alten Bauernhof am Südwestufer des
Sees und arbeiteten in der Umgebung. Für Teddy Kollek eine
schwierige Zeit der Anpassung, die ihn oft aufs Krankenbett
warf. Erst im Sommer 1937 konnte das Wagnis »Ein Gev« beginnen, das sein Leben so nachhaltig prägte.
Mitte der dreißiger Jahre überholten die Tatsachen die endlosen
Debatten der Juden über Sinn oder Unsinn des Zionismus. Mit
der 4. und 5. Alija waren wiederum Tausende von Juden ge-

kommen – aus Polen und aus Deutschland. Allein im Jahr der Machtergreifung Hitlers, 1933, wurden 38000 Einwanderer gezählt. Mitte 1936 kletterte die Gesamtzahl der Juden in Palästina auf 400000, das heißt 30% der Bevölkerung.

Es hatte sich bewahrheitet, was Arthur Ruppin – Vater des zionistischen Siedlungswerks – 1913 vorausgesagt hatte. Die Juden – und Teddy Kollek machte da keine Ausnahme – mußten sich ihren Weg in Palästina »mit Schweiß und Blut durch dichtestes Gestrüpp« bahnen. Doch immer mehr Juden setzten in den Neuanfang größere Hoffnungen als in die politischen Entwicklungen ihrer alten Heimat. Mitte der dreißiger Jahre gab es schon 160 landwirtschaftliche Siedlungen in Palästina; jeden Monat kamen weitere hinzu. Die Ein- und Ausfuhren der Betriebe stiegen von 1933 bis 1935 um mehr als die Hälfte. Die wirtschaftliche Konjunktur war ermutigend.

Das trug dazu bei, das Identitätsgefühl vieler Juden in ihrer neuen Umgebung zu festigen, denn es hatte oft noch eine Stütze nötig. Er sei kein Deutscher mehr gewesen, erinnerte sich ein Einwanderer, der 1934 eintraf, »aber was war ich nun?« Eine andere, die bloße Existenz berührende Herausforderung, mußte dieser Jude ebenso schnell zur Kenntnis nehmen wie Teddy Kollek und seine Freunde. Der Kibbuz Ein Gev wurde von der Gruppe im Sommer 1937 kurzentschlossen von einem Tag auf den anderen errichtet. Sie hatte gehört, daß die britische Regierung Palästina zwischen Juden und Arabern aufteilen wolle.

Den Empfehlungen der nach ihrem Vorsitzenden benannten Peel-Kommission folgend, sollte die Grenze mitten durch den See Genezareth gehen. Der östliche Teil – mit dem projektierten Kibbuz – sollte den Arabern zugeschlagen werden. Da schufen die jungen Pioniere rasch Tatsachen. Ein Palisadenzaun wurde um die Siedlung gezogen und ein Wachturm errichtet, auf dem ein Scheinwerfer montiert wurde. So hofften sie, Überfällen von Arabern der Umgebung standhalten zu können. Überall im Lande war es schon zu Übergriffen auf jüdisches Eigentum gekommen. Juden wurden ermordet.

Der Aufstand der Araber in den Jahren von 1936 bis 1938 war der blutigste, den es bis dahin in Palästina gab, und er zeigte mit aller Deutlichkeit, daß ein Arrangement mit den Juden nicht mehr zu erwarten war. Die Uhr war abgelaufen. Enttäuscht schrieb Arthur Ruppin in einem Brief aus Jerusalem vom 18. März 1936: »Die erhoffte ›friedliche Infiltration‹ (durch die Juden, Anm. d. Verf.) erwies sich in der Wirklichkeit sehr bald als ein Truggebilde. Wenn wir irgendwas aus der Weltgeschichte der letzten Jahrzehnte gelernt haben, so ist es dies, daß Völker in ihrer politischen Haltung nicht durch Vernunftgründe, sondern durch Instinkte geleitet werden.

Alle wirtschaftlichen Vorteile und alle Vernunftgründe werden die Araber nicht dazu bewegen, die Herrschaft über Palästina, die sie in ihren Händen zu halten glauben, zugunsten der Juden aufzugeben oder mit den Juden zu teilen, solange die Araber die überragende Mehrheit in Palästina sind. Von einer Verständigung mit den Arabern ist daher zur Zeit nicht zu reden, es sei denn, daß wir bereit sind, uns als brave Untertanen in Palästina einem arabischen Staat einzugliedern.« In einem Punkt irrte sich Ruppin: Auch als die Juden später die Bevölkerungsmehrheit stellten, gaben die Araber nicht nach.

Die britische Untersuchungskommission unter Lord Peel sah es klarer voraus, daß die Machtfrage für die Araber entscheidend bleiben würde. Das hatte die Vergangenheit eindringlich genug gezeigt. Die zionistischen und die arabischen Ansprüche auf Palästina waren unvereinbar. Als die Zionistische Bewegung – nachdem sie jahrzehntelang die arabische Frage vernachlässigt hatte – in den zwanziger Jahren die Formel fand, Palästina gehöre einerseits den dort lebenden Arabern, andererseits dem gesamten jüdischen Volk, bewies sie nur, wie wenig sie arabisches Denken begriffen hatte.

Die Briten glaubten realistischer zu sein, als sie 1937 die Teilung des Gebiets vorschlugen. Doch die Palästinenser, denen politische Kompromisse ohnehin fremd sind, wollten nicht die ganze Macht in einem Teil des Landes, sondern in ganz Palästina. So scheiterte der Plan. Die alten und die neuen Bewohner Palästinas hatten sich nicht immer so erbittert gegenüber gestanden. Als die ersten jüdischen Siedler um 1882 kamen, war ihr Verhältnis zu den ansässigen Arabern noch nahezu ungetrübt.

Die Einwanderer boten Arbeitsplätze und zivilisatorische Errungenschaften, die bis dahin in der Region weithin unbekannt waren…

Unruhig wurden arabische Kleinbauern in Nordpalästina erst, als es um die Jahrhundertwende Streitigkeiten über Weiderechte und Landkäufe der Zionisten gab. Als arabische Pächter und Tagelöhner von den fruchtbaren Böden, die Juden von arabischen Großgrundbesitzern gekauft hatten, vertrieben wurden, verschlechterten sich die Beziehungen zusehends. Aber auf eine antizionistische Haltung stießen die ersten 25 000 Juden nicht, die in den letzten zwei Jahrzehnten des 19. Jahrhunderts nach Palästina kamen. Der aufkeimende Nationalismus in der arabischen Welt richtete sich vielmehr noch gegen das Osmanische Reich, das die Region seit fast 400 Jahren beherrschte.

In voller Schärfe und in organisierter Form brach der Gegensatz erst nach dem Ersten Weltkrieg auf. Bis dahin war Palästina auch noch keine klar definierte politische und administrative

Während des Bürgerkriegs in Palästina fliehen jüdische Familien aus der Altstadt Jerusalems vor arabischen Übergriffen. Soldaten der britischen Mandatsmacht geben ihnen Schutz.

Einheit gewesen. Die palästinensisch-arabischen Führer hatten ihr Land »Süd-Syrien« genannt und waren noch lange gegen eine Trennung von Syrien. Erst als der Traum von einem groß-syrischen Königreich unter Emir Feisal Anfang der zwanziger Jahre gescheitert war, und die Teilung des Gebietes Tatsache wurde, begannen die palästinensischen Araber, in ihrem Teil ein eigenes Selbstbewußtsein zu entwickeln.

Der eigentliche Wendepunkt in den Beziehungen zwischen Arabern und Juden war jedoch die Balfour-Deklaration von 1917. Darin hatte die britische Regierung gegenüber der Zionistischen Bewegung die »Gründung einer nationalen Heimstatt für das jüdische Volk in Palästina« befürwortet und sich bereiterklärt, alles zu unternehmen, um das Erreichen dieses Ziels zu erleichtern. Die »bürgerlichen und religiösen Rechte der bestehenden nichtjüdischen Gemeinschaften in Palästina« sollten davon nicht beeinträchtigt werden. Diese Klausel sollte die Araber schützen, doch die Palästinenser fühlten sich geprellt.

Britische Soldaten auf Wache in der Altstadt von Jerusalem während des Bürgerkriegs 1936–1939.

Sie hatten sich darauf verlassen wollen, daß britische Stellen ihnen die Unterstützung ihrer Unabhängigkeitsbestrebungen versprachen. Und nun wurde dies genau in dem Augenblick nicht eingehalten, als das Osmanische Reich zusammenbrach und eine neue Ordnung im Vorderen Orient erforderlich wurde. Die Juden dagegen waren tiefbefriedigt. Lange Zeit hatte Chaim Weizmann, ein aus Rußland stammender Chemiker, der in London lebte und bald die Zionistische Bewegung kraftvoll führen sollte, für eine britische Unterstützung der zionistischen Ziele geworben. Er war die wichtigste Triebfeder der Deklaration.

Bald aber zeigte sich die Doppelbödigkeit des Erreichten auch für die zionistischen Führer. Die Briten setzten sich in den folgenden Jahrzehnten niemals entschieden für die Gründung einer jüdischen Heimstätte ein, wie sie auch die arabische Unabhängigkeit in Palästina nicht vorantrieben. Das spricht für die Richtigkeit der Theorie, wonach Großbritannien Palästina auf jeden Fall wegen seines strategischen Wertes haben wollte und dazu eine gute moralische Begründung brauchte. General Allenby marschierte noch im Dezember 1917 in Jerusalem ein.

Und doch schien es nach dem Ersten Weltkrieg, als seien zwischen Juden und Arabern nicht alle Türen zugeschlagen. Im Sommer 1918 trafen sich in einem Zelt in der Wüste bei Amman Chaim Weizmann, damals Mitglied des Zionistischen Aktionskomitees, und der Sohn des Königs von Hedschas, Emir Feisal, Oberbefehlshaber der arabischen Streitkräfte im Kampf gegen die Türken. Weizmann versicherte seinem Gesprächspartner, daß die Zionisten alles tun wollten, um arabische Befürchtungen zu zerstreuen und arabische Belange nicht zu verletzen. Es gebe genug Platz im Lande, wenn man es gründlich erschließe.

Feisal trat seinerseits für eine harmonische Zusammenarbeit von Juden und Arabern ein. Ein Jahr später trafen beide am Rande der Pariser Friedenskonferenz eine schriftliche Vereinbarung, in der Feisal versprach, die jüdische Einwanderung in Palästina in großem Umfang zu fördern. Die Rechte der arabischen Bauern und Pächter sollten geschützt und ihre wirtschaftliche Entwicklung gefördert werden. Auch die Balfour-Deklaration unterstützte er. Die Brücke, die damit geschlagen wurde, schien tragfähig zu sein. War Feisal nicht der einzige arabische Repräsentant mit mehr als örtlichem Einfluß, und war sein Vater nicht Führer der panarabischen Unabhängigkeitsbewegung?

Die Zionisten waren beeindruckt – doch zu Unrecht. Feisal hatte der Vereinbarung einen Vorbehalt hinzugefügt, der die Ausführung der Verabredungen von der Gewährung der staatlichen Unabhängigkeit für die Araber abhängig machte. Das großsyrische Königreich kam jedoch nicht zustande, und so war Feisal von jeder Verantwortung gegenüber den Zionisten frei. Überdies stellte sich heraus, daß weder er noch sein Vater, König Hussein von Hedschas, ein Mandat zu weitreichenden Zugeständnissen hatten. Ein Jahr später kam es in Jerusalem und Jaffa zu ersten Gewaltakten gegenüber Juden.

Es war ein bitterer Lernprozeß für das Judentum. Die frühen Zionisten hatten lange gebraucht, bis sie sich überhaupt mit dem Gedanken vertraut machten, daß es in Palästina eine Araber-Frage geben werde. Theodor Herzl sprach von einer Verwandtschaft zwischen Juden und Moslems, nachdem er von einer Reise nach Palästina zurückgekommen war. Sonst aber fand sich in den Schriften führender Zionisten nur wenig über die Palästinenser. In den achtziger Jahren des vorigen Jahrhunderts hegten russische Zionisten die Hoffnung, daß Juden und Araber in Frieden miteinander leben könnten. Jedenfalls war der Traum von der Rückkehr in das Gelobte Land so übermächtig, daß die Anwesenheit einer halben Million Nichtjuden den meisten Zionisten nicht als unüberwindliches Hindernis erschien.

Unwiderstehlich angezogen von dem Ausspruch: »Gebt das Land ohne Volk dem Volk ohne Land«, sah noch niemand voraus, daß die Araber sich gegen die kraftvoll an die Besiedlung gehenden Zionisten zur Wehr setzen würden. Selbst nach den Übergriffen in Jerusalem und Jaffa verabschiedete der 12. Zionisten-Kongreß 1921 noch eine Resolution, die den Willen zur Eintracht und gegenseitiger Achtung zum Ausdruck brachte. Von dem Bemühen um aufrichtige Verständigung wurde gesprochen und von einem gemeinschaftlichen Werk der »zwei großen semitischen Völker, die schon einmal das Band gemeinsamer kultureller Schöpfung verknüpfte«.

Aber zu einer klaren und geschlossenen Araber-Politik fanden die Zionisten doch nicht, so heftig sie auch auf ihren Kongressen der zwanziger und dreißiger Jahre darüber debattierten. Die Formel, wonach in Palästina keiner herrschen und keiner beherrscht werden sollte, wirkte eher ratlos. Die Bekundung des 12. Zionisten-Kongresses, jedem der beiden »semitischen Völker« eine ungestörte nationale Entwicklung zu sichern, ging am Kern der Sache vorbei.

»Noch eine Ziege, noch ein Dorf, noch eine kleine Fabrik, noch eine kleine Stadt – und wenn dann einmal eine Million Juden in Palästina sind, dann wird die jüdische Zukunft dort gesichert sein…« So, glaubte zum Beispiel Teddy Kollek, würden einfach die Tatsachen zum grundlegenden Ordnungsfaktor im Lande werden. War das der Kurs, auf den es im Verhältnis zu den Arabern ankam, oder hatte der rechte Flügel in der Zionistischen Bewegung recht, die Revisionisten? Ihre Meinung wurde vor allem von Wladimir Jabotinsky vertreten, einem russischen Juden.

Für ihn waren die Araber schon früh die unvermeidlichen und natürlichen Gegner, und daher war die Erlangung einer jüdischen Mehrheit in Palästina das Entscheidende… Denn dort, sagte er, wo die Juden als Minderheit lebten, entstehe Antisemitismus. So werde es zu einem natürlichen Konflikt zwischen Juden und Arabern kommen. Dabei müßten die Araber gegen eine »eiserne Mauer« stoßen. Wie es die revisionistische Lyrik beschrieb: »Durch Blut wird entschieden, wer hier herrscht.« Jabotinsky forderte einen zentralistischen, straff organisierten Staat mit einem disziplinierten Staatsvolk und entschlossenen Führern.

Kritisch äußerte Teddy Kollek später, die Revisionisten glaubten nur an große Losungen, nach denen erst die Taten kämen, und er schlug dabei einen Bogen von Jabotinsky bis hin zu Menachem Begin, der einer der politischen Erben des Revisionistenführers wurde. Doch Jabotinsky war in den zwanziger Jahren der einzige zionistische Führer, der erkannte, daß es ohne jüdische Mehrheit keinen jüdischen Staat geben werde. Es war sein Verdienst, die Dinge beim Namen zu nennen. Die »eiserne Mauer« steht inzwischen, aber sie hat die offene Araber-Frage nicht ausreichend beantwortet.

Jabotinsky polarisierte die Zionistische Bewegung in nie dage-
wesener Weise. 1931 stellten die Revisionisten auf dem Zionisten-Kongreß jeden vierten Delegierten. Aber die Mehrheit besaßen sie nicht. Chaim Weizmann und David Ben Gurion, der
spätere erste Ministerpräsident Israels, standen für jene, die sich
jahrzehntelang nicht damit abfinden wollten, daß zwischen Juden und Arabern nur Feindschaft möglich sein sollte. Und mit
der Arbeiterbewegung und dem liberalen jüdischen Bürgertum
war das die Mehrheit der Kongresse. Sollte es nicht möglich
sein, so hatten viele auf dieser Seite des zionistischen Spektrums
gehofft, einen dezentralisierten Staat zu gründen, in dem auch
die Araber nationale Bestrebungen verwirklichen könnten?
Aber nach und nach erkannte einer nach dem anderen, daß er
sich Illusionen gemacht hatte. Es konnten offensichtlich nicht
beide Seiten zugleich zufriedengestellt werden. So fanden unermüdliche Streiter für einen binationalen Staat, wie zum Beispiel
der Religionsphilosoph Martin Buber und die Bewegung »Brit
Schalom« (»Friedensbund«), nur eine kleine Anhängerschaft.
Ruppin, der lange auf ihrer Seite stand, bekannte schließlich
1931, »was wir (von den Arabern) bekommen können, können
wir nicht brauchen, und was wir brauchen, können wir nicht
bekommen.«
Wie lange lagen jene Jahre nach dem Ersten Weltkrieg zurück,
als ein Sozialist wie David Ben Gurion noch den Standpunkt
vertrat, die Juden müßten Schulter an Schulter mit den Arabern
gegen die reichen Effendis, die Großgrundbesitzer, kämpfen?
Auch er erkannte nach den von Arabern ausgelösten blutigen
Unruhen von 1929, daß die arabische Nationalbewegung alle sozialen Grenzen übersprang. Mochten wirtschaftliche Gegensätze auch das Klima mitvergiftet haben – der politische Konflikt
blieb entscheidend! Die Araber wollten die Herrschaft nicht teilen.
Allenfalls wären einige arabische Führer zeitweise bereit gewesen, den Juden in Palästina einen autonomen Minderheitsstatus
zu gewähren. Dann aber – von der leidigen Frage der Legitima-
tion dieser Araber einmal abgesehen – hätten die Juden fürchten
müssen, stets vom guten Willen der arabischen Mehrheit abhän-

gig zu bleiben. Hatte das Schicksal der Juden in Osteuropa nicht zur Genüge gezeigt, daß eine herrschende Mehrheit kaum gezwungen werden kann, der Minderheit wirkliche Gleichberechtigung zu gewähren. Ende der dreißiger Jahre aber hätten die Zionisten nicht einmal mehr die Chance gehabt, mit arabischen Notabeln über einen Minderheitenschutz zu reden.

Wer waren denn nun »die Araber«, die im britischen Unterhaus einmal als Teil »des weltgeschichtlichen Ringens zweier großer Nationen, der Araber und der Juden, die beide im Recht sind, auf dem winzigen Boden Palästinas« bezeichnet wurden? Ben Gurion, der ein feines Gefühl für politische Realitäten hatte und dies noch öfter beweisen sollte, kam zu dem Schluß, daß die arabisch-palästinensische Nationalbewegung von den Massen unterstützt werde. Und eine der zahlreichen britischen Kommissionen glaubte zu erkennen, daß die Araber keineswegs unmündig seien. Sie hätten politisches Interesse und wollten die Selbstregierung.

Kein Zweifel, daß die Araber für sie nachteilige wirtschaftliche Folgen durch die überlegene jüdische Wirtschaftskraft genauer voraussahen als die Zionisten. Lange hatten die arabischen Bewohner Palästinas die ortsansässigen Juden verachtet. Dann aber begannen sie, die Neueinwanderer zu fürchten. Bauern beklagten Veränderungen, Gewerbetreibende die Konkurrenz. Die religiösen Würdenträger waren ohnehin traditionell gegen Juden eingestellt. Die Furcht war nicht unberechtigt.

Die »Eroberung des Bodens« mit eigener Hände Arbeit, der sich Teddy Kollek so lange schon verschrieben hatte, entstammte der Gedankenwelt der Arbeiterbewegung. Sie wünschte sich eine produktive jüdische Bevölkerung in Palästina. Das mußte auf die Arbeitsmarktlage zurückwirken. Das Land, das die jüdischen Einwanderer bearbeiten wollten, mußte den Arabern abgekauft werden. Verkäufer waren in erster Linie Großgrundbesitzer, die oft nicht im Lande lebten und für die der Boden Spekulationsobjekt war. In anderen Fällen verkauften arabische Dorfbewohner ihr Land wegen hoher Verschuldung.

Bei arabischen Pächtern und Tagelöhnern entstand oft Bitterkeit, denn durch die Landtransaktionen gingen Arbeitsplätze verloren. Jüdische Siedler weigerten sich auch, Weideland wie früher mit Arabern zu teilen. In Galiläa, wo die arabischen Bauern ärmer waren als im Süden des Landes, konnten die – ebenfalls nicht auf Rosen gebetteten – jüdischen Kolonisten den Arabern ohne Land keine Beschäftigung mehr bieten. In anderen Sektoren der Wirtschaft hatte die jüdische Einwanderung ähnliche Wirkungen. Doch die Zionisten wehrten sich gegen allzu pauschale Vorwürfe.

Sie wiesen zum Beispiel nach, daß im Jesreel-Tal 688 Pächter Boden verloren hätten. Sie seien aber nicht, wie eine britische Untersuchungskommission behauptete, in tiefe Not geraten und zu Räubern und Dieben geworden. Vielmehr hätten 437 in der Landwirtschaft wieder Beschäftigung gefunden, 89 seien Hirten geblieben. 82 andere hätten neue Berufe ergriffen; die restlichen seien entweder gestorben, oder es lägen keine Informationen über sie vor. Trotz aller Bodenkäufe besaßen die Juden 1937 nur 1,3 Millionen Dunam (1 Dunam = 1000 qm), die Araber 12 Millionen, von denen die Hälfte als bebaubar galt.

Politisches Bewußtsein entstand jedoch bei den palästinensischen Arabern erst ganz langsam. Die ländliche Gesellschaft basierte auf dem Dorf. Die Fellachen waren unpolitisch, und ihre Loyalität gehörte Dorf und Clan. Der Chef dieses Clans war oft auch der Mukhtar, sozusagen der Dorfälteste. Jedes Dorf handelte als Kollektiv. Weit verbreiteter Fatalismus ließ die Landwirtschaft ineffektiv bleiben. Noch 1947 gab es in den arabischen Dörfern keine Traktoren, und die Pflüge waren primitiv. Immerhin aber führte der Einfluß der Briten und das Beispiel der jüdischen Siedler zu begrenzter Modernisierung.

Den Ton gab in Palästina eine Elite von einigen Dutzend städtischen Familien an. Sie stellten die großen Landbesitzer, Politiker, Richter, Kaufleute, Bürgermeister, hohen Beamten, Ärzte, Rechtsanwälte und religiösen Führer. Sie alle hielten zu den Fellachen Distanz, und Arbeitern begegneten sie mit Mißtrauen. Ihr Einfluß aber war zunächst noch lokal begrenzt. Als dann doch bei den großen Familien und im Mittelstand ein nationales Bewußtsein spürbar wurde, machten die unterschiedlichsten Interessen gemeinsames Handeln unmöglich.

An die Spitze rückten auf der einen Seite die Husseinis aus Jerusalem. Sie forderten eine Beendigung des britischen Mandats in Palästina und einen arabischen Staat in ganz Palästina, der den Juden, die schon im Land waren, bürgerliche und religiöse Rechte gewähren sollte. Die weitere Einwanderung sollte untersagt werden. Daneben ein moderates Lager um die Nashashibis, ebenfalls aus Jerusalem. Sie traten in den dreißiger Jahren für einen Kompromiß mit den Juden ein und waren auch bereit, eine Teilung zwischen den beiden Bevölkerungsteilen zu akzeptieren. Den Kampf um die Massen aber gewannen die radikalen Husseinis.

Gerade die Tatsache, daß die palästinensische Bevölkerung sich durch Geburtenzahl und Zuwanderung innerhalb von knapp 30 Jahren verdoppelte, hätte die Einrichtung umfassender Institutionen nahegelegt. So wie es die Juden schon lange getan hatten, indem sie 1920 eine Vertreterversammlung wählten und daraus einen Nationalrat bildeten. Die »Jewish Agency« kam 1929 als Verbindungsbüro zur britischen Verwaltung hinzu. Auf arabischer Seite geschah jedoch nichts, was zu einer dauerhaften Aktionseinheit geführt hätte. Die sechs Parteien, die Anfang der dreißiger Jahre entstanden, hatten kaum Einfluß.

Als sie und einige Einzelpersönlichkeiten das »Arab Higher Committee« gründeten, wurde es nicht besser. Radikale und Gemäßigte waren unter diesem Dach gerade noch in der Lage, den Aktivitäten gegen Juden neue Impulse zu geben. Aber auch das zeigte die Abhängigkeit von der Ideologie der Extremisten. Und hinter diesen stand niemand anderes als der Großmufti von Jerusalem, Hadsch Amin al Husseini, der die Unruhen besonders da heftig schürte, wo Religion und Politik sich zu haßerfüllter Leidenschaft verbinden ließen: an den heiligen Stätten Jerusalems. 1937 lösten die Briten das Komitee schließlich auf.

Die Masse der Palästinenser wurde allein gelassen oder war bloßes Werkzeug. Als die Peel-Kommission im selben Jahr ihren Teilungsplan für das Land vorlegte, da präsentierten die palästinensischen Eliten sich zersplittert, in Blutfehden verstrickt, ohne geschlossene Organisation und einheitliche Führung – vor allem ohne autorisierte Sprecher. König Abdullah von Transjordanien wagte zum Beispiel nicht, für den Plan einzutreten. Er mußte um sein Leben fürchten. Husseinis Leute scheuten den Mord nicht.

Nur weniger im Rampenlicht stehende Palästinenser konnten es sich noch leisten, mit Juden über die Zukunft des Landes zu reden. Noch am Vorabend des Bürgerkriegs von 1936 trafen George Antonius, christlicher Araber und Theoretiker der arabischen Nationalbewegung, und David Ben Gurion zusammen. In diesem Gespräch zeigte der eine sich ganz und gar unrealistisch, der andere vollkommen realistisch. Antonius meinte, jede Seite müsse etwas einbringen. Nur dann sei eine Verständigung denkbar. Aber es gäbe keine Anzeichen dafür, daß die Juden bereit seien, auch nur eines ihrer Ziele aufzugeben. Da hatte Antonius zwar recht, aber nichts sprach dafür, daß die Araber »etwas einbringen«.

Ben Gurion betonte, die Rückkehr der Juden nach Palästina sei für sie eine Frage des Überlebens, eine Sache von Leben und Tod. Sie müßten kommen, und sie würden weiter kommen – mit oder ohne jüdisch-arabische Verständigung. So unverbindlich dieses Gespräch auf Seiten des Palästinensers bleiben mußte: Bei Ben Gurion war es sozusagen das letzte Wort eines führenden Zionisten. Mehr gab es hinfort nicht mehr zu sagen! Ihm war klar, daß die gegen die Zionisten gerichteten Kräfte das Geschehen auf palästinensischer Seite Mitte der dreißiger Jahre kompromißlos bestimmten.

Es war aber auch nicht mehr daran zu zweifeln, daß die Ursache des Konflikts – der Kampf um die Herrschaft in Palästina – auch durch noch so mustergültiges Verhalten der Juden nicht beendet werden konnte. Selbst wenn er das noch gehofft hätte: Seit die Judenverfolgung in Hitlers europäischem Einflußbereich alle theoretischen Diskussionen sinnlos werden ließ, blieb den Juden gar nichts anderes übrig, als der Masseneinwanderung in Palästina die Priorität vor einer Einigung mit den Arabern zu geben. Eine Bilanz, die keinen Frieden versprach.

Die Steine von Ein Gev

Das einzig Lebendige in Ein Gev waren Schlangen und Skorpione. Sonst gab es nur Steine, mit denen die Felder am Ostufer des Sees Genezareth übersät waren. Und trotzdem war Teddy Kollek bei seiner Ankunft 1937 überzeugt davon, den Ort gefunden zu haben, wo er den Rest seines Lebens verbringen würde. Eine ungewöhnliche Perspektive für einen 26jährigen, aber er meinte es ernst. Noch ein halbes Jahrzehnt später, als die Deutschen in Afrika noch auf dem Vormarsch und die Italiener im nahen Syrien waren, gab es für ihn keinen Zweifel. Auf einem Ritt in die Umgebung versicherten er und ein Freund aus dem Kibbuz einander:
»Was auch geschehen mag, weglaufen werden wir nicht. Das hier ist unser Zuhause. Niemand wird uns von hier vertreiben. Wenn es das Ende ist, ist es das Ende; aber jedenfalls hier.« Inzwischen hatten er und die anderen Mitglieder der kleinen Gemeinschaft soviel Energie und Phantasie in den Aufbau von Ein Gev investiert, daß die Bindung an diesen Boden nur um so enger geworden war. Ganz von vorn anzufangen, das Ödland zu besiedeln – das eben wollten er und seine Freunde. Überdies geschah es in einer besonders schönen Landschaft zwischen dem See und den Golanhöhen.
Und daß der Kibbuz im Grenzland lag und daher auch eine Wehrsiedlung sein mußte, vertiefte die Bindungen an Ein Gev noch. Der Aufstand der Palästinenser, der im Jahr zuvor begonnen hatte, war in vollem Gange, und zur Vorsicht mußte die Siedlung wie eine militärische Operation geplant werden. Genauso ging es den anderen jungen Juden, die in der gleichen Zeit Kibbuzims im Lande errichteten. Sie alle sind unter dem Namen »Wall und Wachtturm« in die Geschichte eingegangen. Eine Lage, auf die keiner der Einwanderer vorbereitet war.
Wer heute auf der Seeterrasse vor dem Kibbuz sitzt, hinter sich das mächtige Massiv der Golanhöhen, und im Westen die Sonne über dem See untergehen sieht, der kann sich schwer vorstellen, wie trügerisch diese friedliche Stimmung oft war. Und nicht nur zur Zeit der Gründung der Siedlung. Das Land lag

damals an der Grenze zwischen dem französisch beherrschten Syrien und dem britischen Palästina. Es war daher jedem Zugriff preisgegeben. Unmittelbar an Ein Gev grenzte die Wüste an, und nicht weit entfernt gab es einige arabische Dörfer. Dort zu siedeln, war offensichtlich ein Wagnis.

Die Lebensader der jungen jüdischen Siedler konnte nur der See sein, denn bei schlechtem Wetter versank die Umgebung an der Küste im Schlamm, und die Kibbuzbewohner mußten das Boot benutzen. Auch das war nicht immer angenehm; denn der See Genezareth ist seit altersher für seine plötzlichen Stürme bekannt. Schon Christus und seine Jünger erlebten es auf dramatische Weise. In der ersten Zeit lebte auch nur ein kleinerer Teil der Mitglieder des Kibbuz in Ein Gev, während der größere auf der anderen Seite blieb und dort Geld verdiente. Auch Tamar, die Teddy Kollek inzwischen geheiratet hatte, wartete noch am anderen Ufer.

Kollek besuchte sie öfter in einem kleinen Faltboot, fuhr aber nach wenigen Stunden wieder zurück, da er stets mit einem Angriff auf Ein Gev rechnen mußte. Mit vier Wohnbaracken und einer Eßbaracke begann das Kibbuzleben. Es war voller Unbequemlichkeiten. Aber es entsprach von Anfang an der kollektivistischen Denkweise der Kibbuzbewegung. Jedes Mitglied hatte nach seinem Können zum Aufbau der Siedlung beizutragen und wurde von der Gemeinschaft nach seinen Bedürfnissen, so lautete die Regel, versorgt. Die Vollversammlung entschied darüber.

Vermögen und Produktionsmittel waren gemeinschaftlicher Besitz, die Arbeit wurde nach Plan eingeteilt. Die Mahlzeiten gab es aus einer Gemeinschaftsküche. Die Kinder wuchsen in organisiertem Rahmen gemeinsam auf. Anders verlief das Leben in der zweiten jüdischen Siedlungsform, dem Moschaw. Dort lebten die Mitgliedsfamilien in eigenen Häusern und bearbeiteten eigenes Land. Einkauf, Vermarktung der Produkte und Dienstleistungen wurden wieder gemeinsam vorgenommen. Doch an den Kibbuzim hatte die Zionistische Bewegung mehr Interesse, und so gab es 1939 schon 25000 Kibbuz-Mitglieder – 5% der jüdischen Bevölkerung.

Heute sind es in Israel 270 Kibbuzim mit 116 000 Mitgliedern, ein Bevölkerungsanteil von 3%. Sie sind traditionell die Hauptstütze der israelischen Landwirtschaft und tragen mit 40% zur Obst- und Gemüseproduktion des Landes bei. Auch 70% der Weizenernte steuern die Kibbuzim bei, und ihr Anteil an der Industrieproduktion nahm erheblich zu. Er beträgt heute etwa 7%. Die Zahl der Moschawim an den Gemeinschaftssiedlungen in Israel ist sogar auf 450 gestiegen. 3,6% der Bevölkerung leben dort.

Obwohl die in den Kibbuzim geborene zweite Generation der Siedler nicht mehr so enge Bindungen an diese Lebensform zeigt wie die vorhergehende, hat die Kibbuzbewegung doch mehr Lebenskraft bewiesen als andere utopische Gesellschaften. Es ist nicht zu leugnen, daß sie eine bodenständige, körperlich und geistig robuste Generation hervorgebracht hat. Die Kibbuzniks stellen einen kleinen Teil der jüdischen Gesellschaft, und

Der Kibbuz Ein Gev zwischen den Golan-Höhen und dem Ostufer des Sees Genezareth. Rechts im Bild die Musikhalle, links das Fischrestaurant. In dieser Pioniersiedlung fühlte sich Teddy Kollek Ende der dreißiger Jahre zu Hause.

doch kommt ein hoher Prozentsatz von Spitzenkräften, zum Beispiel Offiziere und Piloten, aus ihren Reihen. Die jüdische Elite stammt vom Land.

Auf so festen Beinen stand die Kibbuz-Bewegung nicht von Anfang an, und auch das hatte indirekt mit den Arabern zu tun. Mit der 2. Alija waren 1904 viele junge Juden aus Rußland nach Palästina gekommen, erfüllt von den zionistischen und sozialistischen Idealen, die dann später auch einen Mann wie Teddy Kollek begeistern sollten. Sie wollten »die Arbeit erobern« und dazu in den schon bestehenden jüdischen Kolonien mit anpacken. Aber das mißlang ihnen gründlich; denn die Kolonisten aus der Zeit der 1. Alija hatten große Schwierigkeiten, zu überleben.

Um auf die Beine zu kommen, beschäftigten sie billige, leichter steuerbare, oft auch leistungsfähigere arabische Arbeiter. Den Grundsatz von der »jüdischen Arbeit« ignorierten sie einfach. Auch der Versuch der neuen Einwanderer, ihre Ansprüche noch weiter herunterzuschrauben, machte sie gegenüber den Arabern nicht konkurrenzfähig. Verbitterung und Unruhe waren die Folge. Da sprang Arthur Ruppin ein, der das jüdische Sied-

In den vierziger Jahren war es einfacher, den Kibbuz Ein Gev mit einem Motorboot von Tiberias aus anzusteuern, als auf schlechten Straßen anzureisen.

51

lungswerk verwaltete, und errichtete vier landwirtschaftliche Ausbildungsfarmen. Sie brachten einigen hundert Leuten der 2. Alija Hilfe. Doch es gab bald Streit zwischen ihnen und den Verwaltern.

Daraufhin bat eine Gruppe von Arbeitern der Farm Kinneret am See Genezareth Ruppin, ihr einen Teil des Bodens der Farm zu überlassen, um eine sozialistischen Ideen entsprechende Kollektivwirtschaft aufzubauen. Ruppin imponierte der Mut, und er stimmte zu. Damit war die Errichtung der ersten »Kwuzah« perfekt, der Vorläuferin des Kibbuz. Sie entstand in Degania am Südufer des Sees Genezareth und wurde ein Erfolg. Dennoch gab es auch dann, als diese Siedlungsform aus dem Experimentieren heraus war, keine einheitliche Meinung über alle Details des Gemeinschaftslebens.

Von Kibbuz zu Kibbuz gab es Unterschiede. Nicht zuletzt spielte die soziale und kulturelle Herkunft der Siedler dabei eine Rolle. Jemand, der wie Teddy Kollek aus dem Wiener Bürgertum kam, hatte außerdem oft mehr Anpassungsschwierigkeiten als Neuankömmlinge aus anderen Schichten. In seinem Alter aber war das zu überwinden. Zwischen den einzelnen Mitgliedern herrschte nicht immer eitel Freude und Sonnenschein. So wie es Egoisten gab, so war auch Streit nicht immer zu vermeiden. Noch immer glaubt Kollek jedoch, daß er damals alles in allem in einer idealen Gesellschaft gelebt habe.

Man stritt sich in den Kibbuz-Versammlungen über die Frage, ob es richtig wäre, sich Kinder anzuschaffen. Da schlug sich Teddy Kollek auf die Seite der »Pragmatiker«, die erst einmal wirtschaftlich bessere Zeiten abwarten wollten. Und wenn es um den Sommerurlaub ging, dann schienen ihm Wanderungen in die nähere Umgebung angemessener als die Reise zu so fernen Zielen wie Tel Aviv oder Jerusalem. In einer Zeit, in der erst einmal Geld verdient werden mußte, war Disziplin gefragt und die ganze Kraft. Im Morgengrauen fuhren sie mit einem Ponton von Ein Gev nach Btecha am Nordostufer des Sees.

Dort schleppten sie Zweizentnersäcke mit Kies und Sand zum Ponton, fuhren weiter nach Tiberias, trugen die Säcke wieder an Land und verkauften den Inhalt. Dann besserten sie Wasserleitungen für ein Elektrizitätswerk aus und arbeiteten rund um die Uhr. Zeit für den See, seine Geschichte und seine Schönheit, blieb ihnen dabei nicht: Zahlreiche Ruinen aus römischer Zeit kündeten von sorgfältig geplanten Städten und hochentwickelten Ingenieurarbeiten. Nicht weniger als 13 Häfen legten die Bewohner der Antike rund um den See an. Alle konnten in den siebziger Jahren identifiziert werden.

Den neuen Kibbuz so zu entwickeln, daß er lebensfähig wurde, das stand im Mittelpunkt ihres Denkens. Ihr größter Nachteil war, daß sie von der Landwirtschaft kaum etwas verstanden. So versuchten sie es zuerst mit Fischfang und Bananenzucht. Auch Kühe und Hühner wurden angeschafft, Bäume angepflanzt. Einige fingen an zu tischlern, andere stellten Schlösser her und verkauften sie. Aber die 180 Mitglieder brauchten Jahre, bis sie herausfanden, wie bessere Resultate zu erzielen waren. Wer heute mit dem Boot von Tiberias herüberkommt und um den ersten modernen Wellenbrecher herumfährt, der 1939 angelegt wurde, sieht eine blühende, moderne Siedlung vor sich.

Die 650 Einwohner von Ein Gev ziehen immer noch Bananen. Aber ihr größter Wirtschaftszweig ist der Tourismus. 130 000 Gäste jährlich besuchen den Kibbuz, wohnen in einem malerischen Feriendorf, das auf eine Initiative Teddy Kolleks zurückgeht, besuchen Sehenswürdigkeiten der Umgebung oder treiben Wassersport. Die Kibbuzniks, von denen die meisten zwischen 30 und 40 Jahre alt sind, stehen wirtschaftlich auf gesunden Beinen. Und noch immer bestimmt die alte kollektive Lebensweise ihren Alltag. Doch wenn den Männern vor 40 Jahren ein bis zwei Hemden pro Jahr zugeteilt wurden, so sind es heute mehr. Auch Auslandsreisen werden bezahlt, nur die Telefongebühren nicht. Das Leben ist bequemer geworden im Kibbuz. Und dennoch wollen immer weniger junge Israeli in dieser Gemeinschaft bleiben. Öfter als früher kehren die 23- bis 24jährigen nach dem Wehrdienst nicht mehr zurück. Vor zehn Jahren tat das immerhin noch die Hälfte von ihnen. Das Interesse am Leben im Kibbuz ist geringer geworden als zur Zeit Teddy Kolleks. Damals war es eine Herausforderung, von der Stadt aufs Land zu ziehen, sich abzukehren vom alten Händler- und Intellektuellen-

Bild der Juden, zusammenzuleben und Grenzen zu verteidigen. Aber heute sind diese Herausforderungen kaum noch interessant.

Gleich nach der Ankunft in Ein Gev 1937 wurde Teddy Kollek von der Kibbuz-Gemeinschaft mit Funktionen betraut, die zeigten, wie groß das Vertrauen war, das seine Freunde in ihn setzten. Sie wählten ihn zum Mukhtar. Er war nun »Dorfoberhaupt«, wie es sie in allen anderen jüdischen und arabischen Dörfern gab. Viel hatte er dabei nicht zu tun; er beschaffte u.a. Geburts- und Sterbeurkunden und hielt Kontakt zur Polizei und zu den Briten. Die Kibbuz-Mitglieder hatten wohl erkannt, daß Teddy besser Englisch sprach als sie. Außerdem hatte er keinerlei Hemmungen gegenüber Nichtjuden. Er hielt sie weder für überlegen noch für bedrohlich. Mit den Briten kam er gut aus.

Seine zweite Funktion hatte mehr Bedeutung. Er wurde Chef der Kibbuz-Verteidigung. Die Jahre des palästinensischen Aufstands gingen an den Siedlungen in Galiläa nicht spurlos vorüber. Auch und gerade Ein Gev in seiner exponierten Lage zu Füßen der syrischen Golanhöhen mußte auf der Hut sein. Als die Unruhen immer mehr zunahmen, wurde derjenige, der außerhalb des Kibbuz pflügen wollte, von 6 Wächtern bewacht. Mitte 1939 wurden zwei Kibbuz-Mitglieder von Arabern ermordet. In der ersten Zeit der Besiedlung von Ein Gev war es noch verhältnismäßig ruhig in dieser Gegend. Wie aber konnte die Sicherheit verbessert werden?

Teddy Kollek ging den Weg, der für ihn charakteristisch war und blieb. Er begann, gute Beziehungen zu den Nachbarn anzuknüpfen, den Beduinen und Tscherkessen. Die fruchtlose Diskussion innerhalb des Judentums über die Araberfrage einerseits und die verbitterte Frontstellung der Araber gegen die Juden andererseits interessierten ihn nicht. Er wußte, daß Araber immer die Nachbarn der Juden sein würden. Also mußte man zu ihnen auch gute Beziehungen haben. Dafür setzte er sich nun mit aller Kraft und Phantasie ein.

Seine ersten Kontakte zu den arabischen Nachbarn führten zu gegenseitigen Besuchen. Sie luden einander zu Festen ein und kamen sich auch in geschäftlichen Angelegenheiten näher. Die

Teddy Kollek (dritter von links) und andere Mitglieder des Kibbuz Ein Gev besuchen eine nahegelegene Arabersiedlung, um mit Rat und Tat zu helfen.

Juden kauften bei den Arabern Eier, Kuh- und Hühnermist zum Düngen. Die Nachbarn kamen herüber, um den Arzt im Kibbuz aufzusuchen. Wenn ihre Notabeln über den See nach Tiberias reisen wollten, um einzukaufen, dann wurden ihnen am Abend vorher Gästebetten im Kibbuz zur Verfügung gestellt. Wenn Kollek und seine Freunde zu Festen eingeladen waren, wurde oft ausgelassen gefeiert und manchmal auch über Politik gesprochen.

Da hatten die Gäste nicht den Eindruck, daß ihre arabischen Gastgeber gegen eine jüdische Kolonisation waren. Wenn sie allesamt um die traditionelle große Schale Reis hockten, dann unterhielten sie sich lieber über das Befinden der Verwandten und das Wetter. Und dazwischen immer wieder die Frage »Wie geht es dir?« Teddy Kollek fiel es nicht schwer, sich mehr und mehr auf die Mentalität der Araber und auf ihre Traditionen einzustellen. Er lernte auch, daß ihnen nichts unangenehmer war als das Gesicht zu verlieren. Die Nutzanwendung daraus konnte er Jahre später ziehen.

Er unternahm im Kriegsjahr 1944 mit zwei Enkeln des amerikanischen Präsidenten Theodore Roosevelt, Kermit und Archibald Roosevelt, einen Ritt nach Fiq, einer kleinen Stadt auf den Golan-Höhen. Was dort geschah, beschrieb Kollek später so: »Wir verzehrten ein herrliches Mahl mit dem Mukhtar und anderen Honoratioren, aber als wir zu den Pferden zurückkehrten, war Kermits Jacke verschwunden. Das warf ein ungünstiges Licht auf die arabische Gastfreundschaft und Ehre, und daher suchten wir stundenlang nach dieser Jacke, da die Araber uns ohne sie nicht ziehen lassen wollten.

Inzwischen wurde es spät, und der Ritt nach Ein Gev hinab war selbst bei Tageslicht schwierig. Plötzlich hatte ich einen Einfall. Ich verkündete, eines der Pferde müsse die Jacke aufgefressen haben. Alle stimmten augenblicklich zu. Kein Zweifel! Das muß des Rätsels Lösung sein. Unter fröhlichem ›Auf Wiedersehen‹ konnten wir noch vor Einbruch der Dunkelheit nach Ein Gev zurückreiten.« Eine regelrechte Freundschaft entwickelte sich zwischen Kollek und einer wohlhabenden und einflußreichen Kurdenfamilie schon in der ersten Zeit seines Aufenthalts in Ein Gev. Es begann mit einem dreistündigen Ritt nach Btecha.

Dort, wo der Jordan in den See Genezareth mündet, hatte die Familie Bek große und fruchtbare Ländereien. Yousef Bek, ein Vorfahr, war einst Wesir am Hofe des Sultans. Er erhielt außerdem den Rang eines »Emir el-Hadsch«, hatte in dieser Eigenschaft die jährliche Pilgerfahrt nach Mekka zu organisieren und die Geschenke des Sultans zu überbringen. Bei diesen Pilgerreisen erwarb er die Ländereien am See. Teddy Kollek nun knüpfte Verbindungen zu zwei Nachkommen, von denen einer sogar in Wien zur Schule gegangen war. Mit dem Jüngsten entwickelte sich eine Freundschaft, die bis heute angehalten hat.

Auch in diesem Fall entstanden bald Geschäftsbeziehungen. Der Kibbuz und die Beks kamen überein, gemeinsam Reis anzubauen. Dieses Projekt wäre nicht zustandegekommen, wenn die persönlichen Beziehungen zwischen den jungen Juden von Ein Gev und den Beks nicht so gut gewesen wären. Bald darauf sollte sich erweisen, daß dieser Brückenschlag auch schwereren Zeiten standhielt. Als die Briten im Zweiten Weltkrieg Syrien und den Libanon erobert hatten, wurden die Grenzen geöffnet, und die Juden bauten ihre Beziehungen zu allen arabischen Dörfern in der Nähe aus.

Und eines Tages, als Hitlers Massenmord an den Juden schon in vollem Gange war, kam ein Araber von den Golanhöhen herab nach Ein Gev und brachte Juden aus Damaskus und Aleppo mit. Sie waren gerettet. Der Preis, den der Mann dafür verlangte, war nicht besonders hoch. Im Laufe der Zeit kamen auf diese Weise mehrere hundert Juden über die syrische Grenze. Eines Tages aber war der Araber verschwunden, der Rettungsweg versperrt. Eine andere Art von rettendem Menschenschmuggel über Ein Gev hatte es schon am Vorabend des Zweiten Weltkriegs gegeben. Sie hing mit dem Warenschmuggel an der syrischen Grenze zusammen.

Die Schmuggelroute verlief von Jaffa an der Mittelmeerküste durch Palästina und Syrien bis in die Türkei und von dort weiter bis nach Deutschland. Araber aus den Ein Gev benachbarten Dörfern boten den Kibbuznik an, sich am Geschäft zu beteiligen. Diese waren nun in einer Klemme. Sie wollten nicht am Warenschmuggel verdienen, sondern Waffen für ihre Verteidigung bekommen, vor allem aber Juden aus Syrien herausholen. Doch alles hing miteinander zusammen: Die Schmuggelbande beschaffte Waren, aber ebenso auch Menschen. Teddy Kollek wollte sich mit ihnen einlassen, was er später bedauerte.

Die Mehrheit der Juden aus Ein Gev und aus anderen Kibbuzim in der Nähe war aus moralischen Gründen dagegen, und so kam es nur zu einem stillschweigenden Gewährenlassen. Die Juden sahen über die arabischen Aktivitäten hinweg, und die Araber nahmen hin, daß Juden aus Syrien und Waffen über die Grenze kamen. So blieben die guten Beziehungen erhalten. Die zwanglose Nachbarschaft von Juden und Arabern bewährte sich lange Zeit, bis Israels Unabhängigkeitskrieg 1948 zur Schließung der Grenze führte. Der Versuch der Leute von Ein Gev, in Btecha – jenseits der syrischen Grenze – Land zu kaufen, scheiterte.

In die Geschichte der Beziehungen, die Teddy Kollek zu den Menschen der Umgebung von Ein Gev anknüpfte, gehört auch sein Kontakt zu den Bahais, Anhänger einer im 19. Jahrhundert aus Persien geflüchteten kleinen Religionsgemeinschaft. Ihnen hatte einmal das Land gehört, auf dem der Kibbuz Ein Gev später entstand. Die Kibbuz-Bewohner übernahmen es von deutschen Juden, die das Land von den Bahais gekauft hatten. Vom Beginn der Besiedlung an unterhielten die Kibbuzniks gute Beziehungen zu den Bahais, die in der Umgebung wohnen geblieben waren. Sie tauschten Land miteinander.

Das geschah, wie sich ein führendes Bahai-Mitglied noch heute erinnert, im »Geiste der Zusammenarbeit und des guten Willens«. Damals sei erkennbar gewesen, was guter Wille zwischen verschiedenen Religionen und Menschen unterschiedlicher Herkunft und Kultur bewirken könne. Teddy Kollek war es bei Beginn des israelischen Unabhängigkeitskriegs zu verdanken, daß drei Brüder aus der Bahai-Gemeinschaft mit ihrer Farm nach Nazareth in das israelische Kernland umsiedeln konnten. Dort lebten sie sicherer. Auch daher rührt der tiefe Respekt, den die Bahais, die inzwischen im Iran Khomeinis wieder blutig verfolgt wurden, für Kollek behielten.

Von Ein Gev aus gesehen, ist der Gedanke der Koexistenz zwischen den Bevölkerungsgruppen der Region in den Krisen und Kriegen, die auf die Gründung des Kibbuz folgten, nicht verlorengegangen. Noch oft haben Mitglieder der kleinen Gemeinschaft mehr Mut zur Koexistenz aufgebracht als Juden anderswo. Noch 1943 ritt Teddy Kollek eines Tages mit David Ben Gurion, der den militärischen Zusammenstoß zwischen Arabern und Juden längst voraussah, in die syrischen Berge bei Btecha. Festlich wurden sie von einem Beduinenscheich empfangen, den Kollek seit langem kannte.

Als die beiden wohlbehalten zurückkehrten, wurden Teddy Kollek in der zionistischen Öffentlichkeit heftige Vorwürfe gemacht, weil er Ben Gurion in kritischer Zeit in Gefahr gebracht habe. Doch Kollek war der persönliche Eindruck, den der große Mann gewann, wichtiger. Als der Krieg um den Staat Israel dann 1948 ausbrach, wurde auch Ein Gev von Syrern angegriffen. 120 Kibbuzniks standen einer fünf- bis sechsmal stärkeren Übermacht gegenüber. Einige Juden kamen bei der Verteidigung ums Leben, aber die Syrer konnten den Kibbuz nicht erobern.

Später, als der Krieg beendet war, und eine gemischte Waffenstillstandskommission die Arbeit aufnahm, wurde eines der ältesten Mitglieder im Kibbuz, Jossi Vogel, zum Leiter der israelischen Delegation berufen. Er erinnert sich daran, daß die persönlichen Beziehungen zwischen den Israelis, den syrischen und libanesischen Offizieren ausgezeichnet gewesen seien. Doch den Kibbuzniks war eine der Folgen des Waffenstillstands nur schwer verständlich zu machen: Ein Gev mußte entmilitarisiert werden. Schutzlosigkeit war das letzte, was die erfahrenen Siedler sich wünschen konnten.

Teddy Kollek verließ nach 14 Monaten – im Herbst 1938 – Ein Gev, um vorübergehend eine andere Aufgabe zu übernehmen, für die ihn die Zionistische Bewegung bestimmt hatte. Er kehrte schon im Sommer des folgenden Jahres zurück in den Kibbuz, wo seine Frau inzwischen geblieben war. Doch von nun an nahm die Zahl der Reisen immer mehr zu. Die Förderung der Siedler blieb ihm auch aus der Ferne wichtig. Er beschaffte Geld für den Ausbau des Tourismus und für einen Konzertsaal. Nie dachte er an einen endgültigen Abschied – bis er 1952 Chef des Ministerpräsidentenamtes wurde. Dann entschied er sich schweren Herzens gegen die Rückkehr nach Ein Gev. Wieder mußte und wollte er tun, »was meine jeweilige Aufgabe von mir verlangte«.

Der Präsident der Zionistischen Bewegung, Chaim Weizmann, zu Besuch im Kibbuz Ein Gev. Links Teddy Kollek.

3 Unerträgliche Bürde

Wenn du ein Leben rettest ...

Im Herbst 1938 reiste Teddy Kollek nach London. Seine Aufgabe als erfahrener Ausbilder war es, auf einer Farm in Kent junge Leute auf das Leben im palästinensischen Kibbuz vorzubereiten. Doch es kam anders. 1938 wurde ein Schicksalsjahr für die Juden und ein Wendepunkt in seinem Leben. Schon im Frühjahr hatte sich das angekündigt, als Teddy in Ein Gev die Zeitungen las. Hitler-Deutschland vollzog den »Anschluß« Österreichs. Kurz darauf begann in Wien eine brutale Judenverfolgung, die von der Polizei stillschweigend geduldet wurde. Der Wiener Korrespondent einer britischen Zeitung schrieb darüber:
»Von meinem Büro am Petersplatz konnte ich auch Wochen hindurch den Lieblingssport des Nazimobs beobachten: Jüdische Männer und Frauen wurden gezwungen, auf allen vieren kriechend, den Gehsteig mit einer scharfen Lauge zu reiben, die ihnen die Haut verbrannte, so daß sie sich sofort in Spitalbehandlung begeben mußten.« Juden wurden aus dem öffentlichen Dienst entlassen, Ärzte und Anwälte durften ihren Beruf nicht mehr ausüben, jüdische Studenten sich nicht mehr an den Hochschulen einschreiben. Im April mußten die jüdischen Schüler Wiens die öffentlichen Schulen verlassen.
Auch Teddy Kollek hatte vor gut einem Jahrzehnt gemeinsam mit Nichtjuden eine öffentliche Schule in Wien besucht und dort den zwanglosen Umgang mit den Schülern der anderen Religion gelernt. Nun wurden die 16000 jüdischen Jugendlichen Wiens isoliert. Das für sie vorgesehene Gymnasium schloß überdies bald darauf seine Pforten. Es kam noch schlimmer. In der

»Kristallnacht« vom 9. zum 10. November wurden Tausende von Juden aus ihren Betten gezerrt und schwer mißhandelt. Allein in Wien fielen 61 jüdische Bethäuser und 14 Synagogen dem Terror zum Opfer. Wenn sie Wien nicht verlassen konnten, wurden zahlreiche Juden in Konzentrationslager gebracht.

Noch in Ein Gev hatte Kollek einen Brief seiner Eltern erhalten, der in Prag abgestempelt war – ein Lebenszeichen, das ihn veranlaßte, auf dem Weg nach London in Prag Station zu machen. Dort traf er die Eltern und den damals 16jährigen Bruder Paul, die Hals über Kopf aus Wien geflohen waren. Alfred Kollek hatte eine angesehene Position aufgegeben. Da er ungarisch sprach, war er von der österreichischen Nachkriegsregierung auf Empfehlung der Rothschilds zum Gesandten Österreichs in Budapest ernannt worden. Doch sein Vaterland hätte ihn 1938 nicht hinausgelassen, hätte er nicht einen Polizeichef gekannt, der ihm einen Paß ohne das eingedruckte »J« (für Jude) beschaffte.

Die Eltern konnten dann – mit einem Fußmarsch über die Berge – die Tschechoslowakei verlassen und kamen bald darauf in Haifa an, wo sie sich niederließen. Nach 1945 zahlte ihnen der österreichische Staat eine Pension. Teddys jüngerer Bruder war schon vorher in Palästina eingetroffen – die Jugend-Alija hatte sich seiner angenommen und sorgte zwei Jahre für seine Ausbildung – in einem Kibbuz. Später wechselte er in einen kaufmännischen Beruf. Das Schicksal hatte die Familie Kollek vor dem schlimmsten bewahrt. Doch Millionen von Juden blieben in dieser Zeit noch im Ungewissen.

Mit Feuereifer ging Teddy Kollek in London daran, Juden zu retten. Jetzt war es nicht mehr die Frage, wie man sich am besten auf Palästina vorbereitet, sondern wie man überlebt. Einem Kampf auf Leben und Tod mußte der Zionismus sich nun stellen, an zwei Fronten: in Palästina gegen die arabischen Angriffe auf jüdische Siedlungen und in Europa gegen die Welle des rücksichtslosen Antisemitismus. Der junge Zionist aus Ein Gev verlor die neue Herausforderung nicht mehr aus den Augen. Die Enttäuschungen, die ihm bevorstanden, blieben ihm noch verborgen.

Im Vergleich zu der nach der »Kristallnacht« einsetzenden Verfolgung, der »Gesamtlösung« der Judenfrage, waren die fünf Jahre bis 1938 im allgemeinen weniger lebensbedrohend für die deutschen Juden. Das NS-Regime fand nur langsam zu einem geschlossenen Konzept antijüdischer Maßnahmen. Schon kurz nach seinem Machtantritt hatte Hitler den Boykott jüdischer Geschäfte angeordnet. Jüdische Beamte ließ er zwangspensionieren, Mischehen wurden verboten. Mit den Nürnberger Gesetzen wurde 1935 der Druck verschärft. Juden waren nun keine »Reichsbürger« mehr, »Rassenschande« wurde verfemt.

Daß die Lage nun bitter ernst wurde – das machten sich von da an auch die Juden klar, die dem Zionismus immer noch skeptisch gegenübergestanden hatten. Die Auswanderung war bis dahin »eine« Lösung, jetzt wurde sie »die« Lösung. Gab es 1933 noch rund eine halbe Million Juden in Deutschland, so verließen später jährlich etwa 23 000 das Land. Es war schlimm genug, die wirtschaftliche Existenzgrundlage zu verlieren und Bürger zweiter Klasse zu sein. Mit den Pogromen der »Kristallnacht« aber wurden die Juden praktisch vogelfrei. Ihre Vermögen eignete sich nun der Staat an, die SS lenkte die Auswanderung. Wer blieb, mußte den Weg der Verelendung gehen.

Die Juden in Österreich und der schon teilweise besetzten Tschechoslowakei trafen die Ereignisse mit besonderer Wucht. Dort verteilte der Druck auf die Juden sich nicht auf Jahre. Sie wurden innerhalb weniger Wochen aus der Gesellschaft ausgestoßen. Hitler, den die flaue Reaktion des Auslands auf die Ausschreitungen nur ermutigen konnte, legte zwei Monate nach den Pogromen die weitere Marschroute fest. Vor dem Reichstag erklärte er: »Wenn es dem internationalen Finanzjudentum gelingen sollte, die Völker noch einmal in einen Weltkrieg zu stürzen, dann wird das Ergebnis nicht die Bolschewisierung der Erde und damit der Sieg des Judentums sein, sondern die Vernichtung der jüdischen Rasse in Europa.« Sieben Monate nach dieser Rede begann der Zweite Weltkrieg, und das Schicksal der Juden erfüllte sich genau so, wie Hitler es angekündigt hatte. Mit der Besetzung Polens gerieten über zwei Millionen polnische Juden unter deutsche Kontrolle. Viele von ihnen wurden von Anfang an verfolgt und getötet, und nun war auch der Plan des Regimes für ein umfassenderes radikales Vorgehen gegen die Juden erkennbar. Im Kriegswinter 1939/40 begannen Umsiedlungstransporte aus Österreich und dem »Protektorat Böhmen und Mähren« nach Polen.

In mehreren polnischen Städten wurden Ghettos eingerichtet, zuerst in Lodz und dann in Warschau. Überdies mußten die Juden den gelben Stern tragen. Bald darauf war klar, was der Begriff »Umsiedlung« noch bedeutete: Vernichtung. Der Rußlandfeldzug des NS-Regimes gab dazu 1941 das Startsignal. Tausende von Juden wurden schon beim Vormarsch deutscher Truppen in Rußland von SS-Einsatzgruppen erschossen, und am Beginn des folgenden Jahres wurde dann von der »Wannsee-Konferenz«, einem Treffen hoher NS-Funktionäre, die »Endlösung der Judenfrage« beschlossen, die systematische Ausrottung. Die Todeslager füllten sich.

Die Zionisten im Londoner Büro der Bewegung erkannten nach den Ausschreitungen der »Kristallnacht«, daß den Juden auf dem Kontinent schnell geholfen werden mußte. Die so lange ersehnte Heimstatt in Palästina mußte jetzt erst recht das Ziel der Emigranten sein. Aber die britische Mandatsmacht behandelte die Einwanderungsquoten immer restriktiver. Viele Juden mußten ersten Schutz in anderen Ländern suchen. Der Zwang war um so größer, als in Polen, Rumänien und Ungarn schon Jahre vor Hitlers Einmarsch – wie eine Vorwegnahme kommenden Unheils – die Juden unter staatlichen Druck gerieten.

Aber die europäischen Länder öffneten sich den Vertriebenen nur zögernd; Staaten in Übersee waren noch zurückhaltender. Großbritannien, das bis zum Frühjahr 1939 nur 19 000 jüdische Flüchtlinge aufnahm, hatte in erster Linie Arbeitsmarktprobleme. Als Teddy Kollek daranging, junge Juden aus Deutschland, Österreich und der Tschechoslowakei nach Großbritannien zu schleusen, stieß er daher auf Widerstand. Angesichts steigender Arbeitslosigkeit durfte niemand ins Land, der einem Briten einen Arbeitsplatz wegnahm oder dem Staat zur Last fiel. Einziger Ausweg war die Landwirtschaft. Dort wurden Arbeitskräfte gesucht…

Es gelang den Zionisten, Arbeit auf Bauernhöfen nachzuweisen, und so stimmten die Landarbeitergewerkschaften ebenfalls zu. Visa wurden erteilt, und bald darauf trafen insgesamt 3000 jüdische Jugendliche in Großbritannien ein. Sie waren gerettet. Zu jener Zeit war der SS schon die Steuerung der jüdischen Auswanderung übertragen worden. Das kam ihr nur entgegen; denn sie war zu der Zeit noch – anders als hohe Parteifunktionäre – für eine Vertreibung der Juden. Diese seien eine andersartige Rasse, und daher trenne man sie am besten von der arisch-nordischen Rasse durch Auswanderung – argumentierte die SS.

So arbeitete seit 1935 auch ein Mann aus der SS-Führung mit der Zionistischen Bewegung zusammen, um die Emigration von Juden nach Palästina zu fördern: Adolf Eichmann. Teddy Kollek erhielt den Auftrag, in Wien mit ihm über die Ausreise weiterer Juden aus Österreich zu verhandeln. Mit einer Tasche voller Einreiseerlaubnisse nach Großbritannien reiste er nach Wien und stand wenig später Eichmann gegenüber. »Zu meiner Verabredung mit Eichmann«, so beschrieb Kollek das Treffen später, »betrat ich zum erstenmal das Privathaus der Rothschilds. In einem großen, holzgetäfelten Raum saß er an seinem Schreibtisch – ein adrett gekleideter, glattrasierter junger Mann in schwarzer Uniform mit einer Hakenkreuzbinde am Arm. Er machte den Eindruck eines kleinen Angestellten und war weder aggressiv noch laut oder unhöflich. Allerdings ließ er mich die ganze Unterredung über stehen. Nach meinem Begehr gefragt, erklärte ich, ich hätte Einreisevisa für jüdische Jugendliche, die auf landwirtschaftlichen Ausbildungsstätten in Österreich lebten, um sie nach England und später nach Palästina zu bringen. Er war sehr sachlich und stellte mir einige technische Fragen. Wie viele Einreisevisa für England ich noch besorgen könne? Wie bald die Leute ausreisen könnten? Ob die Visa für Jungen und Mädchen bestimmt seien? Nach einer zehn- bis fünfzehnminütigen Unterredung erklärte er sich mit dem Plan einverstanden, und ich ging.«

Eichmann machte auf Kollek keinen außergewöhnlichen Eindruck. Er war für ihn nicht mehr als irgendein NS-Funktionär.

Erst 1943 sollte er wieder etwas von ihm hören. Dann begegnete er ihm noch einmal: 1961, als Eichmann in Jerusalem der Prozeß gemacht und er zum Tode verurteilt wurde. Aus dem »adrett gekleideten jungen Mann« war jener SS-Führer geworden, der die »Endlösung der Judenfrage« ausführte.

Kollek war im Sommer 1939 wieder nach Ein Gev zurückgekehrt. Aber nicht für lange. Im Winter 1940 wurde er noch einmal nach London geschickt. Er sollte Geld für den Zentralfonds der Zionistischen Bewegung auftreiben; eine Aufgabe, die ihm nie schwerfiel und die er ein Leben lang mit Bravour bewältigte. Jung, stattlich und blond, strahlte er auch im London der verheerenden deutschen Bombenangriffe ein Charisma aus, das es ihm leicht machte, Kontakte zu wichtigen Leuten zu knüpfen. Der Erfolg blieb nicht aus. Aber es ging nicht nur um Geld. Ihm fiel auch die Aufgabe zu, Briten für die zionistische Sache zu gewinnen.

Diese schwierige Aufgabe hatten in erster Linie die beiden führenden Persönlichkeiten der Zionistischen Bewegung übernommen: Chaim Weizmann und David Ben Gurion; der eine in stiller, zäher Diplomatie, der andere mit flammender Rhetorik. Beiden kam Teddy Kollek in London näher. Vor allem lernte er Ben Gurion schätzen – seine Fähigkeit zur politischen Analyse, seinen Weitblick und sein historisches Gespür, das die Rolle der Macht im künftigen Schicksal der Juden höher bewertete als die Chancen der Diplomatie. Er sollte gerade damit recht behalten. Noch hofften die Zionisten, die Briten für eine Teilung Palästinas und die Errichtung eines jüdischen Staats gewinnen zu können. Es war noch nicht lange her, da hatte die Peel-Kommission eben diesen Vorschlag gemacht. Die Zionisten standen ihm positiv gegenüber, denn ein Staat in einem Teil Palästinas wäre immer noch besser gewesen als keiner. Die Araber lehnten dagegen den Plan entschieden ab. Nachdem das britische Parlament, der Völkerbund und der Zionisten-Kongreß ihm – mit gewissen Vorbehalten – zugestimmt hatten, gewannen führende Palästinenser die Oberhäupter der arabischen Staaten für einen panarabischen Kongreß, der 1937 verkündete, es sei die heilige Pflicht jedes Arabers, Palästina als arabisches Land zu erhalten.

Die britische Mandatsmacht hatte in den zwanziger und dreißiger Jahren die arabischen Unruhen in Palästina mehr und mehr zum Anlaß genommen, von der Erfüllung der Balfour-Deklaration abzurücken. Zwar wurden die Aufstände niedergeschlagen, aber das zionistische Experiment sollte auch nicht weiter expandieren. So führten die Briten die strengen Einwanderungsbestimmungen für Juden ein. 1936 wurden, nach dem Ausbruch der Araberunruhen, nur noch 2500 Juden ins Land gelassen und nicht 22000, wie von der Jewish Agency gefordert. Gerade in dem Augenblick, als die ersten Vorboten des Krieges sich über Europa zusammenzogen, brauchte Großbritannien die arabische Freundschaft – mehr als das Wohlwollen der Juden; denn im Gegensatz zu den Arabern konnten diese sich nicht für Hitler oder Mussolini entscheiden. Und die Briten handelten dann auch konsequent: Knapp drei Monate nach der »Kristallnacht« luden sie Juden und Palästinenser zu einer Konferenz nach London ein. Sie wurde zu einem Triumph der Araber: Die britische Regierung hatte sich schon insgeheim mit der arabischen Forderung, das Mandat zu beenden und einen palästinensischen Staat zu errichten, einverstanden erklärt.

Der Kompromiß, den sie noch für möglich hielt, machte die Sache für die Juden nicht besser. Er fand sich in einem Weißbuch, das im Mai 1939 veröffentlicht und in dem festgelegt wurde, daß innerhalb von zehn Jahren ein unabhängiger Staat geschaffen werden solle. In den folgenden fünf Jahren sollten 75000 Juden in das Land einwandern dürfen. Danach, vom 1. März 1944 an, sollte die Einwanderung nur noch mit Zustimmung der Araber erlaubt sein. Außerdem sollte die jüdische Siedlung in bestimmten Teilen Palästinas verboten, in anderen eingeschränkt werden.

Es war eine der dunkelsten Stunden in der Geschichte des Zionismus. Die Jewish Agency sprach von einem Vertrauensbruch der Briten, einer Kapitulation vor dem arabischen Nationalismus. Und in der Tat wurde damit die Balfour-Deklaration westeuropäischer Appeasement-Politik geopfert, deren verheerende Folgen wenige Monate später in Europa offensichtlich wurden. In der Stunde der Niederlage gegenüber Hitler und den Arabern mußte ein weiterer Überlebenskampf aufgenommen werden: gegen die Barrieren der Briten.

Die Zionisten hatten es nicht leicht, sich nach diesem Schlag auf einen Kurs zu einigen. Zum erstenmal unternahm die Hagana, die Selbstverteidigungsorganisation der Juden in Palästina, Sabotageakte gegen die britischen Behörden. Aber die Zionistische Führung entschied sich dann doch für die Strategie Weizmanns. Er wollte die Zusammenarbeit mit Großbritannien weiter suchen; denn, so argumentierte er, auf jede andere Macht könne man sich noch weniger verlassen. David Ben Gurion fügte sich dem nur murrend. Er glaubte nicht an eine Änderung britischer Politik. Als Kollek ihn 1941 in London traf, hatte er den Eindruck, daß Ben Gurion längst auf eine andere Macht setzte: die USA. Der Realist sollte recht behalten.

In London lernte Teddy Kollek eine große Zahl bedeutender Männer und Frauen kennen und schätzen, die Einfluß hatten oder einfach interessante Engländer waren. Später waren diese Beziehungen nützlich, wenn er Hilfe brauchte. Und nicht zuletzt fand er Kontakt zum britischen Geheimdienst, dessen Wert für die zionistischen Bemühungen um die Rettung von Juden groß sein konnte. Er ahnte nicht, daß er wenige Monate nach seiner Rückkehr in einem Büro in Jerusalem selbst eine Geheimdienstaufgabe übernehmen würde.

Er wurde im Sommer 1942 zum Assistenten des Leiters der Abteilung für Kontakte mit ausländischen Geheimdiensten bei der Jewish Agency ernannt – jener Einrichtung, die als eine Art Ersatzregierung der Zionisten fungierte. Seine Beziehungen zu einschlägigen Londoner Stellen waren in Jerusalem offenbar nicht unbekannt geblieben, und so begann seine Laufbahn im öffentlichen Dienst. Teddy fiel es schon von seinem Naturell her nicht schwer, bei den Vertretern der verschiedenen Geheimdienste in Palästina Vertrauen zu gewinnen.

Allerdings hatten beide Seiten verschiedene Ziele: Die Briten wollten die Deutschen besiegen – Teddy Kollek und die Zionisten wollten Juden retten. Einer praktischen Zusammenarbeit stand das aber in Palästina nicht im Wege – nur merkte Kollek bald, daß diese in London öfter gebremst wurde. Zwar hatte sich der britische Premierminister Winston Churchill, als er 1939 noch die Oppositionsbank im Unterhaus drückte, scharf gegen das Weißbuch ausgesprochen. Doch als Kriegspremier blickte auch er in eine andere Richtung. In Palästina selbst saß Teddy inzwischen mit britischen Kollegen über einem Plan.

Der Gedanke war, junge Juden aus Palästina mit dem Fallschirm über den von Deutschen besetzten Ländern abspringen zu lassen. Sie sollten in Ungarn, Rumänien oder Bulgarien untertauchen, den Engländern wichtige Informationen liefern und die Zionisten über die Lage der Juden dort unterrichten. Kollek und seinen Freunden gelang es, den zuständigen britischen Geheimdienstmann in Kairo zu finden, denn die vorgesehenen Männer mußten ausgebildet und von britischen Flugzeugen hinter den feindlichen Linien abgesetzt werden. 1944 standen tatsächlich 250 Fallschirmspringer bereit.

Aber nicht alle durften in das Abenteuer starten. Die britische Regierung hatte Bedenken, weil sie sich den Juden in Palästina nicht verpflichten wollte. Schließlich konnten doch 32 von ihnen in Rumänien, Ungarn, der Slowakei und Jugoslawien abgesetzt werden. Sieben, darunter zwei Frauen, kamen nicht wieder. Reuben Dafni, einer der Fallschirmspringer, konnte mit Hilfe der Partisanen und britischer Flugzeuge 120 Juden aus Jugoslawien herausbringen. Er arbeitet heute in der Holocaust-Gedenkstätte Yad Vashem in Jerusalem. Auch Dafni gehört zu den Gründern von Ein Gev.

Schock am Bosporus

An einem Wintertag des Jahres 1943 stieg Teddy Kollek am Bahnhof Haidar Pascha auf der asiatischen Seite Istanbuls aus dem Taurus-Expreß. Mit der Fähre fuhr er auf die andere Seite des Bosporus und war in Europa. Es war keine Vergnügungsreise, und er fand auch keine Zeit, die Sehenswürdigkeiten der alten Hauptstadt des Osmanischen Reiches in sich aufzunehmen. Istanbul spielte in diesen Kriegsjahren eine besondere Rolle als Drehscheibe der Geheimdienste. Die Juden hatten nicht vergessen, daß Theodor Herzl hier 1901 beim Sultan vorsprach, in der Hoffnung, er würde den Juden die Erschließung Palästinas übertragen.

Und 1912, als der Balkan bereits aus den Fugen zu geraten begann, besuchten zwei junge Juden in Konstantinopel die Universität mit dem klangvollen Namen »Haus der Weisheit«. Der eine, David Gruen, wurde Jahrzehnte später unter dem Namen David Ben Gurion Israels erster Ministerpräsident, der andere, Yitzhak Ben Zvi, zweiter Staatspräsident des jungen Staates. Gekleidet nach der Art türkischer Effendis, im Gehrock und mit einem Fez auf dem Kopf, erlebten sie die letzten Tage eines untergehenden Imperiums. Unter ihren Kommilitonen ein weiterer Mann mit Zukunft: Abdullah Ibn Hussein, der spätere König von Jordanien.

Das Osmanische Reich war längst Geschichte, doch die Zionisten kämpften immer noch um die Heimstatt in Palästina. Auf dem Weg über Istanbul hofften sie, möglichst viele Juden vor der Ausrottung durch das NS-Regime bewahren und ihnen so in den besetzten Gebieten Mut machen zu können. Die Zionisten hatten erfahren, wieviel Hoffnung allein die begrenzte Aktion der Fallschirmspringer machte. Einer ihrer gewandtesten Mitarbeiter, Teddy Kollek, sollte nun in Istanbul Verbindung zu den Alliierten aufnehmen und den Boden für weitere Rettungsaktionen vorbereiten.

Er gab sich nach seiner Ankunft in Istanbul als Korrespondent des »Ein Gev Diary« aus und schloß sich einer kleinen Gruppe von Juden an, die allesamt zu demselben Zweck in der Stadt am Bosporus lebten. Die Türkei war neutral, und Istanbul, so erinnert sich Kollek, habe von Agenten und Spionen aus aller Herren Länder nur so gewimmelt. »Ohne den Schutz entweder der Achsenmächte oder der Alliierten war es unmöglich, irgend etwas zu erreichen. Beide Seiten hatten ihre Agenten, und alle wurden von den Türken und von der jeweiligen Gegenseite ohne Unterlaß beobachtet... Stieg man in einem Hotel ab, gab man seinen Paß ab und bekam ihn erst am folgenden Tag zurück, nachdem der Empfangschef ihn den Russen, den Amerikanern, den Deutschen, den Engländern, den Italienern, den

Türken und vermutlich auch noch dem Barkeeper in seinem Stammcafé gezeigt hatte. Sämtliche Portiers und Empfangschefs standen auf der Lohnliste sämtlicher Botschaften und Konsulate. In jedem Appartementhaus unterrichtete der Hausverwalter augenblicklich die türkische Polizei vom Einzug eines neuen Mieters, und die Nachricht verbreitete sich weiter, weil auch jeder Polizist wiederum in irgend jemandes Dienst stand.«

In dieser levantinischen Atmosphäre, in der er sich ständig von Feinden umgeben fühlte, entfaltete Teddy Kollek eine vielfältige Tätigkeit. Dem britischen Geheimdienst konnten Nachrichten aus Europa, die er dringend benötigte, beschafft werden. Sie stammten von Leuten, die den NS-Schergen gerade entronnen waren. Wetterberichte, die Kolleks Gruppe täglich telefonisch aus Rumänien erhielt, erleichterten den Alliierten die Bombenangriffe auf die Ölfelder von Ploesti, die den Ölnachschub für die deutschen Truppen einschränkten. Als dabei britische Piloten in Gefangenschaft gerieten, gab es eine gemeinsame Operation.

Mit Hilfe des britischen Geheimdienstes sollten sowohl Piloten als auch Juden gerettet werden, und es gelang. In speziellen Kajaks wurden Juden aus Griechenland herausgeschmuggelt. Bevor Ungarn 1944 ganz in die Hände der Deutschen fiel, schaffte es die Gruppe mit Teddy Kollek, Juden aus dem besetzten Polen über die Slowakei nach Ungarn zu bringen. Andererseits schleusten sie Leute in die »Festung Europa« hinein, um entweder den Widerstand zu stärken – in Ploesti zum Beispiel kämpften jüdische Widerstandsgruppen mit den Briten gegen die Deutschen – oder um die Moral unter den zurückgebliebenen Juden zu heben.

In Kolleks Wohnung in Istanbul gaben die Kuriere aus den besetzten Gebieten sich oft die Klinke in die Hand, viele von ihnen Doppelagenten. Als wichtigsten sah er Bondi Gross an, einen ungarischen Juden, der gute Beziehungen sowohl zu den Nazis als auch zu den Juden hatte. Hohe NS-Funktionäre benutzten ihn, um Geld in Sicherheit zu bringen oder Waren zu beschaffen. Selbst Gestapo-Beamte tauchten in Istanbul auf, um sich für den Fall, daß die Alliierten siegten, abzusichern. Sie nahmen Medikamente, Briefe und Geld mit zurück nach Ungarn, Polen und die Slowakei, und Kolleks Gruppe bezahlte sie dafür.

Die Zionisten wollten unter allen Umständen den Juden in den besetzten Gebieten Geld zukommen lassen, weil sie überzeugt davon waren, daß die Juden damit Waffen, Lebensmittel, ja selbst die Freiheit erkaufen könnten. Das Geld – auch Edelsteine – war von der Jewish Agency unter den Juden der ganzen Welt gesammelt worden. Die engen Kontakte, die Kollek und seine Freunde zu den noch in Ungarn, Rumänien und Bulgarien lebenden Juden besaß, erleichterten den Transfer. Auch Yoel Brand war darunter, der bald eine wichtige Rolle im Netzwerk von Freund und Feind spielen sollte.

Teddy Kollek behielt die Zeit in Istanbul in bedrückender Erinnerung. Wohl konnten Menschen gerettet werden, aber am Ende war es doch nur eine Handvoll. Gewiß, im Talmud findet sich das Wort, »wenn du ein Leben rettest, ist es, als hättest du die ganze Welt gerettet«. Aber wie niederdrückend war es, wenn ein Schiff mit Flüchtlingen nicht in den türkischen Hafen gelassen und wieder hinausgeschickt wurde, wo es wenige Stunden später unterging. Klagte der eine Überlebende, den man fand, nicht auch die Juden an? Hätten sie mehr tun müssen, tun können? Wie aber?

Kollek hatte sich ganz auf die Aufgabe konzentriert. Kein einziges Mal ging er in den Basar Istanbuls, obwohl er ein leidenschaftlicher Sammler war. Nichts bekam er von der Stadt zu Gesicht, was er unter anderen Umständen besichtigt hätte. Selbst wenn kein Kurier erwartet wurde, kein Brief zu schreiben war und kein Treffen mit irgend jemand bevorstand: Er stand nur da, las noch einmal alle Briefe, suchte nochmals nach der rettenden Idee, wie Medikamente und Geld zu denen gelangen könnten, die es dringend brauchten, oder wie man zu Waffen kam. Und dies alles unter dem Eindruck deprimierender Nachrichten.

In Istanbul hörte er zum erstenmal vom ganzen Ausmaß der Judenvernichtung, und er empfand es als eine unerträgliche Bürde, die schockierendste Erfahrung seines Lebens. Eine Katastrophe brach über die Juden herein, die unglaublich erschien. Bis dann der eine oder andere Jude, dem KZ entkommen und aus besetzten Ländern herausgeholt, berichtete. Ein junger Mann übernachtete bei ihm, bevor er nach Palästina weiterreiste. An ihn erinnert sich Teddy Kollek:

»Welchem Lager er entflohen war, weiß ich heute nicht mehr, aber sein Gesicht, seine ausgemergelte Gestalt und seine abgerissene Kleidung werden mir für immer im Gedächtnis bleiben. Er war um die zwanzig, nur noch Haut und Knochen, hatte einen glattrasierten Schädel und tiefliegende dunkle Augen. Er blieb in sich gekehrt, wortkarg und wollte nichts essen, was ich ihm anbot. Das einzige, was er zu sich nahm, waren ein paar Löffel Suppe. Während ich ihn betrachtete, mußte ich darüber nachdenken, was für ein herrlich bequemes, angenehmes Leben ich in seinem Alter in Wien geführt hatte. Über das Lager selbst erzählte er mir nur sehr wenig… Nichts von dem, was ich seither gehört und gelesen habe, hat einen tieferen Eindruck auf mich gemacht als diese eine kurze Begegnung.«

Die deutsche Vernichtungsmaschinerie hatte mit unerbittlicher Konsequenz die Juden im Osten bis zur Sowjetunion, im Norden bis Norwegen, im Westen bis Frankreich und im Süden bis Griechenland erfaßt. Land für Land gerieten die Juden in die Reichweite dieser Maschinerie und starben hilflos unter ihrem Zugriff. Im südöstlichen Teil Europas, innerhalb der deutschen Einflußsphäre, waren noch die meisten Juden am Leben: 1,6 Millionen. Und dort, auf dem Balkan, verliefen die Deportationen nicht ganz so reibungslos, wie das NS-Regime es sich wünschte. Die Juden in Serbien und Griechenland wurden ausgelöscht. Aber schon die Führungen Kroatiens und Serbiens wollten Ausnahmen machen, und in Rumänien, Bulgarien und Ungarn stießen die Deutschen auf erhebliche Widerstände. Die drei Länder hatten sich dem deutschen Lager angeschlossen. Aber sie erkannten eher als die Deutschen selbst, wer den Krieg gewinnen würde, und arrangierten sich. Sobald der Wind sich eindeutig gedreht hatte, stellten alle drei Länder den Vernichtungsprozeß ein. Rumänien und Bulgarien schlossen sich den Alliierten an. Ungarn dagegen wurde von den Deutschen besetzt; das Todesurteil für den größten Teil der ungarischen Juden war gesprochen.

Rund 750 000 Juden hatten in Ungarn bis zum Einmarsch der Deutschen 1944 überlebt. Dann begannen die Deportationen, denen die Masse der Juden sich abgestumpft fügte. Doch seit der Zeit, als Teddy Kollek in Istanbul eintraf – Anfang 1943 –, hatte es auch ein »Unterstützungs- und Rettungskomitee« einer Anzahl ungarischer Zionisten gegeben. Es wollte Juden helfen, die aus der Slowakei, aus Polen, dem Deutschen Reich und dem »Protektorat Böhmen und Mähren« nach Ungarn geflohen waren. Dr. Rudolf Kastner, den geschäftsführenden Vizepräsidenten, hatte Kollek schon 1934 in Transsilvanien kennengelernt.

Die Kontakte zwischen den beiden waren schnell hergestellt, bald aber wurde dem Komitee klar, daß Hilfe für geflohene Juden jetzt nicht mehr die einzige Aufgabe sein könnte. Mit der deutschen Besetzung mußte sie vor allem heißen: Widerstand. Dazu bot sich im Mai 1944 eine Chance. Das jüdische Hilfskomitee, das es im slowakischen Preßburg gab, hatte Informationen über Anzahl und Routen der Sonderzüge erhalten, die die ungarischen Juden nach Auschwitz transportieren sollten. Diese Informationen wurden dann an das Komitee in Budapest weitergeleitet.

Dort entschloß man sich umgehend, den Alliierten über die Schweiz die Bitte zuzuspielen, zwei oder drei Eisenbahnknotenpunkte auf der Strecke zu bombardieren und so die Deportation unmöglich zu machen... Die Alliierten reagierten darauf nicht.

Die spektakulärste Aktivität ging aber nicht vom ungarischen Rettungskomitee aus, sondern von den Deutschen selbst. Eine Woche vor Beginn der Deportationen, am 8. Mai 1944, ließ der Chef des SS-Sonderkommandos, Adolf Eichmann, Kastners Mitarbeiter Joel Brand zu sich kommen, den Experten des Komitees für die Rettung von Juden. Eichmann machte einen Vorschlag...

Das Leben der Juden, sagte Eichmann, könne gerettet werden, wenn ein bestimmter Preis dafür bezahlt werde. Benötigt würden: 200 Tonnen Tee, 200 Tonnen Kaffee, 2 Millionen Kisten Seife, 10 000 Lastwagen für die Waffen-SS an der Ostfront und andere kriegswichtige Güter, darunter Wolfram. Am dringendsten brauche man, so Eichmann, die Lastwagen. Um diese Güter zu beschaffen, solle Brand nach Istanbul fahren, um Kontakt mit den Alliierten aufzunehmen. Inzwischen werde man die Juden so lange nach Auschwitz schicken und vergasen, bis eine positive Antwort eingetroffen sei.

Mitte Mai machte sich Brand auf den Weg. Er nahm Bondi Gross mit, der bei den Zionisten in Istanbul kein Unbekannter war. Dort angekommen, informierten sie den Kreis, dem Teddy Kollek angehört hatte, bevor er im Sommer 1943 nach Palästina zurückberufen worden war. Es wurde verabredet, daß Brand im syrischen Aleppo mit Moshe Sharett, dem Leiter der politischen Abteilung der Jewish Agency, zusammentreffen sollte. Doch als der Taurus-Expreß dort einlief, wurde Joel Brand von britischen Agenten verhaftet. Er wurde nach Kairo gebracht und bis Kriegsende dort festgehalten. Bondi blieb freiwillig bei den Alliierten. Alle Bemühungen der Zionisten, die Briten zur Annahme des Eichmann-Plans zu bewegen, schlugen fehl. Sharett klopfte in London an. Dort aber erhielt er nur kühl die Antwort: »Was sollen wir mit einer Million Juden anfangen?« Die erste Sorge Großbritanniens gelte dem Krieg. »Wenn wir den Krieg gewinnen, werden wir auch die Juden retten.« In Budapest wartete das Rettungskomitee vergeblich auf ein alliiertes Angebot. Es hatte wenigstens auf ein verbales Hinhaltemanöver gehofft, das die Deportationen »auf Eis« legte. Doch die Antwort war Schweigen. Die ungarischen Juden gingen in Auschwitz in den Tod.

Joel Brands Mission gehört zu einem makabren Kapitel der Geschichte des Zweiten Weltkriegs. Niemand erfuhr je, ob das skrupellose Angebot »Menschen gegen Lastwagen« tatsächlich die Chance der Rettung für die ungarischen Juden enthielt. Aber der Fall blieb ein Lehrstück zynischer Menschenverachtung. Brand jedenfalls hatte das Gefühl, eine historische Aufgabe übernommen zu haben. Und als Teddy Kollek, der wieder bei der Jewish Agency in Jerusalem arbeitete, in Kairo mit ihm zusammentraf, war Brand über den Fehlschlag tief erschüttert. Seine Überzeugung war, daß die Zionisten sich nicht nachdrücklich genug um die Rettung der Juden bemüht hätten.

Auch Teddy Kollek zeigte sich verzweifelt. Vergeblich aber versuchte er Brand klarzumachen, wie hilflos die Zionisten in

Jerusalem waren. Längst hatte man dort erkennen müssen, daß die Westmächte die Juden im Stich ließen. Im Mittelmeer spielten sich bei der Zurückweisung oder der Deportation von illegalen Einwanderern, die mit überladenen Schiffen vor die Küsten Palästinas kamen, Tragödien ab. Doch die Welt hatte offenbar eine »Mauer der Gleichgültigkeit« errichtet. Auch Kollek war sich darüber im klaren, daß Briten und Amerikaner nicht wußten, wohin mit Millionen von Juden.

Für ihn blieb aber die brennende Frage, was wichtiger sei, Menschenleben zu retten oder eine Politik. Er hatte selbst von Istanbul aus daran mitgewirkt, in unzähligen Botschaften die Welt aufzuklären und wachzurütteln – vergeblich. War der Zionismus am Ende? Am Bosporus, wo die Informationen aller Kriegführenden zusammenkamen, fiel es Kollek wie Schuppen von den Augen: Die historische Mission, in Palästina einen jüdischen Staat zu schaffen, blieb der einzige Rettungsanker für das Judentum in der Welt.

Er war fest entschlossen, sich mit allen seinen Kräften dafür einzusetzen. Mit den führenden Zionisten in seiner Umgebung glaubte er sich völlig im Recht, wenn sie Juden illegal nach Palästina brachten, auch wenn sie das Verhältnis zur britischen Regierung damit weiter belasteten. In Palästina hielt der britische Hochkommissar sich strikt an die Politik des Weißbuchs und zeigte keine Bereitschaft, sie mit dem Blick auf das tragische Schicksal der europäischen Juden zu revidieren.

In den ersten sechs Wochen des Zweiten Weltkriegs, als die Frage der Einwanderung akuter war denn je, wurden überhaupt keine Einwanderungsgenehmigungen erteilt. 1944, als die vom Weißbuch vorgesehene Übergangsfrist zu Ende ging, waren nur etwa zwei Drittel der vorgesehenen Zertifikate ausgestellt worden. Diese diskriminierende Politik führte in Palästina zu immer größerer Spannung zwischen den Juden und den Mandatsbehörden. Blutige Zusammenstöße beim Kampf der Briten gegen illegale jüdische Einwanderer verschärften die Lage noch. Die Abneigung gegen die Briten verwandelte sich mehr und mehr in Haß. Er wurde zum Nährboden für den antibritischen Terror, den zionistische Extremisten später ins Werk setzten.

Ben Gurion – der Visionär

Anfang Mai 1942 trafen sich im Biltmore-Hotel in New York 600 Juden. Sie vertraten zahlreiche zionistische Gruppen und kamen zusammen, um sich über Situation und Zukunft des Judentums Klarheit zu verschaffen. Es war eine kämpferisch gestimmte Versammlung, die der Rede David Ben Gurions zuhörte, des damaligen Leiters der politischen Abteilung der Jewish Agency in Jerusalem. Ohne alle Umschweife rief er aus, es gebe nur einen einzigen Ausweg für die Juden: die Briten aus Palästina hinauszuwerfen und einen unabhängigen jüdischen Staat zu gründen. Ben Gurion hatte die amerikanischen Zionisten richtig eingeschätzt. Voller Mitgefühl für die europäischen Juden, waren sie bereit, dem militanten Kurs des couragierten Zionisten aus Palästina zu folgen. Sie beschlossen ein Achtpunkteprogramm, das einen bedeutenden Platz in der Geschichte des Zionismus einnehmen sollte. Darin hieß es:
»Die Konferenz erklärt, daß die nach dem Sieg zu erwartende neue Weltordnung auf der Grundlage von Frieden, Gerechtigkeit und Gleichheit nicht errichtet werden kann, wenn das Problem der jüdischen Heimatlosigkeit nicht vollständig gelöst wird. Die Konferenz verlangt, daß die Tore Palästinas geöffnet werden; daß der Jewish Agency die Aufsicht über die Auswanderung nach Palästina sowie die erforderlichen Vollmachten für den Aufbau des Landes, einschließlich seiner nicht genutzten und brachliegenden Gebiete, übertragen und daß Palästina als ein jüdisches Staatswesen in die Struktur der neuen demokratischen Welt eingegliedert werde.« Damit hatten die amerikanischen Zionisten sich unter Führung Ben Gurions nicht nur eindeutig für einen jüdischen Staat ausgesprochen, sondern ihn auch vergrößert: auf »Palästina«.
Nur einen Teil Palästinas als Schauplatz dafür zu besitzen – das genügte jetzt nicht mehr. Sowohl Ben Gurion als auch Chaim Weizmann, der Präsident der Zionistischen Bewegung, erwarteten, daß mehrere Millionen Juden aufzunehmen sein würden. Was aber sollte mit den arabischen Palästinensern werden? Ben Gurion sah den Widerstand schon voraus und schlug einen frei-

willigen Bevölkerungsaustausch vor. Außerdem versprach er den Arabern, die nicht wegziehen wollten, volle staatsbürgerliche, politische und nationale Gleichberechtigung. Die Juden würden sich auch bemühen, den Lebensstandard der Araber auf die Höhe des jüdischen zu heben.

Mit der Biltmore-Konferenz hatte sich der militante Zionismus, wie ihn Ben Gurion vertrat, durchgesetzt. Weizmann und dessen Freunde, die noch immer auf die britische Politik setzten, hielt er für unrealistisch. Und die nächsten Jahre sollten zeigen, wie recht er hatte. Ben Gurion erwies sich in den komplizierten Strukturen der alliierten Politik als der weiterblickende Mann. Zäh und zielstrebig, wie er war, scheute er beim Verfolgen seiner Ziele vor keiner Konfrontation zurück – weder innerhalb der zionistischen Führung noch gegenüber den Briten. Von Terrorakten allerdings hielt er nichts.

Der Mann, der schon 1906 aus Polen nach Palästina gekommen war und dort das Fundament für die Arbeiterbewegung gelegt hatte, war so ganz nach dem Geschmack Teddy Kolleks. Während der ersten engeren Zusammenarbeit mit ihm – 1941 in London – hatte er schon die visionäre Kraft Ben Gurions kennengelernt. Wie alle anderen unter den Zionisten in London horchte auch Kollek auf, als Ben Gurion erklärte, nur Macht werde das jüdische Schicksal entscheiden – die militärische Macht der jüdischen Bevölkerung in Palästina und das Potential der großen jüdischen Gemeinde in den USA.

Er sah voraus, daß die Juden Amerikas, die erst nach dem Ersten Weltkrieg in die Zionistische Bewegung hineingewachsen waren, eine nachhaltige Wirkung auf die amerikanische Politik haben würden. Daß man sie aufrütteln und dazu bewegen könne, Opfer für die Sache eines jüdischen Staates zu bringen. Weizmann war, was die künftige Rolle der USA betraf, viel skeptischer. Ihn irritierten die Unverbindlichkeiten im Gespräch mit Präsident Roosevelt und die strikte Araberfreundlichkeit des Außenministeriums. Ben Gurion aber beeindruckte mehr die wachsende Stärke und Selbstsicherheit Washingtons.

Rasch hatte er begriffen, daß die britische Politik in Palästina nur durch amerikanischen Druck geändert werden könne. Und anders als Weizmann wußte er die amerikanische Mentalität für die zionistischen Ziele einzuspannen: Er sprach nicht von 100 000 Einwanderern, die jährlich aufgenommen werden müßten, sondern von Millionen, die sofort kämen. Nur mit solchen Visionen glaubte er die Amerikaner beeindrucken zu können. Als er ein paar Jahre später die militärische Auseinandersetzung mit den Arabern kommen sah, setzte er sich in New York mit 18 Millionären zusammen und überzeugte sie davon, Millionen von Dollar in einen Staat zu investieren, den es noch gar nicht gab.

David Ben Gurion, schrieb der spätere israelische Außenminister Abba Eban einmal, »glich einer ungeheuren Kraftquelle, von der Energieströme nach allen Richtungen ausgingen«. Wie richtig sein Mißtrauen in die Wandlungsfähigkeit der britischen Politik war, das wurde gleich nach dem Zweiten Weltkrieg deutlich. Die Labour-Party kam in London an die Macht und dachte nicht daran, für einen Judenstaat einzutreten, obwohl sie das im Wahlkampf versprochen hatte. Teddy Kollek war 1945 zum Leiter der Geheimdienstabteilung der Jewish Agency ernannt worden und hielt sich vom Juni an wieder in London auf.

Er führte zahlreiche Gespräche mit führenden Männern der Labour-Party, kam aber jedesmal mit bösen Vorahnungen wieder davon zurück. Von Außenminister Ernest Bevin war sein Eindruck, »unser Freund war er nicht, und er gab auch nicht vor, es zu sein«. Die Grundlagen der Palästina-Politik Bevins und Premierminister Attlees waren ebenso klar wie schlicht. Der Labour-Abgeordnete Richard Crossman schilderte sie so: »Die Juden, so meinten er und Attlee aufgrund der Informationen des Außenministeriums, seien undankbar, verschlagen und rechthaberisch. Die Araber hingegen seien ein einfaches, aufrichtiges Volk mit großer Zuneigung zu Großbritannien.« Aus dieser Einschätzung zog die britische Regierung offenbar den Schluß, daß prowestlich eingestellte arabische Staaten auch Stabilitätsfaktoren darstellten, während der Zionismus zu einer Schwächung westlicher Positionen führen würde. Der Interessenkonflikt führte zu immer größerer Verbitterung in Palästina. Eine Zeit des bewaffneten Widerstands von Juden brach an.

Kollek bereitete sich in London gerade auf ein Treffen mit Unterhausabgeordneten vor, um ihnen die zionistische Kritik an der britischen Regierungspolitik verständlich zu machen. In diesem Augenblick, es war 1946, traf die Nachricht ein, daß die jüdische Terrororganisation Irgun Zwai Leumi einen Teil des King-David-Hotels in Jerusalem in die Luft gesprengt habe, wo britische Dienststellen untergebracht waren. Fast hundert Menschen, Briten, Juden, Araber, waren ums Leben gekommen. Darauf kamen Hunderte von Parlamentariern zu dem Treffen mit Kollek, um ihn hart in die Zange zu nehmen.

Aber sowohl die Jewish Agency als auch die Verteidigungsorganisation Hagana hatten von Anfang an den Terror bekämpft, und Teddy tat es aus Überzeugung ebenfalls. So hatte er vor den Versammelten kaum Probleme. Es war nicht die erste Gewalttat mit blutigen Folgen. Schon 1944 hatten Mitglieder des Lechi, einer anderen jüdischen Terrorgruppe, den britischen Minister für den Mittleren Osten, Lord Moyne, in Kairo ermordet. Er stand jüdischen Forderungen besonders skeptisch gegenüber. Um ihren Abscheu vor solchen Aktionen deutlich zu machen und weitere Gewalttaten zu verhindern, arbeitete die Jewish Agency von da an mit den Briten eng zusammen.

Teddy Kollek war prinzipiell gegen Gewaltakte. Aber zugleich störte ihn noch etwas anderes, was seinen Sinn für Disziplin und straffe Führung berührte. Er hatte zwar auch schon an manchen illegalen Unternehmungen teilgenommen, vom Herausschmuggeln des persisch-jüdischen Kindes aus Deutschland bis zu massiver Bestechung, um das Los der Juden in Europa zu erleichtern. Aber eine Rechtfertigung dafür, daß der einzelne oder eine Gruppe unabhängig für sich Entscheidungen trifft, wollte er nicht erkennen. Außerdem fand er, daß Anordnungen einer Regierung auch ausgeführt werden müssen.

Deshalb unterstützte er es vorbehaltlos, daß die Jewish Agency gegen die Splittergruppen vorging, und er war auch selbst daran beteiligt. Die Alternative »Terror oder politischer Kampf« existierte für ihn ebensowenig wie für Ben Gurion, anders zum Beispiel als für Menachem Begin, den späteren Ministerpräsidenten. Teddy Kollek blieb dieser Überzeugung treu, ob es sich

Jahrzehnte später um die illegale Siedlung von Juden in den besetzten Gebieten handelte oder die Besetzung religiöser Gebäude in Jerusalem. Er behielt stets ein feines Empfinden für die Grundansprüche eines Gemeinwesens an seine innere Ordnung.

Die Verstrickung der Briten in die Probleme Palästinas wurde für sie nach dem Ende des Zweiten Weltkriegs immer unerträglicher. Die Einschätzung der Lage durch Männer wie Attlee und Bevin war so sehr von Unkenntnis und Ignoranz geprägt, daß aus London schließlich nur noch Stimmen der Resignation kamen. Verstärkt wurden sie besonders durch die tragischen Folgen, die das Abfangen der Schiffe mit Juden, die das europäische Inferno überlebten, nach sich zog. Der Fall der »Exodus«, die mit 4200 Juden wieder nach Deutschland zurückgeschickt wurde, rüttelte die Weltöffentlichkeit auf.

Noch einmal versuchten es die Briten mit Untersuchungskommissionen, obwohl alle vorhergehenden auch nicht zum Erfolg oder zum Frieden geführt hatten. Die eine kam im Mai 1946 zu dem Schluß, daß jede Staatsbildung nur zu Unruhen führen und den Weltfrieden gefährden würde. Daher sei eine Fortführung des Mandats das Beste – zuerst durch die Briten und dann durch die UNO. Die Juden sollten 100000 Einwanderungsgenehmigungen erhalten, wie sie US-Präsident Truman schon gefordert hatte. Der Vorschlag der zweiten Kommission ging einige Monate später dahin, Palästina in eine arabische und eine jüdische Provinz, den Distrikt Jerusalem und den Negev-Distrikt zu teilen. Wieder gab es nirgendwo klare Zustimmung, es war zu spät.

Schließlich berief Bevin eine neue Konferenz mit Juden und Arabern nach London ein. Aber Anfang 1947 waren alle Gräben verschüttet. Bei den Arabern standen die Zeichen auf Kampf. Die britische Regierung resignierte endgültig, und am 2. April 1947 ersuchte sie den Generalsekretär der Vereinten Nationen, die Generalversammlung zu einer Sondersitzung über Palästina einzuberufen. Die Sitzung fand im selben Monat statt. Ein Untersuchungsausschuß wurde eingesetzt, und ein halbes Jahr später wurde der Plan zur Teilung Palästinas in einen jüdischen und einen arabischen Staat mit der Internationalisierung Jerusalems zur Abstimmung gestellt. Teddy Kollek, der bei der Abstimmung am 29. November 1947 in Lake Success dabei war, erinnert sich der gewaltigen Spannung und Erregung auf jüdischer Seite.

Die Vermutungen aber waren richtig: Der Plan wurde angenommen. Das britische Mandat sollte am 14. Mai 1948 enden. Damit hatten die Zionisten eine offizielle Basis für die Staatsgründung. In der Nacht, so berichtet Kollek, tanzten in New York die Menschen auf den Straßen. Für die palästinensischen Araber jedoch gingen die Lichter aus.

4 Heroische Zeiten

Staat nach 1900 Jahren

Die Schlagzeile der Jerusalemer »Palestine Post« ging über alle acht Spalten der ersten Seite: »Der Staat Israel ist geboren.« Und darunter hieß es, nach 19 Jahrhunderten sei nun der erste unabhängige jüdische Staat ins Leben getreten.

Es geschah am Freitag, dem 14. Mai 1948, wenige Stunden vor Beginn der Sabbatruhe. Punkt 16.00 Uhr eröffnete David Ben Gurion, Vorsitzender der Exekutive der Jewish Agency, die Sitzung des provisorischen Parlaments im Museum der Kunst am Rothschild-Boulevard in Tel Aviv; hinter ihm an der Wand ein Bild Theodor Herzls, flankiert von zwei Flaggen mit dem Davidstern.

Die 200 Männer und Frauen, die geladen waren, folgten mit tiefer Ergriffenheit der Zeremonie, die nun begann. Teddy Kollek, der zu einem kurzen Besuch aus New York eingetroffen war, mußte sich mit einem Stehplatz neben einer Säule begnügen. Die Sitzplätze waren den Älteren vorbehalten, den Pionieren der Zionistischen Bewegung und Weggenossen Ben Gurions. Doch diese historische Stunde des Judentums überhaupt mitzuerleben, war für Teddy Kollek ein bewegender Augenblick. Dann verlas Ben Gurion die Unabhängigkeitserklärung. Anschließend wurde sie von jedem Parlamentsmitglied unterzeichnet.

979 Wörter umfaßte die Erklärung, und ihr Kernsatz lautete: »...kraft unseres historischen und natürlichen Rechts und gestützt auf die Resolution der Vollversammlung der Vereinten Nationen proklamieren wir hiermit die Errichtung eines jü-

dischen Staates in Palästina, der den Namen Israel tragen soll.«
Der junge Staat werde offen sein, so heißt es an anderer Stelle,
für die Juden aller Länder, damit sie »uns zur Seite stehen in
dem großen Kampf um die Erfüllung des Traums von Generationen: die Erlösung Israels«. Mit dem Bekenntnis zur Freiheit
der Religion, des Gewissens, der Erziehung und der Kultur tritt
eine Demokratie ins Leben, die für die Region einzigartig bleibt.
Zum Schluß singen die Anwesenden die zionistische Hymne,
die Hatikwah (Hoffnung), und um 16.30 Uhr erklärt Ben Gurion:
»Der Staat Israel ist auferstanden. Die Sitzung ist geschlossen.«
Draußen vor dem Museum hatten sich Tausende von Menschen
versammelt, und Teddy Kollek erinnert sich, daß ihm die Begeisterung der Menge am stärksten im Gedächtnis blieb. Unzähli-
ge Juden im Land hörten die Zeremonie im Radio – nur in Jerusalem nicht, denn dort war der elektrische Strom ausgefallen.
Auf den öffentlichen Gebäuden Tel Avivs flatterte schon die
neue Flagge mit den blauen Streifen und dem Davidstern.
Etwa zur gleichen Zeit, in der Ben Gurion den Staat Israel pro-
klamierte, verließ der britische Hochkommissar General Sir
Alan Cunningham seine Residenz in Jerusalem, begab sich nach
Haifa und verabschiedete sich dort von dem jüdischen Bürgermeister sowie von dessen arabischem Stellvertreter. Dann
wurde der Union Jack niedergeholt, und Sir Alan ging an Bord
des Kreuzers »Euryalus«. Eine halbe Stunde vor Mitternacht –
30 Minuten später endete das britische Mandat über Palästina – verließ das Schiff den Hafen von Haifa. Großbritannien
beendete ein Kapitel seiner Kolonialgeschichte, das ihm nicht
zum Ruhm gereichte.
Israel war nicht mit einer pompösen Feier in die Geschichte eingetreten. Selbst der erste Zionistenkongreß verlief 1897 in Basel
großartiger, war äußerlich farbiger, die Kleidung seiner Delegierten eleganter. Aber dazu gab es ein halbes Jahrhundert später auch keinen Anlaß. Am selben Nachmittag, an dem die jüdischen Honoratioren sich in Tel Aviv versammelten, gab es in
ganz Palästina heftige Kämpfe. In der Unabhängigkeitserklärung hieß es: »Wir strecken unsere Hand aus in Frieden und
guter Nachbarschaft allen Nachbarstaaten und ihren Völkern

und laden sie ein, mit der unabhängigen jüdischen Nation zum Wohle aller zusammenzuarbeiten.«

Doch die Realität sah anders aus. Schon vor der Entscheidung der UNO-Vollversammlung, Palästina zwischen den beiden verfeindeten Bevölkerungsgruppen aufzuteilen, hatten die Araber ihren gewaltsamen Widerstand dagegen angekündigt. Bereits am Morgen nach der Abstimmung im amerikanischen Lake Success begann in Palästina ein dreitägiger Proteststreik, bei dem wiederum der Großmufti von Jerusalem, Hadsch Amin al-Husseini, die treibende Kraft war. In allen Teilen des Landes wurden Juden angegriffen. Bis zum März 1948 fanden 1200 von ihnen den Tod. Das Land begann, im Chaos zu versinken.

Der blutige Konflikt spielte sich teils als Bürger-, teils als Guerillakrieg zwischen zwei eng miteinander verflochtenen Gemeinschaften ab. Es gab gemischte jüdisch-arabische Viertel wie in Jerusalem und Gebiete, in denen die Bevölkerungsteile sich überlappten – außer in Jerusalem auch in Haifa. In jedem Distrikt und an fast jeder Straße lagen hier arabische und dort jüdische Dörfer. Jede Seite konnte die Städte, Dörfer und Außenposten der anderen mit Leichtigkeit abschneiden und belagern. Im Februar 1948 waren die Araber, unterstützt von Freiwilligen aus Nachbarländern, überall in der Offensive.

Die jüdische Verteidigungsstreitmacht Hagana war schlecht darauf vorbereitet. Während die arabische Seite von den Briten mit Waffen versorgt wurde, hatten die Juden Probleme mit dem Waffennachschub. Die Hagana galt zu jener Zeit noch als illegal und mußte heimlich Waffen aus Übersee heranschaffen. Bis Ende Mai 1948 verfügte sie nur über 24500 Gewehre, 5000 leichte und 200 mittelschwere Maschinengewehre, 54 Millionen Patronen und – 25 alte deutsche Jagdflugzeuge vom Typ Messerschmitt. Einige Waffen konnten schon selbst hergestellt werden, z. B. ein 15-cm-Mörser, der wenig bewirkte, aber sehr laut war.

Den Palästinensern war es gelungen, fast den gesamten Verkehr zwischen den jüdischen Siedlungen lahmzulegen und die Verteidiger Jerusalems in schwere Kämpfe zu verwickeln. Da ging die Hagana ihrerseits im April zur Offensive über. Die Juden waren sich keineswegs darüber im klaren, ob sie einem Angriff regulärer arabischer Armeen standhalten könnten. Doch um so hartnäckiger kämpften sie nun und schlugen die starken Guerilla-Verbände der Araber bei Jerusalem und Haifa. Das Ziel war es, möglichst zusammenhängende Gebiete zu erobern. Das erreichten sie auch bei Tiberias, Safed, Akko und Jaffa. Immer verbissener wurde gekämpft.

Wenige Wochen vor der Staatsgründung töteten die Extremisten der Irgun- und Stern-Gruppen 254 Bewohner des arabischen Dorfs Dir Yassin bei Jerusalem. Drei Tage später geriet ein jüdischer Verwundetentransport auf dem Weg zum Hadassah-Hospital in Jerusalem in einen Hinterhalt. 79 Menschen kamen dabei um – Ärzte, Krankenschwestern und Studenten. Die lebenswichtige Zufahrtstraße von Tel Aviv nach Jerusalem blieb Schauplatz zahlloser Überfälle auf jüdische Transporte. Wer in einer solchen Atmosphäre einen Staat gründen wollte, der brauchte schon eine fast übermenschliche Nervenstärke.

Aber worauf sollten die Juden noch warten? Was hätte es gebracht, wenn David Ben Gurion dem Appell Washingtons gefolgt wäre und die Staatsgründung verschoben hätte? Um ihr Überleben kämpfen mußten die Juden so oder so. Sie standen mit dem Rücken zur Wand. In Europa waren sechs von je sieben Juden getötet worden. Das hatten die frühen Zionisten nicht vorausgesehen. Aber gerade jetzt brauchten jene, die überlebt hatten, eine Heimat in gesicherter Unabhängigkeit. Diese Triebfeder gab den Juden die Kraft zum Handeln.

Trotz des blutigen Ringens, das im Gange war, ging die Exekutive der Jewish Agency mit wahrem Feuereifer an die Vorbereitung der Staatsgründung. Die Schaffung einer provisorischen Regierung und eines ebenso vorläufigen Parlaments wurde beschlossen; eine neue jüdische Verwaltung begann schon mehrere Wochen vor dem 14. Mai zu arbeiten. Der Name des Staates, seine Flagge und sein Wappen wurden festgelegt, neue Briefmarken herausgegeben und das Steuerwesen reformiert. Ein Problem war besonders schwer zu lösen: die Beschaffung von Schreibmaschinen mit hebräischen Buchstaben.

Und als dann an jenem denkwürdigen Freitag die Zeremonie vorbei war, da versammelten sich einige der Teilnehmer, unter ihnen Teddy Kollek, in der Residenz Ben Gurions, um den soeben geborenen Staat nach außen handlungsfähig zu machen. Sie formulierten die Telegramme, in denen die zionistischen Repräsentanten in aller Welt zu Botschaftern ernannt wurden – zuerst in Washington, bei den Vereinten Nationen, in Paris und Prag, wo die Waffenkäufe am besten funktionierten. Noch am selben Tag, kurz nach 18.00 Uhr Washingtoner Zeit, erkannten die USA als erstes Land den Staat Israel an. Die Sowjetunion und andere Staaten folgten wenige Tage später.

Als David Ben Gurion am Freitagnachmittag das Museum in Tel Aviv verließ, blickte er mit ernstem Gesicht auf die jubelnde Menge vor ihm. Noch am selben Tag notierte er: »Ich empfinde keine Fröhlichkeit, nur tiefe Besorgnis.« Dazu hatte er allen Anlaß, denn kurz darauf erfuhr er, daß die ägyptische Armee dabei war, die Grenze Palästinas zu überschreiten. Die Armeen Transjordaniens, Syriens, des Libanons und des Iraks folgten. In Jerusalem waren die erbitterten Kämpfe keinen Augenblick zum Stillstand gekommen, auch nicht am 14. Mai.

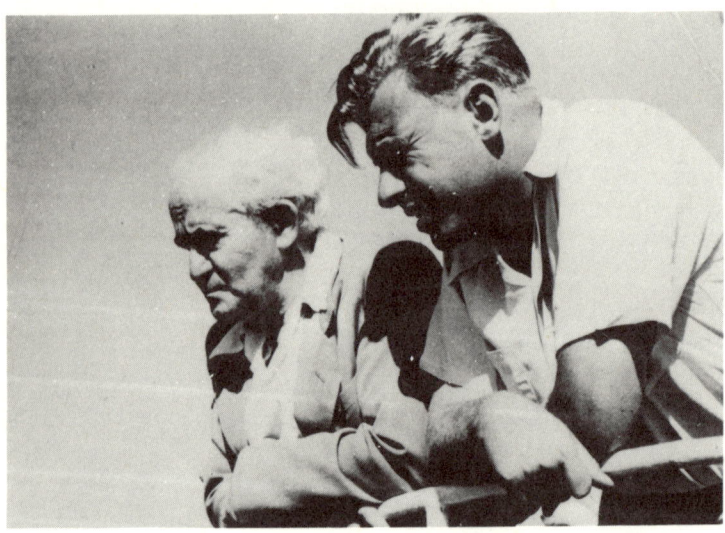

Teddy Kollek 1949 mit dem ersten Ministerpräsidenten Israels, David Ben Gurion, dessen politischen Weitblick und Entschlossenheit er über alles schätzte.

Als diese neue, dramatischste Phase des Kampfes um Palästina knapp ein Jahr später zu Ende ging, hatte der junge Staat Israel sich behauptet. Seine Verteidiger hatten mit großer Tapferkeit den Weg zur Unabhängigkeit freigemacht; mit einem Kampfgeist, dem die arabischen Armeen von Monat zu Monat weniger entgegensetzen konnten. Wohl mußten die Israeli den Verlust des ehrwürdigen jüdischen Viertels in der Altstadt von Jerusalem hinnehmen und sich mit der Herrschaft über den westlichen Teil der Stadt begnügen, aber ihr gesamtes Staatsgebiet war nun sogar größer als von den Vereinten Nationen vorgesehen.

Die Sorgen, die Israels erster Ministerpräsident David Ben Gurion am Tage der Staatsgründung geäußert hatte, waren berechtigt. Aber seinem Weitblick und seiner Klugheit war es vor allem zu danken, daß die Juden am Abgrund nicht verzweifelten, sondern ihm mutig folgten. Abba Eban, der in jenen Tagen israelischer Botschafter bei den Vereinten Nationen war, schrieb später einmal: »Um den Plan (eines jüdischen Staates) gegen den Widerstand der Araber und gegen die internationale Trägheit durchzusetzen, mußte eine mitreißende Kämpfernatur kommen... Ben Gurion war von der Natur nicht für das Parkett der internationalen Diplomatie bestimmt... Sein besonderes Genie lag mehr in der Fähigkeit, den Willen des Volkes anzustacheln und in Israel feste, unantastbare Tatsachen zu schaffen.«

Die größte Leistung Ben Gurions habe aber darin bestanden, so Abba Eban, daß er eine Verteidigungsstreitmacht aus dem Boden stampfte und ausrüstete – eine Truppe, aus der später die siegreiche israelische Armee hervorgegangen sei. Und daß Ben Gurion dies gelang, dazu hat einer seiner fähigsten Mitarbeiter nicht unwesentlich beigetragen: Teddy Kollek. Er tat es nicht mit der Waffe in der Hand. Seine Fähigkeiten waren andere.

Hotel »Fourteen«

Kurz nach der Staatsgründung in Tel Aviv reiste Teddy Kollek mit einem provisorischen israelischen Paß nach New York zurück. Dort hatte er ein halbes Jahr vorher, im Herbst 1947, die

Leitung der Hagana-Vertretung übernommen. Er arbeitete also für eine Untergrundorganisation, und erst bei seiner Rückkehr aus dem frisch gegründeten Israel wurde daraus ein regulärer Teil des Verteidigungsministeriums. Doch die Aufgabe änderte sich nicht. Die Marschroute hatte Ben Gurion schon bei einem Treffen mit amerikanischen Millionären während des Zweiten Weltkriegs festgelegt. Das Schicksal der Juden, so lautete seine These, hänge vom Ausgang einer bewaffneten Auseinandersetzung in Palästina ab.

Und er bat seine Gesprächspartner, die jüdische Sache zu unterstützen, das heißt, mit Ideen und Geld zum Sieg beizutragen. Ben Gurion fand offene Ohren, und bald darauf war die Grundlage für die umfangreichen Aktivitäten der Hagana-Vertreter in den USA geschaffen. Sie galten vor allem der Beschaffung von Waffen und Ausrüstungsgegenständen, die von den Juden in Palästina dringend benötigt wurden. Auch diese Hilfe aus Übersee bestärkte Ben Gurion in der Überzeugung, daß die USA nach der Vernichtung des europäischen Judentums im Begriff waren, nicht nur das wichtigste Zentrum der Weltpolitik, sondern auch der jüdischen Politik zu werden.

Das organisierte Judentum in den Vereinigten Staaten hatte lange gebraucht, bis es in diesem Land öffentliche Resonanz fand und Einfluß gewann. Die ersten 23 jüdischen Einwanderer kamen 1654. Sie waren Sephardim und siedelten sich in Neu-Amsterdam an, dem heutigen New York. Eine zweite, größere Welle mit etwa 250 000 Juden vorwiegend aus Süddeutschland wanderte 1830 ein.

Seinen größten Umfang erreichte der Strom der Einwanderer aber zwischen 1881 und 1924, als die Tore Amerikas für die verfolgten Juden Rußlands weit offen waren. 2,5 Millionen Menschen kamen damals.

In ihrer großen Mehrheit stammen Nordamerikas Juden also aus Osteuropa. Aber auch die USA sind nicht frei von antijüdischen Strömungen, und die Arbeitslosigkeit der zwanziger Jahre trägt ein weiteres dazu bei, die Einwanderung nicht nur zu kontrollieren, sondern auch einzuschränken. 1933 bis 1939 findet wieder eine – kleinere – Welle jüdischer Einwanderer den Weg in die

USA. Sie ist aus Hitlers Machtbereich geflohen. Und bis 1944 erhöht die Zahl dieser Juden sich auf 250000 bis 300000, darunter 130000 deutsche und österreichische Juden.

Erst mit dem Ende des Zweiten Weltkriegs erkannten die USA das ganze Ausmaß des Holocaust. Nicht wenige Amerikaner waren nun erschreckt darüber, wie tatenlos die Alliierten dem Schicksal der Juden in Europa gegenübergestanden hatten. Um so bereitwilliger wurden die Tore wieder geöffnet, um Überlebende aufzunehmen. Von den heute in aller Welt lebenden 12 bis 13 Millionen Juden sind rund 6 Millionen in den USA ansässig (3,5 Millionen in Israel). In zwei Zivilisationen zu Hause – der amerikanischen und der jüdischen – haben diese Juden dem Geistes- und Wirtschaftsleben der USA viele wichtige Impulse vermittelt. Und schon früh kam finanzielle Hilfe für die Siedler in Palästina aus Amerika.

Beim ersten Zionisten-Kongreß 1897 in Basel war nur ein Amerikaner unter den Delegierten; 1913 kamen dann schon 40. Und im Ersten Weltkrieg spielten die Führer der amerikanischen Zionistenbewegung, an ihrer Spitze Louis Brandeis, eine wichtige Rolle bei der Vorbereitung der Balfour-Deklaration in London. Doch der eigentliche Aufschwung kam erst nach 1936, als die Mehrheit der amerikanischen Juden sich unter dem Eindruck der Verfolgung in Deutschland zum Zionismus bekannte. Eine Welle der Sympathie einte sie. Aber eine politische Kraft waren sie noch nicht.

Ben Gurion blieb bei seiner Meinung, daß es für die zionistische Idee »ohne Amerika keine Hoffnung auf eine große Zukunft« gebe. Aber in den Kriegsjahren waren Regierung und Medien in den USA wenig an den jüdischen Zielen interessiert, und wenn es anders war, dann mit widersprüchlichen Ansichten. Die politischen Institutionen in Washington standen sich selbst im Weg. Während das Weiße Haus und der Kongreß freundlich mit den Zionisten umgingen, standen Außen- und Verteidigungsministerium eindeutig auf arabischer Seite. Für das State Department waren die Juden geradezu ein Ärgernis, berührten die zionistischen Ziele doch die amerikanischen Ölinteressen und die Stabilität des Nahen Ostens.

Präsident Roosevelt selbst nahm eine zweideutige Haltung ein. Den Zionisten gelang es zwar mit dem Hinweis auf das Schicksal der europäischen Juden, bei Kongreßabgeordneten, kirchlichen Würdenträgern und Journalisten ein günstiges Meinungsklima zu schaffen. Klopften sie aber im Weißen Haus oder im Außen- und Verteidigungsministerium an, spürten sie sofort mächtigere Interessen und Kräfte. In seiner Geschichte des Zionismus meint Walter Laqueur, »der Präsident, eine seltsame Mischung von Patrizier und Volkstribun, Naivität und Raffiniertheit, Aufrichtigkeit und Hinterlist, betrachtete das ganze Problem offenbar als eine unerfreuliche, aber nicht sehr wichtige Sache«.

Man frage sich, fügt er hinzu, wie es der Präsident, wäre er nicht so früh gestorben, wohl angestellt hätte, sich die Freundschaft sowohl der Juden als auch der Araber zu erhalten. Erst unter seinem Nachfolger, Harry S. Truman, trat der humanitäre Aspekt des jüdischen Schicksals stärker in den Vordergrund der amerikanischen Politik, die dann zu einem wirksamen Gegengewicht zum Kurs der Briten werden konnte. An seiner proarabischen Haltung hielt das State Department aber noch lange fest.

In dieser komplizierten Situation war es ein Glück für Teddy Kollek, daß er zur Mentalität der Amerikaner sofort Zugang fand. Ihn beeindruckten die Ungezwungenheit und Rücksichtnahme, die Aufgeschlossenheit und Effizienz der Menschen. Besonders gefiel ihm, daß die Amerikaner klipp und klar sagten, was sie dachten. Bei den Engländern hatte ihn immer gestört, daß er raten mußte, was sie eigentlich meinten. Aber er machte auch seinerseits auf die Amerikaner Eindruck. Sein selbstkritischer Humor gefiel ihnen, besonders wenn er sich mit den Worten vorstellte, er sei einer von den nutzlosen Leuten, die man in Palästina nicht benötige.

Ein Amerikaner, mit dem Kollek zu tun hatte, erinnert sich an ihre erste Begegnung. Teddy habe ausgesehen wie ein Farmer aus Minnesota, der aus der Kälte kam. Hatte ihm die Arbeit in Ein Gev so stark geprägt? Jedenfalls habe er nichts Formelles an sich gehabt, und doch mußte man ihn respektieren. Er habe mit den verschiedensten Menschen arbeiten können und schien stets Zeit zu haben, so beschäftigt er auch gewesen sei. Und das war Kollek vom ersten Tag in New York an. Er sah sich geradezu in einen Wirbelwind von Aktivitäten hineingerissen: »Ich mußte mich mit den neuesten Errungenschaften der Waffenproduktion, Chemie und Physik, vertraut machen, Schiffe ankaufen, mit Fabriken und Schrottplätzen verhandeln, Spione, Gangster, Filmgewaltige, Staatsmänner, Bankiers, Professoren, Industrielle und Zeitungsleute kontaktieren – und ungesetzliche Transaktionen kleinen bis internationalen Ausmaßes abwickeln. Alle Augenblicke stand unser Traum von einem jüdischen Nationalstaat auf dem Spiel.« Es schien ihm, als sei das ein Job, der einen einzelnen Menschen überfordere. Und doch sah er ein, daß es notwendig war.

Im System der Aktivitäten der New Yorker Hagana-Vertretung sah Kollek sich bescheiden als eine Art Verkehrspolizist, der die verschiedenen Mitarbeiter an die richtigen Plätze dirigierte. In Wahrheit war er mehr: Mit dem richtigen Fingerspitzengefühl gab er Anstöße, brachte Spezialisten zusammen und ließ sie dann an einem Projekt allein weiterarbeiten. Details interessierten ihn nicht. Andere kamen mit ihren Problemen zu ihm, und er schickte sie zu Leuten, die ihnen helfen konnten. Seine Augen hatte er überall: Er hielt Leitungen offen, dolmetschte, filterte, ermutigte, beruhigte und gab gute und schlechte Nachrichten weiter.

Die Talente, die Kollek hier entfaltete, sollten ihm schon ein halbes Jahrzehnt später im Ministerpräsidentenamt an der Seite David Ben Gurions zugute kommen. In New York war er zum erstenmal für viele Menschen und für große Summen Geldes verantwortlich. Er und seine 10 bis 15 Mitarbeiter pflegten sieben Tage hintereinander zu arbeiten, jeweils bis in die Nacht hinein. Oft kam es vor, daß sie um 3.00 Uhr früh ein Restaurant aufsuchten, um dort gleichzeitig zu Abend zu essen und zu frühstücken. Alle aber waren mit großem Eifer bei der Sache. Der Staat sollte von Anfang an vollständig bewaffnet sein.

Und wenn man berücksichtigte, daß die Einwanderer aus den europäischen Flüchtlingslagern mit wenig mehr als dem, was sie auf dem Körper trugen, in Palästina ankamen, dann war klar,

91

daß buchstäblich alles beschafft werden mußte. Teddy Kollek legte zum Beispiel spendenwilligen amerikanischen Unternehmern eine Liste vor, in der unter anderem folgendes Material erbeten wurde: 10 000 Jacken, 10 000 Paar Schuhe, 10 000 Regenmäntel, 2000 Paar Gummischuhe, 40 000 Decken, 3000 Zelte (für 2, 8 und 16 Mann), 10 000 Feldbetten, 10 000 Pullover, 30 000 Paar Socken, 500 000 Notrationen.

Diese Posten waren nur ein kleiner Teil der Liste, und es war weder die erste Aufstellung noch die letzte. Außerdem kam solchen Aktivitäten nur begrenzte Bedeutung zu. Immerhin hatten sie eine legale Basis. Im Gegensatz zu Ausrüstungsgegenständen aber war die Ausfuhr von Kriegsmaterial und die Anwerbung von Soldaten für ausländische Armeen in den USA verboten. Wurden Kollek und seine Leute auf solchen Gebieten tätig, dann geschah das illegal. Es blieb also nicht aus, daß das amerikanische Bundeskriminalamt FBI ein wachsames Auge auf die Hagana-Vertretung hatte. Einem Teil der jüdischen Mitarbeiter blieb nichts anderes übrig, als von Tag zu Tag die Wohnung zu wechseln.

Der Platz, an dem alle Fäden zusammenliefen, lag an New Yorks Eastside: 14, Sixtieth Street. Dort befand sich ein etwas altmodisches, aber noch respektables Haus, das Hotel »Fourteen«. Die Hagana hatte bei den jüdischen Eigentümern Büros im Erdgeschoß und im obersten Stockwerk gemietet. Teddy Kollek wurde in einer Suite mit Wohn- und Schlafzimmer und einem Büro untergebracht. Von dem im Kellergeschoß befindlichen Nachtklub »Copacabana« nahmen die Mieter wenig Kenntnis. In den Büros der Vertretung war ein ständiges Kommen und Gehen; oft herrschte drangvolle Enge.

Da tauchten Unbekannte aus aller Welt auf, um Hilfe anzubieten oder Rat zu suchen. Aus Lateinamerika erschienen eines Tages Juden, die in der Heimat viel Geld gesammelt hatten, und sie bestanden darauf, daß es sofort und ohne Umwege für militärische Zwecke verwendet werde. Die einen brachten Schecks mit; andere Besucher kamen mit Koffern voll Bargeld. Auch eine eigene Organisation wurde gegründet. Sie trug den Namen »Materials for Palestine« und gab jeden Donnerstag ein Essen, bei dem die Gäste nacheinander aufstanden und mitteilten, was sie an Ausrüstungsgütern zu spenden gedachten.

Am wichtigsten, aber meist auch am kompliziertesten, war die Beschaffung von Waffen und anderem Kriegsgerät. So hatte zum Beispiel die Jewish Agency weltweit Geld gesammelt, um in Frankreich und in der Schweiz Waffen zu kaufen. Die Einfuhr von Waffen war aber -- vor der Staatsgründung – von den Briten untersagt worden. So konnte nicht angenommen werden, daß Frankreich und die Schweiz den Juden Waffen für Palästina verkaufen würden. Es sei denn, ein anderes Land würde als Käufer in die Bresche springen. Dann wäre die illegale Einfuhr zweitrangig. Tatsächlich fand sich in New York ein Zionist, der auf Umwegen Beziehungen zum Diktator Nicaraguas hatte, Somoza.

Teddy Kollek machte sich also auf die Reise. In der Hauptstadt Managua wurde er auch freundlich empfangen. Trotz des nicht zu unterschätzenden politischen Risikos, das damit verbunden war, vereinbarten die Gesprächspartner, daß der Botschafter Nicaraguas in Paris und der Generalkonsul in Zürich die Vollmacht zum Ankauf von Waffen in ihren Gastländern erhalten sollten. Beide wurden beauftragt, das Material dann nach Marseille, Triest und Genua transportieren zu lassen. Ein New Yorker Mitarbeiter Kolleks sollte den Kauf – im Wert von drei Millionen US-Dollar – an Ort und Stelle tätigen. Dazu erhielt er einen nicaraguanischen Paß – Kollek ebenfalls.

Somoza erwies den Männern eine durchaus legale Gefälligkeit. Sein Land sympathisierte mit den Zionisten, und er versprach Kollek, in der UNO bei jeder Gelegenheit für die Sache der Juden zu stimmen. So geschah es auch. Teddy Kollek tat ein übriges: Er besuchte Somoza morgens beim Friseur. Er erinnert sich gern daran:

»An diesen beiden Vormittagen versuchte ich, während er rasiert und manikü't, gekämmt und frisiert wurde, in gedrängter Form darzulegen, was der Zionismus eigentlich bedeutete. Wir freundeten uns politisch und menschlich an, und als ich den Palast verließ, wurde ich mit einer militärischen Zeremonie geehrt.«

Der Erfindungsreichtum Teddy Kolleks und seiner Freunde im Hagana-Büro kannte kaum Grenzen, wenn es um die Beschaffung von Waffen und anderem Kriegsgerät ging. So kamen sie eines Tages in den Besitz zahlreicher ausrangierter, aber flugfähiger Flugzeuge. Ihre Ausfuhr war jedoch verboten. Deshalb wurden die Tragflächen, Rümpfe und anderen Teile der Maschinen einzeln verpackt und als Fertighausteile verschifft. Die Verschiffung in New York unterlag wiederum ihren eigenen Gesetzen: Sie hing von der Zustimmung von Gangstern ab, die jeden Hafenkai kontrollierten. Also wurden Kontakte zur Unterwelt geknüpft, und das Schiff mit den »Fertighäusern« konnte die Leinen loswerfen.

Im fernen Palästina konnte David Ben Gurion sich auf seine New Yorker Mitstreiter gänzlich verlassen. Er selbst ging in dem heiß umkämpften kleinen Land mit gutem Beispiel voran. Michael Bar-Zohar beschreibt das in seiner Biographie des Staatsgründers sehr plastisch: »In seinem Bemühen um Waffen aller Art gönnt Ben Gurion weder sich noch anderen die geringste Atempause. Die Militärtechniker spornt er an, einen Flammenwerfer zu konstruieren sowie Methoden zur Herstellung von kugelsicherem Glas zu entwickeln, und läßt sich Einzelheiten über die Versuche mit neuen Sprengstoffen und Geheimwaffen erklären.«

Für die Mitarbeiter Ben Gurions habe sein Ehrgeiz und das Ausmaß seiner Forderungen schon beängstigende Formen angenommen. In New York war Angst seinen Leuten ein unbekannter Begriff. Es machte auch nichts, wenn hier und da einer über das Ziel hinausschoß. Kollek berichtete später von Yehuda Arazi, einem seiner tüchtigsten Männer, der von einem Schrotthändler einen ausgemusterten Flugzeugträger gekauft hatte, ihn mit Flugzeugen, Panzern und Soldaten beladen und damit genau zwei Tage nach der Staatsgründung in Israel eintreffen wollte.

Arazi war nicht davon zu überzeugen, daß es unmöglich sein würde, das Riesenschiff unerkannt aus einem amerikanischen Hafen herauszubringen. Schließlich wurde das Schiff doch wieder verkauft – zu dem Schrottpreis, den Arazi vorher selbst dafür bezahlt hatte. Vergleichsweise leicht war es, kleinere Schiffe zu beschaffen, die Mannschaften dazu anzuheuern und sie Kurs auf Europa nehmen zu lassen, wo – vor allem in Südfrankreich und Italien – Einwanderer an Bord genommen und nach Palästina gebracht wurden. Flugzeuge aus den USA hinauszubringen, war am schwierigsten. Oft ging etwas schief dabei.

Dank der Verbindungen, die ein Flugexperte im Hagana-Büro hatte, wurden zum Beispiel vier große Flugzeuge vom Typ Constellation für 15 000 US-Dollar das Stück gekauft. Eine der außer Dienst gestellten Maschinen wurde ausgeschlachtet, um Ersatzteile zu gewinnen. Die anderen waren schnell wieder flugfähig. Ein Flugzeug flog über Panama und Dakar in die Tschechoslowakei, wo es mit Waffen voll beladen und nach Israel weitergeschickt wurde. Es kam noch rechtzeitig, um am Unabhängigkeitskrieg teilzunehmen. Die beiden anderen Maschinen jedoch wurden noch in den USA beschlagnahmt.

Noch dramatischer ging es zu, als vier »Fliegende Festungen« vom Typ B 17 gekauft wurden. Drei davon kamen auch glücklich über Puerto Rico bis zu den Azoren und in die Tschechoslowakei. Da aber wurden die amerikanischen Behörden hellhörig und beschlagnahmten die vierte Maschine in Tulsa, Oklahoma, noch vor ihrem Abflug. Kurz entschlossen versuchten Kolleks Leute, das Flugzeug dort zu entführen. Es gelang, unbemerkt Neuschottland zu erreichen. Dort wurden sie entdeckt, konnten aber mit einigen Tricks doch bis zu den Azoren weiterfliegen. Erst da mußten die Piloten aufgeben. Vielleicht steht die »Festung« noch heute dort.

Immer neue Umwege mußten gefunden werden, um Flugzeuge nach Israel zu bringen. Die amerikanischen Embargo-Bestimmungen für Güter nach Europa waren deshalb so streng, weil befürchtet wurde, daß sie in die Hände kommunistischer Regierungen fallen. Doch für die Ausfuhr nach Lateinamerika galt das natürlich nicht. So wurden von Kolleks Büro zum Beispiel 10 Maschinen des Typs C 46 über Panama und Niederländisch-Guyana bis zur Tschechoslowakei transportiert, die als wichtigster Waffenlieferant der Juden in jener Zeit ein wichtiger Stützpunkt war.

Um ganz sicher zu gehen, wurden die Flugzeuge unter dem Namen einer panamaischen Fluggesellschaft auf den Weg gebracht, die den Zionisten gehörte und sogar als offizielle Fluglinie Panamas anerkannt war. Es war nicht die einzige Tarnfirma. Auch eine Luftfrachtgesellschaft gab es, die zwischen Miami und San Juan auf Puerto Rico angeblich Gemüse transportierte. In Wahrheit wurden die Maschinen in San Juan nur aufgetankt und flogen dann weiter über die Azoren in die Tschechoslowakei. Diese und die vielen anderen Aktivitäten verlangten Phantasie, Mut, ja Abenteuerlust. Da konnte Kollek mit bestem Beispiel vorangehen.

An vielen Abenden konnte man das Team im Hotel »Fourteen« sitzen und Geld zählen sehen. Es waren Beträge, die von der Jewish Agency kamen oder von Teddy Kollek bei Privatleuten gesammelt worden waren. Was auch damit geschah – es wurde nach einem dezentralisierten System ausgegeben, das die unterschiedlichsten Talente unter den Mitarbeitern berücksichtigte und dem FBI die Überwachung erschwerte. So wußte jeder nur, was er für seine Aufgabe unbedingt wissen mußte. Und von der Telefonzelle sprach es sich oft sicherer als aus dem Büro. Dennoch vernahm das FBI sie alle – nur Kollek nicht.

Als er von der Staatsgründung in Tel Aviv nach New York zurückgekehrt war, hatte seine Aufgabe eine noch größere Bedeutung erhalten; denn mit dem Einmarsch der fünf arabischen Armeen wurde die Gefährdung Israels noch deutlicher. Es mußte nun viel schneller Geld beschafft werden, um die Kämpfer jenseits des Ozeans auch schneller mit Waffen und Gerät ausstatten zu können. Und wieder bewährte sich die Fähigkeit Teddy Kolleks, sich Freunde zu machen. Darauf konnte und mußte er jetzt zurückgreifen. Zum Beispiel als rasch eine Million Dollar für Flugzeuge beschafft werden mußten.

Das Büro war in großer Verlegenheit, aber da traf Kollek einen Bekannten, der einen wohlhabenden Freund besaß. Dieser wurde konsultiert und war bereit zu helfen. Dafür erhielt er den ersten Schuldschein Israels – mit der Unterschrift des israelischen Botschafters in Washington. Fristgerecht wurde das Geld zurückgezahlt.

Ende 1948 nahm Teddy Kollek Abschied von New York, von einer Zeitspanne seines Lebens, die er nicht vergessen sollte. Seine Männer hatten erlebt, wie er mit geradezu wilder Energie gearbeitet und jeden von ihnen stimuliert hatte. Er ließ viele einflußreiche Freunde zurück, auch unter den Politikern. Sein Beitrag zum Überleben der Juden – der schon ansässigen und der nach dem Zweiten Weltkrieg ins Land strömenden – war beachtlich. Doch ebensowenig wie andere Zionisten in mehr oder weniger führenden Positionen jener Zeit hielt er sich für einen Helden. Er war nicht geeignet dazu, sich in Szene zu setzen. Genugtuung aber empfand er, als er die Reihe neugewonnener Freunde und die Erfahrungen in dem großen Land in der Erinnerung überblickte. Amerika hatte ihn tief geprägt. Davon sollte Israel bald wieder profitieren.

Wieder einmal in Ein Gev, wo seine Familie weiterhin lebte, kam er nicht lange zum Nachdenken. Er wurde im Außenministerium in Tel Aviv zum Leiter der Amerika-Abteilung bestellt. Mit ihm kam ein Mann auf diesen Posten, der vom traditionellen Bild des Diplomaten kaum etwas hielt. Nicht allein der Aufbau von Beziehungen zu den jeweiligen auswärtigen Regierungen stand für ihn im Vordergrund. Auch Wirtschaftsprobleme, Sicherheitsfragen, Besuchsreisen, Public Relations sollten dazu gehören. Vor allem aber betrachtete er es als wichtig, die Beziehungen zu den Juden dieser Länder und damit auch Amerikas auszubauen, denn sie waren seiner Meinung nach die einzigen verläßlichen Bundesgenossen Israels.

Daß Diplomaten der gastgebenden Regierung näher sein könnten als den jüdischen Partnern, wollte ihm nicht in den Kopf. Der grenzenlose Zusammenhalt der Juden war eine Aufgabe, die ihm schon in Fleisch und Blut überging. Ein so weitgespanntes Konzept, das auch die für den jungen Staat so wichtigen Wirtschaftsbeziehungen hoch bewertete, erforderte große Flexibilität vom Außenministerium. Aber was in seiner Breite so ganz nach dem Geschmack Teddy Kolleks war, fand bei seinen Kollegen nur wenig Beifall. So konnte es kaum überraschen, daß er gern die Chance ergriff, mit einem fest umrissenen Sonderauftrag wieder in die USA zu gehen.

Die Aufgabe lautete, eine Anleihe in Gang zu bringen. Sie sah man in Israel als die einzige Möglichkeit an, der anschwellenden Einwanderungswelle Herr zu werden. Teddy Kollek selbst hatte die Idee dazu gehabt, als er in New York arbeitete. Nun hatten jüdische Organisationen in den USA sie aufgegriffen. Es war so offensichtlich, daß es dem Staat Israel schlecht ging, daß ein Betrag zwischen 100 und 150 Millionen US-Dollar pro Jahr als angemessen erschien.

Aber die großen Banken der USA winkten ab. Keine von ihnen wollte für die »Israel-Bonds« geradestehen. So kam der Gedanke auf, die Zeichnung der Anleihe selbst in die Hand zu nehmen. Damit begann eine der großen Erfolgsstories im Leben Teddy Kolleks.

Ausgestattet mit der formellen Funktion, den israelischen Botschafter in Washington zu vertreten, ging Kollek im Frühjahr 1951 daran, eine landesweite Organisation aufzubauen. Als Vorsitzender wurde der weltweit bekannte ehemalige Finanzminister Henry Morgenthau jr. gewonnen. Das Startsignal zu der Anleihe sollte Israels Ministerpräsident David Ben Gurion persönlich geben.

So geschah es auch. Kollek hatte sehr wohl erkannt, daß es besonders wichtig war, Ben Gurion bei diesem ersten offiziellen Besuch in den USA mit möglichst vielen Amerikanern zusammenzubringen. Der Amerika-Kenner wußte, wie gern die Menschen in diesem Land Politik und Person miteinander verknüpften. Das konnte für Israel nur gut sein. Und Kollek verstand es auch, eine der typischen Konfetti-Paraden auf dem Broadway zu Ehren Ben Gurions zu organisieren. Tausende von New Yorkern jubelten dem großen zionistischen Pionier zu. Genauso war es auf allen Stationen der Reise zwischen Boston und Los Angeles.

Zwei Wochen flog Ben Gurion mit einer Chartermaschine durch die USA – es war ein ungewöhnlich großer Erfolg – für ihn persönlich, aber ebenso auch für die »Israel-Bonds«. In Hunderten von Veranstaltungen trugen amerikanische Juden zu ihrem Teil dazu bei, Israel auf die Beine zu bringen. Diese Zusammenkünfte wurden bald zu einem festen Bestandteil des organisierten jüdischen Alltags, und europäische Juden wollten daraufhin auch nicht zurückstehen und folgten dem Beispiel in Übersee.

Von so gefestigten und eingespielten Beziehungen, wie sie heute zwischen den USA und Israel bestehen, konnte Anfang der fünfziger Jahre keine Rede sein. Auf israelischer Seite machte sich eine antiamerikanische Stimmung bemerkbar. Sie hatte ihre Ursache zum Teil in der Überzeugung, daß Israel in der aufkommenden Auseinandersetzung zwischen West und Ost neutral bleiben sollte. Der damalige Generaldirektor des Außenministeriums, Walter Eytan, war sogar der Meinung, daß Israel bei richtigem Verhalten zwischen den Fronten vermitteln könnte. In der Arbeiterpartei fand sich andererseits eine tiefreichende Abneigung gegen das kapitalistische System der USA.

Diesem Flügel der Mapai stand insbesondere Golda Meir nahe, die nach der Staatsgründung erste Vertreterin Israels in Moskau geworden war und von 1949 bis 1956 als Arbeitsministerin fungierte. Ihre grundsätzlichen Vorbehalte als Sozialistin führten dazu, daß sie jede Wirtschaftshilfe aus Amerika ablehnte. Teddy Kollek hatte deswegen manche Auseinandersetzung mit Golda Meir, denn er war überzeugt davon, daß Israel nur in enger Zusammenarbeit mit den USA gedeihen konnte. Es wäre in der Tat ein Widerspruch gewesen, die so dringend notwendige Wirtschaftshilfe anzunehmen und gleichzeitig eine neutrale Außenpolitik zu betreiben.

Kollek teilte damit die Auffassung Ben Gurions, der in richtiger Erkenntnis der Weltlage auf die gemeinschaftlichen Interessen Israels und der USA setzte. Und in Washington hatte man längst erkannt, daß es zweckmäßig sein würde, unabhängig von allen emotionalen Bindungen zwischen den Juden hier und dort, einen verläßlichen Stützpunkt im Nahen Osten zu besitzen. Dafür sprach einmal das Interesse an den Ölquellen der Region, zum anderen die strategische Position Israels im beginnenden Kalten Krieg mit der Sowjetunion.

Moskau hatte zwar die Gründung des Staates Israel seinerzeit konsequent unterstützt und das neue Mitglied der Völkergemeinschaft de iure früher anerkannt als die USA. 1951 aber, als der Koreakrieg schon begonnen hatte, war Israels Platz faktisch bereits an der Seite Washingtons. Dem Wunsch der USA, im Rahmen der UNO-Aktion ebenfalls Truppen nach Korea zu schicken, folgte Israel allerdings nicht. Teddy Kollek bemühte sich, dem amerikanischen Außenministerium klarzumachen, daß eine solche Mitwirkung an der Eindämmung sowjetischer Expansion zu einem Stop der Auswanderung von Juden aus der Sowjetunion führen könnte.

Als »zweitem Mann« an der israelischen Botschaft in Washington oblag es Kollek, die Beziehungen zu den amerikanischen Regierungsstellen zu pflegen. Im State Department hatte er bereits aus seiner New Yorker Zeit Freunde. Darüber hinaus knüpfte er zu weiteren Behörden Verbindungen. Immer noch ließen die Rahmenbedingungen amerikanischer Außenpolitik Platz für Sympathien oder Antipathien gegenüber Israel. Gerade im Außenministerium, das seine arabienfreundlichen Neigungen weiter pflegte, war Überzeugungsarbeit nötig. Schon früher begegnete er in den Korridoren der Macht am Potomac einem eigenartigen Mißtrauen. Kollek hatte 1950 Verbindung zu dem neugegründeten Geheimdienst CIA aufgenommen und eine Zusammenarbeit angeboten. Die Amerikaner lehnten jedoch höflich ab. Sie erlagen offensichtlich dem Mißverständnis, daß Israels regierende Sozialisten mit Kommunisten gleichzusetzen seien, gegen die man auf der Hut sein müsse. Und je mehr Einwanderer aus Ländern hinter dem Eisernen Vorhang kämen, desto mehr KGB-Agenten würden darunter sein. Also müsse auch der israelische Geheimdienst von Sowjetagenten durchsetzt sein.

Erst nach dem so überaus erfolgreichen Amerikabesuch David Ben Gurions konnte Kollek seine Gesprächspartner davon überzeugen, daß sie sich irrten. Daraufhin wurden erste Beziehungen zum israelischen Geheimdienst angeknüpft. Einen großen Erfolg brachte dieser Kontakt den Israelis, als ihr Geheimdienst 1956 – Kolleks Jugendfreund Amos Manor war daran beteiligt – Kopien der geheimen Rede Nikita Chruschtschows gegen die Untaten Stalins beschaffen und als erster an die CIA weiterleiten konnte.

Die Finanzhilfe, wie sie die USA heute in Höhe von mehreren Milliarden Dollar pro Jahr Israel gewähren, war Anfang der fünfziger Jahre noch unvorstellbar. Damals ging es um sehr viel kleinere Beträge, aber sie waren nichtsdestoweniger lebensnotwendig für den jungen Staat. »Wer sagt, daß es uns in den frühen fünfziger Jahren dreckig ging«, erinnert sich Teddy Kollek, »würde untertreiben. Wir besaßen keinen Penny... Der Staat lebte buchstäblich von der Hand in den Mund.« Für die Israelis in Washington nahm das manchmal kuriose Formen an. Einmal mußte dort eine Verpflichtung von 200000 Dollar eingelöst werden. Kollek lieh sich darauf von Bekannten Geld, mal hier 20000, mal dort 50000 Dollar. So etwas kostete Nerven.

Geld herbeizuschaffen, war eine der Fähigkeiten, für die Teddy Kollek so bekannt wurde, daß Spötter ihn »Teddy Collect« (das Wort »collect« bedeutet »sammeln«) nannten. Aber er hätte dieses Talent wohl nicht so ausbauen können, wenn er nicht ein so feines Gespür für Werbung haben würde, genauer für Public Relations. Dafür war die Art, wie er die erwünschte Hilfe der USA für Israel auf das richtige Gleis setzte, ein besonders überzeugendes Beispiel. Neben dem Marshall-Plan, der mit Milliarden-Beträgen Europa wiederaufbauen half, gab es das sogenannte »Punkt 4-Programm«, das Präsident Truman 1949 in Gang gesetzt hatte.

Dieses Programm – verkündet in der Antrittsrede zu Beginn der zweiten Amtszeit Trumans – sollte der technischen und industriellen Unterstützung von Entwicklungsländern dienen. Da es Teil der Eindämmungsstrategie gegenüber der sowjetischen Expansion war wie der Marshall-Plan auch, wurde es bald zu einem wichtigen Instrument amerikanischer Außenpolitik. Der Kongreß bewilligte dafür zunächst 45 Millionen Dollar – damals eine sehr viel größere Summe als heute. Israel nun fiel unter das Punkt 4-Programm und erhielt technische Hilfe in Gestalt von Entwicklungshilfe-Experten.

Das löste in Israel große Enttäuschung aus. Denn bei allem Respekt vor diesen Experten – das Land brauchte nichts so dringend wie Geld. Ungefähr 70 Millionen Dollar glaubte man jährlich nötig zu haben. Aber das überstieg die Mittel von »Punkt 4« bei weitem. Teddy Kollek entwickelte nun eine Werbestrategie, in deren Mittelpunkt der amerikanische Kongreß stand. Er wußte, daß Truman für Israel war, das für das Punkt 4-Programm zuständige Außenministerium aber nicht. Der Präsident würde sich, so spekulierte Kollek, nur über das State Department hinwegsetzen, wenn der Kongreß – Barometer der öffentlichen Meinung – auf der Seite Israels stand.

Also galt es, in beiden Häusern des Kongresses eine Mehrheit für ein neues und umfangreicheres Hilfsprogramm für Israel zu bewirken. Mit der Unterstützung zweier Amerikaner, die als Kenner der Öffentlichkeitsarbeit einen Ruf hatten, organisierte Kollek eine Kampagne in den Wahlkreisen der Abgeordneten. Ferner wurde mit je einem führenden Republikaner und Demokraten im Senat und im Repräsentantenhaus Verbindung aufgenommen – zum Teil alte Freunde Kolleks. Grundlage dieser Gespräche war die allen gemeinsame Überzeugung, daß Israels Stärke ein wichtiges Ziel der USA sein müsse.

Es vergingen nur wenige Wochen, und es gelang, in beiden Häusern eine Mehrheit für ein Israel-Hilfe-Gesetz im Umfang von 150 Millionen Dollar zu gewinnen. Am Ende des Gesetzgebungsverfahrens zwischen Kongreß und Weißem Haus blieben davon zwar nur 65 Millionen Dollar übrig. Aber das von den Israelis angestrebte Ziel von 70 Millionen Dollar wurde doch fast erreicht. Teddy Kollek konnte zufrieden sein mit dem Erfolg seiner Strategie; auch deshalb, weil weder die Unterstützung der Presse gesucht noch von irgendeiner Seite Druck ausgeübt wurde. Persönliche Kontakte allein wurden zum Erfolgsrezept. Nicht ohne Stolz vermerkte Kollek auch, daß die beiden Parteien im amerikanischen Kongreß sich bei dieser Gelegenheit zum erstenmal gemeinsam für den Staat Israel eingesetzt hatten. Eine solche gemeinsame Außenpolitik war und blieb keine Selbstverständlichkeit in Washington. Ein Anlaß mehr für die Vertreter Israels, den guten Willen von Republikanern und Demokraten weiter zu pflegen. Teddy Kollek kommt unzweifelhaft das Verdienst zu, während der Zeit in Washington einen entscheidenden Beitrag zur Verbesserung der amerikanisch-israelischen Beziehungen geleistet zu haben.

Die Wirtschaftshilfe der Amerikaner lief nur langsam an. So verging der Tag für ihn weiterhin mit neuen Hiobsbotschaften über fällig werdende finanzielle Verpflichtungen und den Versuchen, Geld aufzutreiben, um aus der Klemme zu kommen. Weniger hartgesottenen Männern hätte das den Schlaf rauben müssen. Wer konnte auch noch hoffen, daß Israel mit den Problemen, die es hatte, fertig werden würde? Man brauchte nur die Zeitungen aus Israel aufzuschlagen, um zu erfahren, was die Stunde schlug. 1948 lebten 700 000 Juden im neuen Staat. Innerhalb von vier Jahren vergrößerte die Bevölkerung sich um nicht weniger als 120%.

Israel war mit Notaufnahmelagern überfüllt, in denen die Einwanderer das erste Dach über dem Kopf fanden. Es gab Tage, da trafen jedesmal tausend Menschen in Israel ein. Die Regierung, in der Knesset nur von einer labilen Mehrheit gestützt, stand ohne Geld da.

»Mehrmals hing«, schreibt Michael Bar-Zohar, »die Ernährung der Bevölkerung des ganzen Landes von der Ankunft eines einzigen Frachtschiffes mit Weizen oder Weizenmehl ab; hätte sich das Einlaufen des Dampfers verzögert, wäre eine Hungersnot die Folge gewesen.« Überschwemmungen und Epidemien forderten ihre Opfer. Verzweifelt griff die Regierung nach jedem Kredit, nach jeder Spende.

Ein anderes Ziel als das der Sicherung der bloßen Existenz des Staates Israel konnte es für David Ben Gurion, den Regierungschef, in diesen Jahren nicht geben. Die Gefahren von außen waren zunächst abgewehrt. Im Innern aber wurde der Bevölkerung fast Übermenschliches abverlangt. Auch Kollek spricht später von einer heroischen Periode staatlicher Entwicklung. Doch zur Glorifizierung jener Jahre sahen viele Betroffene wohl keinen Grund. Die Größe der Aufgabe in Washington kann daher im Lichte dieser Probleme kaum unterschätzt werden.

Die Vielseitigkeit Teddy Kolleks war bestechend. Ihm hatte es Ruth Dayan, die Frau des späteren Verteidigungsministers, zu verdanken, daß sie der israelischen Wirtschaft in überraschender Weise helfen konnte. Sie war auf die Idee gekommen, Frauen von Einwanderern mit Sticken und Weben von Stoffen und Teppichen einen Verdienst zu verschaffen. Aber der Versuch, die Arbeiten in den USA zu verkaufen, schlug fehl. Erst als Kollek einen Werbefachmann hinzuzog und sie öffentlich für die Produkte werben ließ, wendete sich das Blatt. Der Erfolg stellte sich ein, und zwar so durchgreifend, daß eine staatliche Gesellschaft in Israel gegründet werden konnte.

Die »Maskit Company« war bald nicht nur in Israel, sondern in der ganzen Welt bekannt. Sie stellte Teppiche, Tücher, Röcke, Töpferwaren und Schmuck eigenwilligen Stils her. Das wichtigste daran war, daß in den schweren Jahren der Einwandererströme Arbeitsplätze geschaffen werden konnten – für Produkte, die handwerkliche Traditionen mit modernem Design verknüpften. Das war auch ganz nach dem Geschmack Teddy Kolleks, und so wurde er für die ersten Jahre Vorsitzender des Aufsichtsrats von »Maskit«.

Eineinhalb Jahre waren vergangen, seit Kollek mit Frau und Sohn nach Washington gekommen war. Da meinte er, seine Aufgabe erfüllt zu haben und in andere Hände legen zu können. Es war ein Augenblick im Leben des Vierzigjährigen, der ihn Rückschau halten und den Entschluß fassen ließ, einmal eine ganz neue Richtung einzuschlagen. So bereitete er sich darauf vor, an der Harvard-Universität Wirtschaftswissenschaften zu studieren. Kurz entschlossen mieteten er und Tamar in Brookline, Massachusetts, ein Apartment, und Sohn Amos wurde dort gleich eingeschult. Aber es war umsonst. Das Schicksal hatte Teddy nicht zum »Aussteiger« bestimmt.

Das Werk der Pioniere

Die Entscheidung fiel am Telefon. David Ben Gurion hatte Teddy Kollek aufgefordert, sofort nach Israel zurückzukehren und als Chef des Ministerpräsidentenamtes zu ihm zu kommen. Aber Kollek sträubte sich – zum erstenmal in seiner Laufbahn im öffentlichen Dienst. Sollte ihm wirklich die Chance verwehrt sein, für einen überschaubaren Zeitraum Abstand vom hektischen Alltag eines Mitstreiters beim Aufbau Israels zu gewinnen? Doch Ben Gurion ließ nicht locker. Sie stritten sich über den Ozean hinweg am Telefon, und schließlich sagte Kollek doch zu.

Ihm leuchtete ein, daß der Ruf eines Staatsmanns wichtiger war als persönliche Neigungen. Das Pflichtgefühl siegte.

Im Sommer 1952 trat er sein neues Amt an. Er war nun der ranghöchste Beamte in Israel, auch wenn er keinen Ministerrang hatte. Der Staat, dem er diente, bestand seit vier Jahren. Kollek hatte den größten Teil dieser Zeit in den USA verbracht, doch kannte er die Probleme Israels nur zu gut. Sie waren noch längst nicht gelöst. Aus dem Unabhängigkeitskrieg ging das Land als Sieger hervor, dann aber konnte niemand sich auf den Lorbeeren ausruhen. Die nächste Herausforderung kam: die Einwanderung.

In den ersten 18 Monaten nach der Staatsgründung waren bereits über 340000 Juden aus 74 Ländern eingetroffen. Bis Ende 1951 erhöhte sich die Gesamtzahl auf rund 765000. Sie brachten eine Vielfalt von Sprachen, Kulturen und Entwicklungen mit in die neue Heimat. Daß sie zuerst nur in Zeltstädten unterkamen, war unangenehm genug. Doch ihre so unterschiedliche Herkunft war für das Zusammenleben auf die Dauer ein noch größeres Problem. Bis 1961 hatte Israel schließlich 1017153 Einwanderer aufgenommen.

Dem jungen Staat blieb nichts anderes übrig, als die wichtigsten Aufgaben gleichzeitig anzupacken. Neben der Integration der Einwanderer galt es, den Regierungsapparat aufzubauen, an dessen Spitze seit Anfang 1949 Ben Gurion stand. Chaim Weizmann war zur gleichen Zeit erster Staatspräsident geworden. Weiter mußten internationale Handelsbeziehungen angeknüpft und diplomatische Vertretungen errichtet werden. Eine soziale Ordnung war erforderlich, und der Alltag der Israeli sollte funktionieren. Mit der Verabschiedung des Rückkehrgesetzes durch die Knesset, das neue Parlament, erhielt jeder Jude das Recht, nach Israel zu kommen.

Wäre Ben Gurion nicht ein Mann gewesen, der kein Risiko scheute, hätte er sein Volk nicht durch die Krisen, die mit diesen und den wirtschaftlichen Problemen zusammenhingen, führen können. Die Gründung des Staates bildete nicht den Abschluß einer Entwicklung für ihn sondern erst den Anfang. Er baute keine Luftschlösser. Kraftvoll und weitsichtig ging er voran. Als am 9. Dezember 1949 die Mehrheit der UNO-Vollversammlung eine Resolution verabschiedet, in der eine Internationalisierung Jerusalems gefordert wird, erwirkt Ben Gurion einen Tag später einen Kabinettsbeschluß, die Hauptstadt sofort von Tel Aviv nach Jerusalem zu verlegen. Weltweite Entrüstung ist die Antwort. Doch einige Tage später schon rollen die Lastwagen mit dem Mobiliar der Ministerien nach Jerusalem. Ben Gurion hatte richtig kalkuliert: Wenn Jordanien in seinem 1948 eroberten Teil Jerusalems bleiben darf, wird auch Israel nicht aus dem anderen Teil vertrieben. Und so geschah es: Niemand unternahm etwas gegen Israel.

Offensichtlich aber verstellte die Fülle der Probleme, die Israels Regierung zu lösen hatte, den Blick auf ein weiteres: das Schicksal der Palästinenser. Was war aus ihnen geworden? Mit 1,2 Millionen Menschen bildeten sie 1947 die Mehrheit in Palästina. Die jüdische Bevölkerung bezifferte sich 1948 auf nur 700 000. Die jüdische Minderheit konnte ihren jungen Staat vor der Zerschlagung durch die arabischen Armeen bewahren. Die Folge war jedoch eine Flüchtlingstragödie unter den palästinensischen Arabern, die noch heute die Lösung des Nahost-Konflikts beeinflußt und erschwert. Daß das Flüchtlingsproblem überhaupt entstand, war beinahe unausweichlich, berücksichtigt man die jahrzehntelange Feindseligkeit zwischen Juden und Arabern und die Ablehnung eines binationalen Staates durch beide Bevölkerungsgruppen.

Die Zionisten verschlossen nicht mehr die Augen davor, welche Probleme bei so enger Nachbarschaft, ja geografischer Vermischung entstehen mußten, wenn sie einen eigenen Staat gemäß dem UNO-Teilungsplan von 1947 beanspruchten. Als die Jewish Agency schon Jahre vorher über das Ziel debattierte, meinte einer ihrer führenden Männer: »Wir können nicht einen Staat beginnen mit 45% Arabern.« Aber schon die Peel-Kommission war 1937 zu dem Schluß gekommen, daß in einem jüdischen Staatsgebiet immer eine beachtliche arabische Minderheit bleiben werde, welche Grenzen das Land auch teilten. Die Juden konnten sich die Folgen ausmalen.

Mußte diese arabische Minderheit mit hoher Geburtenrate nicht die jüdische Mehrheit ständig beunruhigen? Um dem zu entgehen, strebte Ben Gurion 1938 eine Vereinbarung des künftigen Judenstaats mit arabischen Staaten an, die einen Transfer der Palästinenser in den vorgesehenen arabischen Teil Palästinas oder in andere arabische Staaten ermöglichen sollte. Man rechnete mit rund 225000 Menschen, die – freiwillig oder zwangsweise – umzusiedeln wären. Die Briten aber sagten nein dazu und die UNO ebenfalls.

Die jüdischen Führer begriffen allmählich, daß ihnen nichts anderes übrig bleiben werde, als im neuen Staat mit einer arabischen Minderheit zu leben. Die Frage war, wie groß diese sein würde. Darüber entschied schließlich der Unabhängigkeitskrieg Israels 1948/49. Er führte zu einem Massenexodus von Palästinensern in die Nachbarländer. Nur etwa 160000 von ihnen blieben zurück im israelischen Staatsgebiet – oder kamen wieder. Mit ihnen hatte Israel sich abzufinden, und es gewährte diesen Palästinensern – deren Zahl inzwischen auf rund 660000 angewachsen ist – im Grundsatz volle staatsbürgerliche und kulturelle Rechte.

In der Auseinandersetzung um das Land hatten die arabischen Palästinenser schlechte Ausgangspositionen. Da sie den UNO-Teilungsplan wie alle vorhergehenden ablehnten, versäumten sie vollständig, sich auf einen Staat vorzubereiten. Während die Juden konsequent alle Voraussetzungen für eine Selbstregierung schufen, geschah auf palästinensischer Seite nichts dergleichen. Der Regionalismus der wohlhabenden Familien dominierte weiter, und als die Briten sich auf den Abzug vorbereiteten, schlitterten die Palästinenser in das Chaos hinein. Was sie einte, war allein die Abneigung gegen eine jüdische Herrschaft.

Sie verließen sich ganz auf die arabischen Armeen. Ihre eigene Kampfkraft reichte zwar aus, die jüdische Bevölkerung zu beunruhigen, nicht aber entscheidend zu schwächen. Als dann zwischen Dezember 1947 und März 1948 viele Palästinenser der Ober- und Mittelklassen zu fliehen begannen, insbesondere aus Haifa, Jaffa und dem jüdisch beherrschten Teil Jerusalems, da wirkte das geradezu ansteckend. Eine Familie nach der anderen folgte. Die Gründe waren vielfältig. Die einen fürchteten, Opfer der beginnenden Feindseligkeiten oder einer Anarchie nach dem Abzug der Briten zu werden. Andere fühlten sich wehrlos gegenüber arabischen Banden und erwarteten eine dunkle Zukunft unter jüdischer Herrschaft oder, nicht viel besser, unter der der Husseinis. Die Masse der Städter und die Fellachen auf dem Land beunruhigte die Flucht der Bessergestellten. Schulen und Geschäfte wurden geschlossen, Kliniken, Ämter und Anwaltsbüros folgten. Die Not, die damit entstehen mußte, führte zur Demoralisierung. Der einfache Palästinenser fühlte sich alleingelassen. Es bedurfte nur noch des Anstoßes durch die Offensive der Hagana im April und Mai 1948, um eine blinde Flucht in Gang zu setzen. Die Küstenregion war bald von Arabern entblößt.

Bis in die Gegenwart hinein ist darüber gestritten worden, ob die Palästinenser aus eigenem Antrieb flohen, oder überwiegend von den Juden vertrieben wurden. Der israelische Publizist Benny Morris hat in seinem Buch über die Entstehung des palästinensischen Flüchtlingsproblems darauf hingewiesen, daß das Flüchtlingsproblem weder bei den Juden noch bei den Arabern das Produkt eines bestimmten Plans gewesen sei. Nur zu einem kleinen Teil könne es auf die wohlüberlegte Absicht jüdischer und arabischer Militärbefehlshaber oder Politiker zurückgeführt werden.

Bis zum Juni 1948 hätten jüdische Angriffe die Flucht der meisten Menschen direkt oder indirekt ausgelöst. Ein kleiner, aber beachtlicher Teil der Flucht sei jedoch die Folge direkter jüdischer Ausweisungsbefehle und der jüdischen psychologischen Kriegsführung gewesen, die Furcht und dann Flucht habe auslösen sollen. Während die Hagana zwischen April und Juni aus strategischen Gründen die Evakuierung von einem Dutzend Dörfern angeordnet habe, seien in der gleichen Zeit zwei Dutzend Dörfer auf Befehl arabischer Kommandeure geräumt worden.

Auch in der zweiten Hälfte des Unabhängkeitskriegs hat es nach dem Untersuchungsergebnis von Morris weder eine Entscheidung der israelischen Regierung noch des Generalstabs gegeben, Araber zu vertreiben. Es lag zwar in der Logik der Politik Ben Gurions, möglichst wenig Araber im jüdischen Staat zu behalten. Aber eine klare Ausweisungsorder hat es von ihm nie gegeben. Doch in diesem Zeitraum nahmen die israelischen Militärbefehlshaber eine unterschiedliche Haltung ein. Neigte jener im Süden zur Vertreibung von Palästinensern, verhielt sich der im Norden anders. Vertreibung oder Transfer im Grenzgebiet war jedoch an der Tagesordnung, um Spione und Saboteure abzuhalten.

Morris kommt zu dem Ergebnis: »Was in Palästina/Israel zwischen 1947 und 1949 geschah, war so komplex und unterschiedlich – die Situation wechselte von einem Zeitpunkt zum anderen, von einem Ort zum anderen –, daß eine einzige Begründung für den Exodus in fast jeder Hinsicht unhaltbar ist.« Kein Wunder also, daß auch keine sicheren Angaben über die Zahl der Flüchtlinge vorliegen. Die Araber sprechen von 900 000 bis 1 Million, die Israelis von etwa 520 000, die UNO von 726 000. Eine britische Schätzung, die unsichere Faktoren einbezieht, kommt auf 600 000 bis 760 000 Flüchtlinge.

Die von einem Europäischen Ausschuß für Flüchtlingsfragen aufgestellte Behauptung, die Arabische Liga habe die Palästinenser zum zeitweiligen Verlassen ihres Landes »bis zum Sieg der arabischen Armeen« aufgefordert, wird von arabischer Seite bestritten. Morris schreibt, die arabischen Staaten hätten die palästinensischen Massen zunächst weder aufgefordert, das Land zu verlassen, noch zu bleiben. Erst als den arabischen Politikern das ganze Ausmaß der Flucht und der Last, die sich damit auf ihre Schultern senkte, klar geworden sei, hätten sie zum Verbleiben oder zur Rückkehr aufgerufen.

Schritt für Schritt gerieten die flüchtenden Palästinenser zwischen alle Stühle. Die israelische Regierung traf im Sommer 1948 eine grundsätzliche Entscheidung: Keine Rückkehr! Und daran hielt sie sich von da an konsequent. Sie hatte die Sorge, daß zurückkehrende Flüchtlinge eine »Fünfte Kolonne« gegen Israel bilden könnten. Nach außen aber begründete Israel sein kategorisches Nein mit der unwiderlegbaren Tatsache, daß die Wohnungen oder Geschäfte der Geflüchteten zerstört seien. Wo das nicht der Fall sei, habe man dort jüdische Einwanderer unterbringen müssen.

Auch der wachsende internationale Druck auf Israel brachte schließlich keine Lösung. Die UNO entsandte den schwedischen Grafen Folke Bernadotte als Vermittler nach Israel. Er wurde im September 1948 von jüdischen Extremisten in Jerusalem ermordet. Zwei Monate später, am 11. Dezember, beschloß die UNO-Vollversammlung eine Resolution, wonach die Flüchtlinge, die in ihre Wohnungen zurückkehren und in Frieden mit ihren Nachbarn leben wollten, die Erlaubnis dazu zum frühestmöglichen Zeitpunkt erhalten sollten. Die amerikanische Regierung schaltete sich ein und forderte, Israel solle eine Geste machen und wenigstens 250 000 Flüchtlinge zurücknehmen.

Die israelische Regierung sah sich zu einem Zeitpunkt unter Druck gesetzt, der ihr höchst unwillkommen sein mußte. Sie durfte sich von Monat zu Monat mehr als der Sieger im Unabhängigkeitskrieg betrachten. Aber welche gewaltigen Probleme würden nun zu lösen sein? Wie hatte es Ben Gurion formuliert? Mit der Staatsgründung sei die Entwicklung für die Juden nicht beendet, sondern fange erst an... Noch immer mußten alle Kräfte auf die Stärkung der Armee konzentriert und gleichzeitig aufgeboten werden, um Hunderttausende von Einwanderern aufzunehmen.

Und dann: Der neue Staat mußte arbeitsfähige Strukturen erhalten, die Bevölkerung mußte wissen, woran sie war. Da sollte viel Zeit und Kraft bleiben, denen Wohltaten zu erweisen, die auf der Seite der Feinde standen? Ben Gurion, der Pragmatiker der Macht, schien das Problem dadurch zu lösen, daß er es ignorierte. Greifbare Erfolge ließen sich mit dem Palästinenserthema ganz gewiß nicht erzielen. Einer in seiner Umgebung allerdings wollte sich damit nicht abfinden: Teddy Kollek. Er sah den drohenden Schatten des Flüchtlingsproblems. Diesmal war er der Visionär in der israelischen Politik, nicht Ben Gurion.

Und da ergriff er die Initiative. Bevor er ein zweites Mal in die USA ging, hielt er sich im Mai 1949 für kurze Zeit in London auf. Dort kam im Kreis einiger Freunde das schwierige Thema zur Sprache. Sie waren sich einig: für die Flüchtlinge müsse etwas getan werden. Kollek erinnert sich, wie argumentiert wurde:

»Die arabischen Palästinenser lebten in Lagern, und wir wußten, daß sie sich auf Dauer einrichteten und nachgerade zu
Berufsflüchtlingen wurden. Ein paar von uns meinten, daß sie
eines Tages das einzige wirklich unlösbare Problem im Nahen
Osten darstellen würden.« Wie recht sie hatten!

In den Augen Teddy Kolleks und der Freunde stellte das Flüchtlingsproblem potentiell die größte Gefahr für Israel dar. Alles
andere, so meinten sie, werde man schon mit der Zeit in den
Griff bekommen. Das Elend in den Lagern aber sei eine Zeitbombe, und wenn nicht etwas unternommen werde, erstarre die
Situation in der Region. Also entwickelten sie einen Plan. Kollek
trat an bedeutende jüdische Geschäftsleute in London heran, zu
denen er Beziehungen unterhielt. Über sie nahm er Kontakt zu
Firmen mit Interessen im Nahen Osten auf.

Darunter war eine Ölgesellschaft, die sich an Bohrungen bei Tri-
polis beteiligte. Ein weiteres britisches Unternehmen baute den
syrischen Hafen Latakia. Anderen Baufirmen wurde vorgeschlagen, Staudämme für Syrien und den Irak am Euphrat zu errichten – mit Geld, das Kollek und seine Freunde beschaffen
wollten. Eindringlich warben sie: »Wenn wir die Kredite beschaffen und Sie das Projekt den Syrern anbieten, werden die
Syrer die Flüchtlinge aus Palästina brauchen, um das Land zu
besiedeln. Die Palästinenser sind gute Bauern, und Syrien ist
keineswegs überbevölkert. Auch würde das Projekt dem Irak
großen Reichtum bringen...«

So hofften sie, den Flüchtlingen Arbeitsplätze und Land vermitteln und die Palästinenserfrage nach und nach entschärfen zu
können. Zunächst brauchten sie die Zustimmung der Regierung
in Tel Aviv. In Briefen legte Teddy Kollek das Projekt dar – und
seine Dringlichkeit. »Das Flüchtlingsproblem«, so schrieb er
nach Israel, »scheint in vieler Hinsicht jetzt das zentrale Problem
unserer Außenpolitik zu werden.« Er drängte darauf, zunächst
eine »positive Aktion« zu unternehmen, z.B. die Zustimmung
zu einer begrenzten Repatriierung von Flüchtlingen. Das würde
den Druck auf Israel mildern helfen.

Kolleks Initiative fiel in die Zeit der Konferenz von Lausanne,
die unter dem Vorsitz des Palästina-Ausschusses der UNO Lö-

sungen für die Flüchtlingsfrage, die Grenzen, die gegenseitige Anerkennung, den Status von Jerusalem und eine allgemeine Friedensregelung erarbeiten sollte. Vor diesem internationalen Forum prallten die Standpunkte Israels und der arabischen Staaten hart aufeinander: Die Israeli waren zu einer eng begrenzten Repatriierung nur im Rahmen einer Friedensregelung bereit, die Araber wollten die volle Rückführung vor Friedensgesprächen.

Die USA erneuerten ihren Kompromißvorschlag: Israel sollte als Geste des guten Willens 250 000 Flüchtlinge zurücknehmen, während die anderen in den arabischen Nachbarländern angesiedelt werden sollten. Doch weder drohen noch schmeicheln half: Israel blieb hart. Erst im Sommer 1949 erklärte es sich unter erneutem Druck der Amerikaner bereit, 65 000 bis 70 000 Flüchtlinge zu übernehmen, und zwar als Teil einer umfassenden Friedensregelung. Dieses Angebot war auch zugleich die Antwort auf die Initiative Kolleks, die im übrigen von der Regierung in Tel Aviv abschlägig beschieden wurde.

Niemals aber wurde geprüft, ob es die Israeli mit dem Vorschlag ernst meinten; denn die Araber lehnten ihn umgehend ab. Auch das Echo aus Amerika zu der Geste war eindeutig: ungenügend, zu wenig und zu spät… Nicht anders ging es dem sogenannten Gaza-Plan, der die Konferenz monatelang beschäftigte, als sei er das Licht am Ende des Tunnels. Dieser Plan sah vor, den Gaza-Streifen, der von der ägyptischen Armee besetzt war, mit seinen 200 000 bis 350 000 Flüchtlingen der israelischen Souveränität zu unterstellen. Ägypten wäre dann die Bürde los. Aber Ägypten sagte schließlich nein. Die Konferenz war gescheitert.

In den Flüchtlingslagern begann die Zeitbombe unweigerlich zu ticken. Sechs Jahre später, 1955, machte Teddy Kollek noch einmal einen Vorstoß. Es war die Zeit, als die bewaffneten Übergriffe auf israelische Grenzdörfer schon stark zugenommen hatten. Diesmal verhandelten Kollek und sein Freund Ezra Danin insgeheim mit arabischen Partnern. Das Ziel war, in unterentwickelten Gebieten arabischer Länder, vor allem Libyens, Häuser und Straßen zu bauen und dabei palästinensische Flüchtlinge zu beschäftigen. Ein umfangreicher Plan wurde erarbeitet, der auch den Landkauf mit israelischem Geld vorsah. Die Regierung stimmte diesmal sogar zu und versprach finanzielle Unterstützung. Bis dahin konnte der Plan, zu dem auch die Gründung einer eigenen Firma unter schweizerischem Deckmantel gehörte, geheimgehalten werden. Arabische Staaten sollten möglichst nichts erfahren, um das Vorhaben nicht von Anfang an zu blockieren. Dann aber hörte eine israelische Zeitung doch davon: Es bestehe die Absicht, schrieb sie, in einem arabischen Land größeren Grundbesitz zu erwerben. Kurz darauf griff auch die New York Times das Thema auf. Teddy Kollek war wütend. Aber ändern konnte er auch nichts mehr daran: Die Initiative war gescheitert.

Das Flüchtlingsproblem blieb ungelöst. Auch Kolleks zweiter Vorstoß ging ins Leere. Doch zeigte er immerhin, daß es auf israelischer Seite Menschen gab, die sich über eine humane Antwort Gedanken machten. Teddy Kollek brachte die Kraft auf, über die nächstliegenden, wahrhaftig nicht geringen Probleme hinauszudenken. Sein Talent und seine Erfahrung, auch in äußerst schwierigen Situationen Auswege zu finden, half ihm auch in diesem Fall, Lösungen zu erarbeiten. Damit bestimmte er zwar nicht die israelische Politik, aber er ermunterte sie zu vorurteilsfreiem Denken – eine Haltung, die Kollek nie aufgab.

Das bedeutete für ihn nicht, die Belange des israelischen Staates gering zu achten. Im Gegenteil. Bei dem Blick auf die arabische Minderheit im eigenen Land vertrat er als Chef des Ministerpräsidentenamtes die Ansicht, daß die Fortsetzung der Militärverwaltung in arabischen Dörfern ein Sicherheitsbedürfnis sei. Er hielt es aus demselben Grund auch für richtig, daß die Araber sich in Grenzbezirken Israels nicht frei bewegen durften. Aber im Lauf der Zeit ließ er sich überzeugen, daß die Militärverwaltung überflüssig geworden sei. Sie wurde abgeschafft.

Die nichtjüdische Minderheit in Israel hatte sich in den fünfziger Jahren nicht als der Unruheherd erwiesen, den die Zionisten einst befürchteten. Nicht die Wohlhabenden waren es, die im späteren Israel blieben, sondern die Armen, die am wenigsten Ausgebildeten. Sie konnten in anderen Ländern kaum auf einen

Arbeitsplatz hoffen. Und verglichen mit diesen trüben Aussichten bot Israel ihnen bessere Lebensbedingungen und mehr politische Rechte. Muslime, Christen und Drusen – sie alle konnten nun israelische Staatsbürger werden und zugleich nach ihren alten Traditionen leben.

In einem Staat, dessen jüdischer Charakter nicht in Zweifel gezogen werden durfte, mußten die Angehörigen dieser Minderheit aber schließlich Bürger zweiter Klasse sein. Das schmerzte, auch wenn sie das aktive und passive Wahlrecht in Israel besaßen. Aber erst nach den Kriegen von 1967 und 1973 sollte die Loyalität der Minderheit gegenüber Israel ins Wanken geraten, die innere Hinwendung zu den unruhigen Palästinensern außerhalb der Grenzen von 1949 unübersehbar werden. Doch in der Aufbauphase des israelischen Staates konnte die arabische Minderheit für Ben Gurion, den Realisten, in den Hintergrund treten.

Wenn ihn das Thema überhaupt interessierte, erinnert sich Kollek, dann immer im Zusammenhang mit den Arabern außerhalb Israels. Dort lag die Gefährdung des jungen Staates und zwang ihn, die langfristige Existenzsicherung mit der höheren Priorität zu versehen. Darauf hatte sich Teddy Kollek einzustellen, als er Chef der Kanzlei Ben Gurions geworden war. Und er fand schnell heraus, wo die Stärken und Schwächen des Systems von ihm beeinflußt werden konnten. Er war der Mann des Details, nicht David Ben Gurion.

Das Jahr 1952 brachte in mehrfacher Hinsicht eine Wende. Nachdem die Masseneinwanderung die israelische Bevölkerung innerhalb von vier Jahren verdoppelt hatte, begann der Strom der Zuwanderer abzunehmen. Die Eingliederung der Neuankömmlinge verlief routiniert, wenn auch nicht ohne Widersprüche. Für Ben Gurion stand eine organische Integration der Juden aus europäischen und orientalischen Herkunftsländern im Vordergrund. Sobald es einen jemenitischen Stabschef gebe, meinte er einmal, werde das Volk wirklich zu einer Einheit verschmelzen. Teddy Kollek hatte eine sehr dezidierte Meinung dazu.

Es gebe Leute, sagte er, die glaubten, wenn man aus allen einen »Teig« mache, komme »irgendwann irgendein kombinierter

Israeli« heraus. Dies aber sei ein Wunschtraum, unter dem Israel bis heute leide. Das war eine der vielen Meinungsverschieden- heiten, die er immer wieder mit Golda Meir hatte, der unbeug- samen Sozialistin.

Als Kollek später Bürgermeister von Jerusalem geworden war, ging er seinen eigenen Weg. Er holte eine Anzahl jüdischer Kur- den für zwei Wochen in eine Jugendherberge der Stadt. Dann sorgte er dafür, daß die Lieder, die sie sangen, die Gedichte und Geschichten, die sie lasen, in Bild und Ton festgehalten wurden. Ebenso wurde die Art, wie sie beteten, wie sie tanzten, welche Kleider sie trugen und was sie kochten, festgehalten. Daraus entstand ein einstündiges Fernsehprogramm, das ausgestrahlt wurde. Auch eine Gruppe marokkanischer Juden konnte auf diese Weise ihr Leben in der alten Heimat dokumentieren. Zum erstenmal, sagte eine Marokkanerin zu Kollek, schäme sie sich nicht, daß sie aus Marokko komme. Das bestätigte ihn in der Überzeugung, daß man ein geeintes Volk nicht schaffe, indem man alle gleichmache und alle Unterschiede einebne. Das habe Israel um 50 Jahre zurückgeworfen.

In den ersten hektischen Jahren nach der Staatsgründung war die Rückkehr der Juden die große historische Herausforderung für das israelische Volk und seine Politiker, aber nicht die einzi- ge. Mit unfehlbarem Instinkt erkannte Ben Gurion, wo die wei- teren Schwerpunkte der Regierungspolitik liegen mußten, sollte die Existenzsicherung gelingen. Schon lange vor der Gründung des Staates hatte er gewußt, daß es lebenswichtig sein würde, für den Krieg gerüstet zu sein. Nun hatte das Land zwar die Prüfung bestanden, aber wirklicher Friede herrschte nicht in der Region.

Eine schlagkräftige Armee blieb daher unverzichtbar. Ihre Über- legenheit allein gewährleistete das nötige Maß an Sicherheit. Mit großem eigenen Engagement sorgte Ben Gurion dafür, daß die Streitkräfte dieser Aufgabe gerecht werden konnten. Und nie wurde er müde, sich für ihre und damit Israels Stärke ein- zusetzen. Auch die komplizierte Frage, welchen außenpoliti- schen Kurs Israel steuern sollte, war in den ersten vier Jahren geklärt worden. Nicht die Blockfreiheit bestimmte die Richtung, sondern die Anlehnung an den Westen, an die USA. Die wirtschaftliche Zusammenarbeit mit Washington hatte sich eingespielt.

Als das amerikanische Hilfsprogramm einige Jahre später abgeschlossen wurde, konnte Teddy Kollek, der im Ministerpräsidentenamt dafür zuständig war, Komplimente entgegennehmen. So wirksam wie in Israel war technische Hilfe kaum irgendwo verwendet worden. Das lag oft daran, daß die Geber darüber entschieden, was die Empfänger brauchten. Die Irrtümer, die dabei unterliefen, behinderten dann den Nutzen der Hilfe. Erst viele Jahre später wurde die Entwicklungspolitik der Industrieländer in eine andere Richtung gelenkt. Israel machte es gleich anders: Es wußte, was es wollte, und bat ausdrücklich darum.

Die technische Hilfe der USA kam der Landwirtschaft zugute, Trockenzonen wurden erforscht, hydrologische und industrielle Projekte in Angriff genommen und betriebswirtschaftliche Ausbildung betrieben. Die UNO half mit einem zusätzlichen Programm beim Aufbau des Flugverkehrs. Doch ein während der Amtszeit Präsident Eisenhowers entwickeltes Projekt erregte am meisten Aufsehen: Die Bewässerung und Besiedlung des unteren Jordantals beiderseits der israelisch-jordanischen Grenze. Das Geld dafür sollte aus Washington kommen, wo man von der friedensfördernden Wirkung des Plans überzeugt war.

Ein Beauftragter der amerikanischen Regierung begann mit den Vorarbeiten, stieß aber hüben wie drüben auf eine Fülle von Problemen, unter anderem die Frage, wem das zu speichernde Wasser gehören sollte, Israel oder Jordanien. Aber das Projekt scheiterte schließlich nicht daran, sondern am starken Mann Ägyptens, Gamal Abdel Nasser, der von den Amerikanern auf Verlangen Jordaniens befragt wurde und nein sagte. Die empörten Israeli erhielten stattdessen Unterstützung von den USA beim Bau einer zentralen Wasserleitung vom Norden bis in die Negev-Wüste. Und inzwischen war Israel auch selbst fähig, anderen Staaten Entwicklungshilfe zu leisten, z. B. in Afrika.

Die feindselige Haltung Nassers war ein Widerschein der Gefahren, die Israel 1956 in den Krieg mit Ägypten führen sollten.

Ben Gurion wollte sich rechtzeitig absichern und suchte das Bündnis mit einer der Westmächte. Aber noch zögerten die USA. Sie versuchten lediglich – vergeblich –, ein Treffen zwischen Ben Gurion und Nasser zu vermitteln. Auch die Briten hielten sich zurück, und die Franzosen lieferten nur einige Kampfflugzeuge.

Eine so schwierige Phase band die Kräfte Ben Gurions unweigerlich. So blieb für die Innenpolitik kaum Interesse übrig. »Ben Gurion war«, schreibt Michael Bar-Zohar, »ein idealer Führer für die großen, dramatischen Augenblicke der Geschichte, bei denen seine Führungsqualität und seine Entschlußkraft benötigt wurden; den ermüdenden Alltagsproblemen war er nicht gewachsen.« So fand Teddy Kollek schnell heraus, was seinen Regierungschef am stärksten interessierte: Verteidigung und Außenpolitik, Einwanderung, Erziehungs- und Wissenschaftsfragen, Besiedlung der Negev-Wüste und die Juden in aller Welt. Dabei blieben zahlreiche andere Arbeitsfelder auf der Strecke, die gleichwohl für das Funktionieren des Staates wichtig waren. Kollek hatte also viel Raum für eigene Initiativen.

Einen starken, zentralistisch geführten Staat – das wollte Ben Gurion ganz sicher. So löste er zum Beispiel die bewaffneten Gruppen auf, die neben den Streitkräften entstanden waren, und vereinheitlichte das Schulwesen. Um die Parteimaschine der Linken, der er angehörte, kümmerte er sich nicht. Wenn er statt einer sozialistischen eine pluralistische Wirtschaft favorisierte, dann rechnete er wie selbstverständlich mit der Loyalität der Parteifreunde. Aber an den notwendigen Strukturen der Bürokratie ließ er es fehlen. Teddy Kollek schuf hier Wandel.

Im Durcheinander des Abzugs der Briten und der arabischen Invasion war von einem funktionierenden Verwaltungsapparat nichts zu erkennen. Die erfahrenen britischen Beamten der Mandatszeit verschwanden. Schnell mußte Ersatz gefunden werden. Es wurde auf Juden zurückgegriffen, die in unteren Rängen der Mandatsverwaltung tätig waren, auf Mitarbeiter der Jewish Agency, auf Kriegsveteranen und Parteifunktionäre. Kaum jemand konnte den Staatsdienst attraktiv finden, denn die Arbeitszeit war lang, das Einkommen gering. Über allem schwebte der Gewerkschaftsverband Histadrut. In den fünfziger Jahren erst gab es eine systematische Ausbildung.

Machten bis dahin ganze Ministerien den Eindruck von Parteizellen, die Vorschläge der wenigen erfahrenen Beamten einfach ignorierten, so wurde dann die Parteiabhängigkeit nach und nach abgebaut. Bewerber für den Staatsdienst mußten sich Prüfungen unterziehen, in den einzelnen Ministerien wurden Fortbildungskurse eingeführt. Ein Staatsbeauftragter überwachte die Qualität der Verwaltung. So kam die Bürokratie allmählich in Schwung. Howard M. Sachar, ein israelischer Historiker, merkte dazu ironisch an, daß ihre Qualität im Vergleich zu mediterranen Ländern in den siebziger Jahren gerade noch annehmbar gewesen sei.

So war es kein Wunder, daß Teddy Kollek den Eindruck bekam, die Regierung habe die Zügel in Wahrheit gar nicht in der Hand. Die israelische Verwaltung sei von Anfang an nichts weiter gewesen als »ein lockerer Zusammenschluß von verschiedenen ›Feudalherrschaften‹«. Ihn störte besonders, daß der Regierungschef nicht wie in den USA über den Staatshaushalt die Politik bestimmen konnte; denn in Israel wurde die Haushaltsplanung jedes Ministeriums im Finanzministerium vorgenommen und nicht im Ministerpräsidentenamt. In Washington dagegen unterstand das »Budget Office« unmittelbar dem Präsidenten.

Ben Gurion hatte das nicht weiter beunruhigt. Er lebte in der etwas naiven Vorstellung, daß seine Anordnungen schon ausgeführt würden. Immerhin holte er Finanzminister Levi Eshkol, den späteren Ministerpräsidenten, herbei und gab Kollek die Möglichkeit, seine Argumente vorzutragen. Aber es war vorauszusehen, daß ein Minister kein Zipfelchen seiner Macht freiwillig abgeben würde. So war es auch in diesem Fall, und Kollek mußte resigniert feststellen, daß es auch in Zukunft nicht der Regierungschef sein werde, der z. B. in sozialen Fragen, bei der Erziehung oder urbanistischen Problemen die Prioritäten setzt.

Man mußte schon ein so flexibler Mann sein wie Teddy Kollek, um die Vielfalt der Aufgaben erledigen zu können. Und das war auch nur möglich, weil ihm David Ben Gurion so viel Freiheit ließ. Kollek hatte ein Sammelsurium von Abteilungen zu leiten. Der Rundfunk gehörte u. a. dazu, das Statistische Amt, das Presseamt, die Kommission für den Staatsdienst, der Berater für arabische Angelegenheiten und der Forschungsrat. Der Leiter des Geheimdienstes (Mossad) dagegen war Ben Gurion direkt unterstellt. Von Kolleks Aufgabenbereichen interessierte den Regierungschef nur der Forschungsrat mit dem Projekt wissenschaftliche Übersetzungen.

Kollek erinnert sich, daß der »Alte« immer auf der Suche nach Gedrucktem gewesen sei, und er habe bei seinen Besuchen in Europa und den USA immer Zeit gefunden, in Buchhandlungen zu gehen. Er habe eigens bei einem Besuch in London einen Umweg über Oxford gemacht, um der Buchhandlung »Blackwell's« einen Besuch abzustatten. Kollek stöberte gern mit, wenn er dabei war, und nicht selten deckten sich ihre Interessen, z. B. bei der Suche nach Büchern über die Geschichte Palästinas und des Vorderen Orients. Nur für die Kunst interessierte er sich nicht. Wenn Kollek ihn zu Ausgrabungen antiker Stätten mitnahm, war seine prompte Reaktion: »Warum reißt ihr das nicht einfach ab und baut etwas Neues und Schönes?«

In den Büros des Ministerpräsidentenamtes in Jerusalem ging es zwanglos zu. Beide trugen dazu bei – Ben Gurion und Kollek. Obwohl letzterer den Regierungschef für den unpersönlichsten Menschen hielt, den er je getroffen hatte, liebte es Ben Gurion, Menschen »aufzuziehen«. »Wenn jemand sein Büro betrat«, erinnert sich Teddy Kollek, »blickte er den Betreffenden forschend an, obwohl er genau wußte, was dieser von ihm wollte, und fragte ›Was machen Sie hier‹ (als wollte er sagen: ›Was machen Sie hier wirklich?‹) Warum er das tat, war mir nie ganz klar. Vielleicht war er in Gedanken in einer anderen Welt gewesen, und das Hereinkommen eines Besuchers brachte ihn auf die Erde zurück.«

In vielen Punkten stimmten Ben Gurion und Kollek überein, zum Beispiel in der Überzeugung, daß die Juden in der Diaspora, auch die in den USA, nicht über die israelische Politik zu entscheiden hätten. Nur die Juden im Land selbst könnten das. Ben Gurion setzte sich mit dieser Meinung durch, und Kollek

Ein Mann mit Ideen und Durchsetzungskraft: Teddy Kollek 1958 an seinem Schreibtisch im Amt des Ministerpräsidenten David Ben Gurion.

wiederum machte es sich zur Aufgabe, den Kontakt mit amerikanischen Juden zu pflegen. Sie ergänzten einander auch in ihrer gegensätzlichen Wesensart.

Teddy Kollek erwies sich als glänzender Administrator. Und doch war er alles andere als ein eckiger Bürokrat. Er wußte, wie man mit Menschen umzugehen hatte, um sie zu motivieren. Seine Ausstrahlung, die einst schon die jungen Juden in Transsilvanien fasziniert hatte, und seine Menschlichkeit führten dazu, daß alle Welt gern mit ihm arbeitete. Shoshana Fidler, seine langjährige Sekretärin, fühlte sich im Büro als Teil einer Familie. Sie nahm es ihm nicht übel, als er einmal ihretwegen mit der Faust auf die Schreibtischplatte schlug und diese zerbrach. Er hatte sich darüber geärgert, daß sie immer »Herr Kollek« zu ihm sagte statt nur »Teddy«.

Kollek hatte großen Respekt vor Ben Gurion, »dessen Gegenwart stets spürbar war«. Allen Sentimentalitäten abhold, ging der große Mann selten aus sich heraus, und er gehörte nach Kolleks Erfahrung »nicht zu den Händeschüttlern und Schulterklopfern«. Und: Ben Gurion besaß im Gegensatz zu Kollek eines nicht: Humor.

Jeder spürte, daß Kollek hart arbeiten konnte und niemals darum bat, etwas zu tun, was er nicht auch selbst getan hätte. Dabei blieb er ein geselliger Individualist. Für eine gute Küche hatte er schon immer etwas übrig. Ein Freund erinnert sich: Sie saßen Ende der dreißiger Jahre zusammen in einem Londoner Café, und im Gespräch zeigte Teddy nicht das geringste Verständnis dafür, in England zu leben statt in Palästina. Der Freund aber blickte nur auf den Teller seines Gesprächspartners: der aß mit größtem Wohlbehagen ein Stück Kuchen nach dem anderen. Und als David Ben Gurion dann eines Tages in Kolleks Büro herüberkam und ihn spöttisch fragte: »Warum bist du so dick?« antwortete er ungerührt: »Weil ich so gern esse!« Teddy Kollek hat aus dieser Leidenschaft auch in späteren Jahren nie ein Hehl gemacht. Den Kontakten zu Menschen kam es entgegen…

Kollek ist in mancher Hinsicht von Ben Gurion stärker beeinflußt worden als von anderen Menschen. Beide waren ganz unterschiedliche Naturen. Doch wenn Teddy Kollek die israelische Politik bis in die Gegenwart hinein nach Taten beurteilt und nicht nach den Worten, so entspricht er damit auch einem alten Grundsatz Ben Gurions. »Man muß den Weg zeigen«, hat dieser einmal gesagt, »indem man vorangeht.« Daran hat sich Kollek stets gehalten. Natürlich imponierte dem Jüngeren nicht zuletzt die Kämpfernatur, die es fertigbrachte, zugleich geistreich, logisch und philosophisch zu sein. Größe und Demut sah er in Ben Gurion vereint.

Die ungeduldige Entschlossenheit, wenn es um die Durchsetzung von Zielen gegen Widerstände ging, war Ben Gurion eigen und ist es Kollek auch. Und wenn beide entschiedene Demokraten waren und sind, dann auch aus der Achtung vor den Institutionen heraus. Ben Gurion versuchte immer, Regierungs- und Parteipolitik auseinanderzuhalten – ein Weg, auf dem ihm viele in der eigenen Partei nicht folgten. Beamte ernannte er stets nach ihrer Qualifikation, nicht nach der ihm oft unbekannten Parteizugehörigkeit. Der Knesset, dem Parlament, brachte er großen Respekt entgegen.

Ben Gurion hat wie Kollek die Gefahr labiler Regierungsmehrheiten, die sich aus dem reinen Verhältniswahlrecht ergeben würden, klar vorausgesehen. Und beide setzten sich für das Mehrheitswahlrecht nach britischem Muster ein. Aber sie hatten keinen Erfolg damit. Die großen Parteien mußten, auch wenn sie für Änderungen waren, auf ihre jeweiligen kleinen Koalitionspartner Rücksicht nehmen, und für die wurde das Thema sofort zur Existenzfrage. Als Kollek vorschlug, die Sperrklausel – es mußten 1% der gültigen Stimmen erreicht werden – heraufzusetzen, war Ben Gurion dagegen. Solche Kompromisse lehnte er ab.

Hat Teddy Kollek seinerseits Ben Gurion beeinflussen können? Zumindest hörte dieser ihm zu, vielleicht wie ein Vater dem Sohn. Und es gab Situationen, in denen sie sich heftig stritten. Ben Gurion wollte nicht zugeben, daß Kollek recht hatte, und doch verhielt er sich dann wie zufällig so, wie dieser es vorgeschlagen hatte. In anderen Fällen wirkte sich Kolleks Fähigkeit, zwischen gegensätzlichen Standpunkten zu vermitteln, günstig aus. Einmal wurde der Chef des Ministerpräsidentenamtes nicht in ein Geheimnis eingeweiht, und er betrachtete das nachträglich als gravierenden Fehler.

Anlaß war der Sinai-Feldzug. Unter strengster Geheimhaltung hatte die israelische Regierung 1956 den Krieg gegen Nasser vorbereitet – nach blutigen ägyptisch-israelischen Scharmützeln, vor allem aber nach der Verstaatlichung des Suez-Kanals und der Androhung, ihn für die israelische Schiffahrt zu sperren. Am 30. Oktober griffen die Israeli Ägypten an und besetzten die Sinai-Halbinsel. Die Briten und Franzosen, die von der Verstaatlichung des Kanals direkt betroffen waren, attackierten Ägypten zur gleichen Zeit aus der Luft. Die USA waren empört. Sie sahen das Gleichgewicht im Nahen Osten in Gefahr.

Unter ihrem Druck – und dem der Sowjetunion – zogen die britischen und französischen Streitkräfte sich zurück, einige Monate später auch die israelischen. In Kairo triumphierte Nasser.

Was Kollek für falsch hielt, war, daß Israel die USA nicht wenigstens kurz vor der Aktion informierte. Dann hätten die Israeli vielleicht Zeit gewonnen, um weiter vorzustoßen und Nasser zu stürzen, glaubte Kollek. Und er war überzeugt, daß er Ben Gurion bewegt hätte, den Amerikanern rechtzeitig einen Hinweis zu geben – wenn er, Kollek, informiert gewesen wäre. Das war unterblieben. Im Kabinett hatte ihn jemand nicht für verschwiegen genug gehalten.

Es hätte nicht viel gefehlt und Teddy Kollek wäre zurückgetreten, doch Ben Gurion überredete ihn, es nicht zu tun. Wenn er nicht so loyal gewesen wäre, hätte er es als pure Ironie empfinden müssen, daß er kurz darauf nach Washington entsandt wurde, um der Administration Israels Gründe für den Feldzug darzulegen. Und da nutzte er gleich die Gelegenheit, seinem Land einen neuen Dienst zu erweisen. Er und die Amerikaner wußten, daß die Ägypter mit dem stärksten Rundfunksender des Nahen Ostens die ganze Region mit Propagandasendungen überzogen. Dem hatten die Israeli nur einen schwachen Sender entgegenzusetzen, der noch nicht einmal eine Stunde Programm täglich ausstrahlte.

Washington sagte beides zu: Geld und technische Ausrüstung. Bald war der neue, weitreichende Sender installiert, und er strahlte täglich ein achtstündiges Programm in arabischer Sprache aus. In den Sendungen wurde wahrheitsgemäß berichtet, und da die Berichte über lokale Ereignisse in arabischen Ländern dort für die Hörer nachprüfbar waren, gewann die Station erhebliche Glaubwürdigkeit. Zu den Späßen, die die Redaktion sich leistete, gehörte es, Nassers Arabisch zu verbessern. Gehörte diese Rundfunkstation eher zur psychologischen Verteidigung, warfen die Sendungen für Israel andere Probleme auf.

Kollek unterstand die Rundfunkabteilung. Doch konnte das israelische Programm auf die Dauer glaubwürdig sein, wenn es von der Regierung abhing? Er meinte: nein. Und in Erinnerung an die Sachlichkeit und Verläßlichkeit der britischen BBC schlug er die Gründung einer öffentlich-rechtlichen Rundfunkanstalt vor, die von der Regierung unabhängig sein sollte. Einen Grundsatz, für den Ben Gurion schon engagiert eingetreten war, konnte das neue System sofort übernehmen: die Trennung von Nachricht und Kommentar. 1962 wurde aus Kolleks Vorschlag ein Gesetz.

Der Einfluß, den Kollek auf die Regierungsarbeit hatte, ließ sich daran messen, wie er den Freiraum nutzte, den Ben Gurion ihm ließ. Oft ging er zu ihm, um ihn wissen zu lassen, was er vorhatte. Darauf antwortete Ben Gurion regelmäßig »Mach's!« Einzelheiten, erinnert sich Kollek, habe er nie erfahren wollen. Er »gab mir freie Hand und unterstützte mich, falls nötig. Sein enormes Prestige machte es uns möglich, sehr viel zu schaffen«. Zum Beispiel auf dem Gebiet des Tourismus. Wenn er zu einem bedeutenden Wirtschaftszweig wurde, der das Ansehen Israels in der Welt beeinflußt – 1987 kamen über 1,5 Millionen Besucher –, dann gab Kollek dazu einen kräftigen Anstoß.

Der Tourismus wurde ihm zum Herzensanliegen. Da entfaltete er alle seine Talente. Die erhoffte neue Einnahmequelle stand nicht einmal im Vordergrund seiner Überlegungen. Er dachte zurück bis in die Zeit seiner Aktivitäten in der Jugendbewegung und wußte, daß die zionistische Sache für ihn immer im Mittelpunkt des Denkens gestanden hatte. Selbst die Diplomatie hatte er zuerst in den Dienst dieser Aufgabe stellen wollen. Und als er später Bürgermeister Jerusalems war, dachte er nicht anders. Um dieser Sache zu dienen, mußte sie immer wieder erklärt werden: eine gewaltige Public Relations-Aufgabe…

Um sie wirksam anpacken zu können, erreichte er die Verlagerung der Tourismusabteilung vom Handels- und Industrieministerium zum Ministerpräsidentenamt. Damit besaß Kollek das Instrument, das er brauchte, um seine Ideen zu verwirklichen. Als Ben Gurion sich 1953 in seinen Kibbuz Sdeh Boker in der Negev-Wüste zurückzog, um erst 1955 wieder als Regierungschef zurückzukehren, wurde Moshe Sharett Ministerpräsident. Auch er ließ Teddy Kollek freie Hand, und so konnte dieser ans Werk gehen. Er begann mit der Restaurierung historischer Stätten.

Unter den etwa 30 Projekten, die in Angriff genommen wurden, war die Ausgrabung der Ruinen von Massada das wichtigste. Seitdem haben Tausende von Touristen den Felsen am Toten

Meer besucht, der zu einem Symbol des jüdischen Volkes für seine Widerstandskraft in aussichtsloser Lage geworden ist. Dort, in 440 Meter Höhe, hatten jüdische Zeloten und Angehörige der Essener-Gemeinde ihren letzten Stützpunkt, nachdem die Römer 70 nach Christus Jerusalem erobert hatten. Lange hielten sie der Belagerung stand. Dann gaben sie sich, Männer, Frauen und Kinder, gemeinsam den Tod.

Es war Teddy Kollek und seinen Helfern klar, daß sie Anziehungspunkte brauchten, die weltweites Echo fanden. Besonders deshalb, weil der Tourismus gleich am Anfang in eine Krise geriet: Die USA verhängten im Zusammenhang mit dem Sinai-Feldzug ein Reiseverbot in den Nahen Osten. Es war nicht das letzte Mal, daß Kriegsereignisse den Besucherstrom bremsten. Damals hatte Kollek die zündende Idee. Zum 10. Jahrestag der Staatsgründung sollte das In- und Ausland Israel mit seinen großen Erfolgen auf so vielen Gebieten kennenlernen; seine blühende Landwirtschaft, die Industrialisierung, die Fortschritte der Wissenschaft, die Zeugen einer langen Geschichte des jüdischen Volkes.

Vor allem wollte Kollek zu dem Jahrestag Juden aus aller Welt in Israel zusammenbringen. Im ganzen Land wurden die Straßen gesäubert, die Städte kümmerten sich um ihr Äußeres. In Jerusalem orientierten Ausstellungen über die Errungenschaften des Staates. Diese Leistungen wurden auch in die Lehrpläne der Schulen aufgenommen. Es gab Gedenkmünzen. Wanderbühnen waren unterwegs, und alle Welt wurde zu einem Bibelwettbewerb eingeladen. Am Ende war es ein außergewöhnlicher Erfolg für Israel, und in jenem Jahr 1958 kamen über 100 000 Touristen ins Land...

Nach und nach fand Teddy Kollek immer neue Ansatzpunkte, um Israel der Welt näherzubringen. Bücher und Dokumente spielten dabei eine Rolle und Filme. Eine besonders wirksame Werbung war der Film »Exodus« nach dem Roman von Leon Uris. In diesem Buch, das ein Weltbestseller war, wurde die Geschichte einer amerikanischen Krankenschwester und eines israelischen Kriegers im Unabhängigkeitskrieg erzählt. Kollek war bei den Dreharbeiten auf Zypern dabei und konnte bald darauf feststellen, daß der Film das Interesse an Israel geradezu hochschnellen ließ.

Ganz wohl war ihm dabei nicht, denn sein Sinn für Realitäten wehrte sich dagegen, daß die Juden in dem Film zu »Helden und Halbgöttern« stilisiert wurden. Jahre später fand er seine Zweifel bestätigt; denn die Israeli wurden seiner Meinung nach überheblich und zu sorglos. Ihr Bild in der Weltöffentlichkeit jedoch erhielt durch den Film »Exodus« schärfere Konturen. Auch das »Israel-Festival« war ein Ergebnis der schwungvollen Public Relations-Arbeit Kolleks. Es zog immer mehr weltberühmte Künstler an, in Israel zu gastieren. Einer der Höhepunkte war die Uraufführung des Werkes »Die Opferung Isaaks«, das der amerikanische Komponist Igor Strawinski eigens komponiert hatte.

Gerade das Musikleben mit seinen Besonderheiten, die von den Herkunftsländern der Juden geprägt wurden, erfreut sich großer Beliebtheit in Israel. Die zum großen Teil außergewöhnlichen Kunstsammlungen in den Museen nicht minder. Daß die Schriftrollen vom Toten Meer heute in ihrem Schrein auf dem Gelände des Israel-Museums in Jerusalem betrachtet werden können, geht ebenfalls mit auf Aktivitäten Teddy Kolleks zurück. Der zufällige Fund der Rollen in einer Höhle bei Qumram war eine Sensation. Handelte es sich doch um die früheste bekannte Fassung des Buchs Jesaia in lesbarer hebräischer Schrift – ein Zeichen dafür, wie alt die Bindungen der Juden an das Land sind. Die ersten vier Schriftrollen hatte ein jüdischer Wissenschaftler kurz vor der Staatsgründung in Bethlehem bei einem Antiquitätenhändler gekauft. Die restlichen Rollen mußte er zurücklassen, weil er kein Geld mehr hatte. 1954 aber wurde eine Anzahl von Schriftrollen in einer Anzeige im New Yorker Wall Street Journal angeboten – inzwischen sehr viel teurer: 250 000 Dollar.

Zufällig hielt sich Yigael Yadin, Archäologe und späterer stellvertretender Ministerpräsident Israels, in den USA auf. Er konnte in der Eile aber nur 150 000 Dollar beschaffen. Da sprang Kollek ein und lieh beim Finanzminister die fehlenden 100 000 Dollar. Doch damit war die Sache noch nicht erledigt. Lange

Verhandlungen mußte Yadin mit dem Bischof der assyrischen Kirche führen, der die Rollen aus Jordanien mitgebracht hatte. Dann suchte Yadin einen Experten nach dem anderen auf, um sich die Echtheit der Rollen bestätigen zu lassen. Schließlich konnten sie nach Israel auf den Weg gebracht und als bedeutendste historische Dokumente der Juden im »Schrein des Buches« ausgestellt werden.

Der stürmische Anstoß, den Teddy Kollek dem israelischen Fremdenverkehr gab, hat dem Land großen ideellen und materiellen Nutzen gebracht. Mit Einnahmen von jährlich fast einer Milliarde Dollar ist der Tourismus heutzutage die größte Devisenquelle Israels. Der größte Teil der Besucher kommt, wenn ihm nicht eine Krise in der Region einen Strich durch die Rechnung macht, um die Sehenswürdigkeiten kennenzulernen. Erholungssuchende, Geschäftsreisende und Pilger folgen – die meisten aus Europa und Amerika. Und fast jeder Israeli ist ein guter Reiseführer, denn kein anderes Volk ist so belesen…

Und in kaum einem anderen Volk ist Geschichte so lebendig wie in dem der Juden. Aus besonderem Grund. Jeder Tourist erfährt es, wenn er den »Schrein des Buches« oder die Ausgrabungen in der Davidstadt Jerusalems besucht. Doch das unvergleichliche Schicksal dieses Volkes ist nirgendwo so gegenwärtig wie in der Gedenkstätte für die sechs Millionen Juden, die Hitler ermorden ließ. In Yad Vashem auf dem Herzlberg über Jerusalem brennt die ewige Flamme über den Namen der 22 Todeslager – in der Mitte »Auschwitz«, wo allein über eine Million Juden den Tod fanden. Und dort ist der Holocaust für die Nachwelt dokumentiert.

Ein neues Mahnmal, womöglich noch erschütternder, ist hinzugekommen. Es erinnert an die 1,5 Millionen Kinder, die ebenfalls dem Terror Hitlers zum Opfer fielen. Im Innern eines Gebäudes wird das Licht von sechs Kerzen durch ein Spiegelsystem millionenfach vervielfältigt. Aus dem Hintergrund hört man die Namen von Kindern, die umkamen – einer nach dem andern. Teddy Kollek hatte sich immer wieder Gedanken gemacht, welchen Platz die Ausrottung eines großen Teils der Juden in der Geschichte seines Volkes einnimmt. Er neigte dazu,

diesem Vorgang den höheren Rang einzuräumen als der Staatsgründung. Er vermutete, daß diese Tragödie auf die Geschichte
der Juden stärker eingewirkt hat. Dennoch durfte auch er nicht
übersehen, welche Rolle der zunehmende Abstand von den Ereignissen im Bewußtsein der Generationen spielt. Dafür waren
die Wiedergutmachungsdiskussion in Israel Anfang der fünfziger Jahre und der Eichmann-Prozeß ein Jahrzehnt später entge-
gengesetzte Beispiele.
Kollek hatte im gleichen Jahr 1952 sein Amt bei Ben Gurion
angetreten, in dem das Wiedergutmachungsabkommen zwischen Israel und der Bundesrepublik Deutschland unterzeichnet worden war. Es beendete ein äußerst bitteres Kapitel
israelischer Innenpolitik. Es war jene Zeit, als der junge Staat
sich verzweifelt um wirtschaftliche und finanzielle Stabilität
bemühte. Der Erfolg mit den Israel-Bonds, zu dem Kollek so
viel beigetragen hatte, reichte dazu langfristig nicht aus. In
diesem Augenblick ließ Bundeskanzler Konrad Adenauer die
Bereitschaft erkennen, Reparationen an den Staat zu zahlen,
der die Interessen der Nachkommen der NS-Opfer vertrat:
Israel. Doch in großen Teilen der israelischen Bevölkerung,
auch in Kreisen der Regierung, löste das Abscheu und Entset-
zen aus. War die Notwendigkeit, den Staat mit ausländischem
Geld zu sanieren, es wert, »gottloses« Geld von denen anzunehmen, in deren Namen sechs Millionen Juden ermordet worden
waren?
Doch Ben Gurion, den der Holocaust nicht weniger tief beweg-
te als andere Israeli, sprach sich für Verhandlungen mit Bonn
aus. Den Grund dafür sah er, wie aus seinen Aufzeichnungen
hervorgeht, »in dem stummen Aufschrei der sechs Millionen
Opfer des Naziterrors…, deren Ermordung gerade einen lauten
Appell an Israel darstellt, den Aufstieg zu schaffen, ein starkes
und blühendes Land zu werden und seine Ordnung und
Sicherheit zu verteidigen, damit nie wieder eine solche Katastrophe über das jüdische Volk hereinbrechen kann.«
Was sich dann aber innerhalb und außerhalb der Knesset ab-
spielte, entwickelte sich binnen kurzem zur schwersten Krise
der israelischen Demokratie. Als Ben Gurion im Parlament die

Zustimmung zu Verhandlungen mit Bonn erreichen will, peitscht der Vorsitzende der nationalistischen Herut-Partei, Menachem Begin, die Menge vor der Knesset gegen die Verhandlungen auf. Er wirft Ben Gurion »schändlichen Verrat« vor. Es kommt zu Zwischenfällen mit der Polizei, die Tränengas einsetzt. Daraufhin ruft Begin: »Das Gas wurde in Deutschland hergestellt. Es ist dasselbe Gas, mit dem unsere Eltern umgebracht wurden.« Niemand ahnt in diesem Augenblick, daß den Deutschen 40 Jahre später der gleiche Vorwurf gemacht werden wird, als deutsche Firmen den alliierten Kriegsgegner Irak mit Giftgasgrundstoffen ausrüsten. In der Knesset kommt es zu hitzigen Auseinandersetzungen. Ben Gurion wendet sich in einer Rundfunkansprache an das Volk, um es zu beruhigen und sich gegen Begin zu verwahren. Nach zweitägiger Parlamentsdebatte wird der Antrag der Regierung dann schließlich mit 61 gegen 50 Stimmen angenommen.

Einen Monat später wurde der Vertrag mit der Bundesrepublik Deutschland in Luxemburg in eisiger Atmosphäre unterzeichnet. Am Anfang der langwierigen und schwierigen Geheimkontakte hatte schon 1949 die Erklärung Adenauers gestanden, daß es der Wunsch des deutschen Volkes sei, »jedes Unrecht wiedergutzumachen, das in seinem Namen durch ein verbrecherisches Regime den Juden zugefügt worden ist«. Doch nach den Ereignissen in Jerusalem vor der Unterzeichnung konnte niemand erwarten, daß mit der Zahlung der vorgesehenen 3,45 Milliarden DM das deutsch-israelische Verhältnis zu normalisieren sein würde. Noch 13 Jahre später, als der erste Bonner Botschafter sein Amt in Israel antrat, wurde das deutlich.

Als Rolf Pauls 1965 der damaligen Außenministerin Golda Meir gegenüberstand, sagte diese zu ihm: »Sie haben ihre schwierigste Aufgabe vor sich. Sie können keinen warmen Empfang erwarten. Selbst die Frauen, die Sie am Tisch bedienen, wenn Sie jemals zu mir zum Essen kommen, sind auf ihren Armen mit Nazi-Nummern tätowiert.« Im Lauf der folgenden 20 Jahre verbesserten die Beziehungen sich zwischen den beiden Ländern erheblich. Und doch blieb die Erinnerung an den Holocaust für die Israeli ein untrennbarer Teil ihres Lebens. Oder galt das nur für die ältere Generation der Überlebenden wie die grimmige Golda Meir?

Mitte März 1960 hatten die beiden »Alten« der deutschen und israelischen Politik, Konrad Adenauer und David Ben Gurion, sich im New Yorker Waldorf-Astoria Hotel zu einem beinahe freundschaftlichen Gespräch getroffen. Es erregte weltweites Aufsehen. Aber schon zwei Monate später wurde Adolf Eichmann, der ehemalige SS-Beauftragte für die »Endlösung« vom israelischen Geheimdienst aus Südamerika entführt. Ein Jahr danach stand er in Jerusalem vor Gericht, und nach einem weiteren Jahr, Ende Mai 1962, wurde er gehängt. Schlagartig beschäftigte der Holocaust wieder die Weltöffentlichkeit. Israel hielt den Atem an.

Warum hatte Israel diesen Prozeß in Gang gesetzt? Teddy Kollek, der für die technische Vorbereitung des Gerichtsverfahrens zuständig war, vertritt die Ansicht, daß Ben Gurion den Prozeß aus historischen und pädagogischen Gründen gewollt habe. »Anders als die Nürnberger Prozesse würde dieses Gerichtsverfahren zu einer Zeit geführt werden, in der die Erinnerung an den Krieg zu verblassen begann. Ben Gurion wollte der Welt durch diesen Prozeß nachhaltig klarmachen, was dem europäischen Judentum widerfahren war. Ganz besonders war es ihm darum zu tun, die jüngere Generation von Juden zu erreichen, die Hitler nicht erlebt hatte, und die Juden aus den arabischen Ländern, die von dem Geschehen nicht persönlich betroffen waren.«

Die Lektion, die Ben Gurion der Jugend nach den inzwischen heraufgezogenen Jahren wirtschaftlichen Wachstums und höheren Lebensstandards erteilen wollte, wurde von Kollek voll unterstützt. Und dieser glaubte auch, daß das Ziel erreicht wurde – wenigstens für eine gewisse Zeit. Über zwei Jahrzehnte, nachdem er den »adrett gekleideten« Mann mit dem Aussehen eines kleinen Angestellten im Wiener Palais Rothschild gesprochen hatte, sah er Eichmann nun wieder.

Und das Bedeutsame an dem Prozeß war für ihn gerade, daß der kaum begreifliche Schrecken auf eine einzelne Person projiziert wurde. Es kam ans Licht, daß ein unbedeutender einzelner der

Menschheit einen unendlichen Schaden zufügen konnte. Doch hielt Kollek es für sinnlos, Menschen zu hassen, und so haßte er auch Eichmann nicht. Überdies war er skeptisch, ob die Wirkung des Prozesses »für alle Ewigkeit« anhalten werde. Er selbst jedenfalls hielt sich zurück mit Besuchen in Deutschland. Noch bei der Verleihung des Friedenspreises des Deutschen Buchhandels 1985 in Frankfurt am Main bekannte er in seiner Ansprache:

»...ich habe mir die Frage gestellt, ob ein Jude und Israeli – nach allem, was in Deutschland geschehen ist – diesen Preis entgegennehmen kann, doch dann habe ich mich dazu entschlossen.« Er sei früh für die Normalisierung der israelischen-deutschen Beziehungen eingetreten, auch für das Treffen zwischen Adenauer und Ben Gurion. Altbundeskanzler Adenauer sei im Jerusalemer Rathaus mit Herzlichkeit begrüßt worden. Und wer wissen wolle, wie führende Menschen heute in Deutschland mit der Vergangenheit ringen, der solle die Rede von Bundespräsident Richard von Weizsäcker vom 8. Mai 1985 zum Jahrestag des Kriegsendes lesen.

Die schlimme Vergangenheit dürfe niemand verschweigen, fuhr Kollek fort, »doch desgleichen muß das Bemühen vieler Deutscher um Versöhnung mit Israel gesehen werden«. Und als die Wiedervereinigung Deutschlands 1990 auch in seinem Land Fragen nach dem künftigen Kurs des 80 Millionen-Volkes auslöste, da hatte er eine zugleich einfache und kluge Antwort bereit: Man dürfe sich nicht einmischen, sondern müsse sich darauf verlassen, »daß die Deutschen das anständig machen, daß es wirklich ein neues Deutschland ist«. Aber selbst wenn es anders wäre, meinte Kollek, hätte Einmischung nur ein negatives Resultat.

Ein unpolitischer Beamter konnte man wahrhaftig nicht sein in Israel. Teddy Kollek war es im Amt des Ministerpräsidenten gewiß nicht – aber ein Mann der Parteipolitik auch nicht... Für ihn stand das Staatsinteresse über den Parteien, wie für Ben Gurion auch. Der Unterschied zwischen beiden bestand nur darin, daß der Regierungschef allmählich mürbe wurde unter der Last häufiger Auseinandersetzungen innerhalb seiner Partei, der Mapai.

Die vielfältigen Kompromisse, zu denen er täglich gezwungen war und die ihm prinzipiell nicht lagen, enttäuschten ihn und unterminierten seine Kräfte.

Kollek hingegen stand im allgemeinen nicht in der politischen Schußlinie. Am liebsten ging er politischem Tauziehen aus dem Weg. Auch wenn er mit Kritik nicht hinter dem Berg hielt, wenn sie ihm angebracht erschien, genoß er doch eine Sonderstellung, die allseits akzeptiert wurde. Sie bestand unter anderem darin, daß er sich mit einer Fülle von Aufgaben beschäftigte, die nicht genau definiert waren. Ein solcher Mann hätte auf vielen Gebieten ein »trouble shooter« für Ben Gurion sein können. Und er war es bis zu einem gewissen Grad auch. Manchmal aber überstiegen die Machtkämpfe auch seine Kraft.

Doch David Ben Gurion war weit davon entfernt, ganz aufzugeben. Er glaubte, daß eine Pause von den Regierungsgeschäften ihm gut tun würde. Und er faßte den Entschluß – man kann sich das in Demokratien der Gegenwart kaum noch vorstellen –, in die Wüste zu gehen... Für etwa zwei Jahre wollte er sich einer Herausforderung stellen, wie er sie sich für sein Volk immer gewünscht hatte: der Urbarmachung der Wüste. Er und seine Frau Paula reisten Ende 1953 zum Kibbuz Sdeh Boker in der Wüste Negev. Schon am Tag darauf griff er zur Karre und fuhr den Dünger hinaus...

Sein Nachfolger als Regierungschef, den die Mapai ausgewählt hatte, fand jedoch wenig Beifall bei Ben Gurion. Moshe Sharett, ein verdienter Mitstreiter und zuletzt Außenminister, war von ganz anderem Zuschnitt als der große Alte. Michael Bar-Zohar schreibt über die beiden Männer: »Da war einerseits ein charismatischer Führer, ein Mann von enormer Willenskraft, eine faszinierende, überwältigende Persönlichkeit. Der Mann, der ihm gegenüberstand, war weitaus schwächer und verfügte nicht über die Führungsqualitäten, über jenen Grad an Größe und Weitsicht, Eigenschaften, die Ben Gurion an die Spitze geführt hatten.«

Doch Ben Gurion war gegangen, und er fühlte sich in der Wüste »glücklich und zufrieden«. Die veränderte Regierung hatte zu solchem Optimismus nicht den geringsten Anlaß. Außenpolitisch verschlechtert sich die Situation zunehmend: Zwischenfälle an den Grenzen zu Jordanien und Ägypten häufen sich – Vorboten noch härterer Konflikte. Innenpolitisch wird rasch spürbar, daß die energische Führung fehlt. Bitterer Streit bricht aus – auf der einen Seite Sharett, der gemäßigt auf die arabischen Übergriffe reagieren will, auf der anderen der neue Verteidigungsminister Pinchas Lavon, ein selbstgefälliger Vertreter der harten Linie.

Gegenseitige Verleumdungen und Mißtrauen sind das Resultat. Das Vertrauen der Öffentlichkeit in die Regierung, das sich so lange auf die Geradlinigkeit von Ben Gurion gestützt hatte, läßt nach. Doch das Regierungsschiff beginnt erst in dem Augenblick endgültig zu schlingern, als ein Vorfall bekannt wird, der als Lavon-Affäre in die israelische Geschichte eingegangen ist. Ausgangspunkt war der gescheiterte Versuch israelischer Agenten, in Ägypten Bombenanschläge zu verüben – in der Hoffnung, die Briten würden dann in Ägypten bleiben und Nassers Aggressivität bremsen.

Doch der Agentenring fliegt auf, die Mitglieder werden vor Gericht gestellt und zu hohen Strafen verurteilt. In Israel bahnt sich inzwischen ein politischer Skandal um die Frage an, ob Lavon selbst die Aktion angeordnet habe oder der Geheimdienstchef. Welche Verantwortung Lavon wirklich trug, ist nie eindeutig geklärt worden. Er trat zwar zurück, aber der Fall sollte das innenpolitische Klima noch lange vergiften – und Ben Gurions politische Karriere unwiderruflich untergraben. Zunächst aber versuchte ein Teil der Anhänger Ben Gurions, den »Alten« zurückzuholen; auch Teddy Kollek war dabei.

Und schließlich kommt er. Im Februar 1955 begrüßt ihn eine jubelnde Menschenmenge, als er mit seiner Frau vor der Knesset in Jerusalem vorfährt. Er übernimmt das frei gewordene Verteidigungsministerium, und als bald darauf Parlamentswahlen stattfinden, wird er danach auch wieder Ministerpräsident. Es ist die Stunde, in der Israel der militärischen Auseinandersetzung mit Nasser entgegengeht und nichts so sehr braucht wie eine feste Hand. Noch einmal erlebt Ben Gurion Jahre des Ruhms, und mit dem Blick auf die wirtschaftliche und allgemeine Entwicklung Israels wird man von den späten fünfziger Jahren einmal als einem goldenen Zeitalter sprechen…

Aber in der Tiefe der Machtstrukturen hatte sich viel verändert. Führende Köpfe der Generation Ben Gurions zeigten sich zunehmend verärgert darüber, daß er jüngere Männer mehr und mehr förderte. Sie kamen aus der Generation von Teddy Kollek, und darunter waren später so klangvolle Namen wie Moshe Dayan, Shimon Peres und Abba Eban. Ältere Politiker fühlten sich durch sie ins zweite Glied versetzt. Kollek hatte nicht den Eindruck, daß damit eine regelrechte Fronde gegen Ben Gurion entstand, wohl aber hatte sich Unbehagen breitgemacht. Auch sachliche Meinungsunterschiede trugen zur Entfremdung von Ben Gurion bei.

Bei Golda Meir, die Sharett an der Spitze des Außenministeriums folgte, war das zum Beispiel in der Deutschlandpolitik der Fall. Oft attackierte sie die »pro-deutsche« Haltung Ben Gurions. Sie wollte oder konnte nicht verstehen, daß seine Bereitschaft zu Verhandlungen mit den Deutschen staatsmännischem Denken entsprang. Gerade in diesem Punkt setzte die Kritik Teddy Kolleks an. Zwar räumte er ein, daß Golda Meir wegen ihrer Intelligenz, ihrer klaren Sprache, ihres gesunden Menschenverstandes und ihres Humors Bewunderung verdiente: eine »wahrhaft königliche Erscheinung« …

Aber früh hatte er Ben Gurion auch schon vor ihr gewarnt. Mit ihrem »dogmatischen Festhalten an überholten Schlagworten und ihrer Schwarz-Weiß-Seherei« könne sie dem Land Schaden zufügen. Der Hauptgrund für seine Sorge war jedoch ein anderer: Sie hatte ein ganz anderes Staatsverständnis als Ben Gurion. Kollek beschrieb die Ursache dafür so: »Ben Gurion hatte sich völlig vom Familienklüngel und der Beschränktheit des jüdischen Stetls in Osteuropa samt seiner ganzen vertrauten Wärme und Menschlichkeit emanzipiert. Das aber war eine Atmosphäre, in der Männer wie Pinchas Sapir (späterer Finanzminister) und Levi Eshkol (1963 Nachfolger Ben Gurions) aufblühten, und Golda trug das Ihre dazu bei, sie auch in Israel zu erhalten.«

Mit anderen Worten: Die Interessen des Staates traten bei ihr nach Kolleks Ansicht hinter denen der Partei und der Gewerkschaften weit zurück. Darin sah er die Ursachen vieler Streitigkeiten in Israel, und er sagte Ben Gurion voraus, daß Golda Meir zu den ersten gehören werde, die sich von ihm abwendeten. Doch er hatte den Eindruck, daß es den Regierungschef nicht beunruhigte. Die Handhabe, sich von diesem unbeirrbaren Mann tatsächlich zu trennen, lieferte die Lavon-Affäre.

Um Licht in das Dunkel der Verantwortlichkeiten dieses Falles zu bringen, wollte Ben Gurion ein ordentliches Gericht beauftragen. Aber er zog den kürzeren, und es wurde ein ministerieller Untersuchungsausschuß bestimmt, in dem auch Eshkol saß. Das Gremium kam 1960 einstimmig zu der Auffassung, daß Lavon die fehlgeschlagene Operation nicht angeordnet habe. Doch einen Schuldigen nannte es auch nicht. Der Regierungschef blieb auch dann noch bei der Meinung, daß ein Gericht entscheiden müsse. Seine Treue zum Gesetz ließ ihn keinen anderen Ausweg erkennen.

Aber er argumentierte seltsam ungeschickt und verbittert. Er begann seine Gegner persönlich anzugreifen, und für Kollek war es offensichtlich, daß Ben Gurion nun sein Selbstvertrauen und seine Kontaktfähigkeit zu verlieren begann, und das in einem Augenblick, in dem seine Gegner ihn mit nie erlebter Heftigkeit angriffen. Sie sahen den Riesen wanken. Und nachdem noch ein weiterer Streit – um die Zuständigkeiten des Geheimdienstes – entstanden war, trat Ben Gurion 1963 endgültig zurück. Er hatte alle Unterstützung seiner alten politischen Mitstreiter verloren. Die Versuche der Freunde, ihn umzustimmen, schlugen fehl.

Ein großer Mann trat ab. In Teddy Kolleks Augen hatte das mit einer Krise der Moral in Israel zu tun. Ben Gurion war zutiefst davon überzeugt, daß nicht nur die Kraft sondern auch die Rechtschaffenheit den Juden eine Zukunft als »erwähltes Volk« sichere. Aber eine nicht zu verkennende Übernahme levantinischer Praktiken in der Politik machte ihm angst, weil sie die moralischen Werte zu unterminieren drohten. Ben Gurion, »das große Geschenk der Geschichte«, wie Berl Katznelson, ein Zionist seiner Generation, einmal gesagt hat, hatte die Fundamente gelegt, und doch nicht den Staat so formen können, wie er ihn sich vorstellte.

Die »Heroische Periode« Israels war zu Ende. Kollek war tief davon überzeugt, daß es zu früh geschah. Die Juden, so meinte er rückblickend, hätten sich als Volk bewiesen. Nach 2000 Jahren ohne Land sei ihre Identität erhalten geblieben. Doch daß sie ein Staatsvolk sind und daß sie einen Staat gut führen können – das hätten sie noch nicht bewiesen. Jedes zusätzliche Jahr, das Ben Gurion an der Spitze geblieben wäre, hätte Israel diesem Ziel näherbringen können, meinte er. Von Tag zu Tag sei ihm klarer geworden, daß die Führung eines Staates viel schwieriger sei als seine Schaffung, so wie die Führung einer Hauptstadt schwieriger sei als die bloße Erklärung zur Hauptstadt.

Teddy Kollek blieb unter Ben Gurions Nachfolger Levi Eshkol bis 1965 im Amt. Es waren keine fruchtbaren Jahre mehr. Eshkol war nicht der Mann klarer und fester Entscheidungen, und er ließ Kollek nicht mehr viel Freiheit zu selbständiger Arbeit. So war abzusehen, daß auch für Teddy Kollek eine Wende eintreten würde. Ein Freund versuchte ihn zu trösten: Man könne nicht immer weiter vom Volk Heroismus verlangen. Das Land müsse auch einmal zur Ruhe kommen. Aber Kollek blieb skeptisch, ob die Wurzeln auch schon so tief reichten, daß Ruhe eintreten könne. Die kommenden Jahre zeigten, daß seine Zweifel berechtigt waren.

Aber er hatte es gelernt, den Problemen nicht auszuweichen, und er war fähig, sie in geduldiger Kooperation mit anderen in Angriff zu nehmen, sollte er die Gelegenheit zur eigenen Gestaltung der Politik erhalten. Er wußte noch nicht, wie bald das der Fall sein würde. Sein großer Mentor kehrt zurück nach Sdeh Boker, und noch lange bleibt er die Autorität, deren Rat gefragt ist. Am 1. Dezember 1973, kurz nach dem schicksalhaften Yom Kippur-Krieg, stirbt er.

5 Baumeister Jerusalems

Eine schwere Entscheidung

Am 1. Januar 1965 schied Teddy Kollek aus dem Amt des Ministerpräsidenten. Es war ein tiefer Einschnitt in seinem Leben. Fast 13 Jahre hatte er an der Seite David Ben Gurions verbracht. Gewiß, er blieb im Schatten des großen Mannes; er wurde nicht selbst zum handelnden Politiker, wollte es auch gar nicht. Dennoch gehörte er unzweifelhaft zu den gestaltenden Figuren jener frühen Jahre Israels. Mit sicherem Blick erkannte er, was zur Festigung und Entwicklung des Staates – neben all dem, was Ben Gurion selbst leistete – noch getan werden mußte. Und er tat es; oft zusammen mit anderen, aber ebenso oft mit eigenen Ideen und aus eigener Kraft.

Aber dieser Augenblick in seinem Leben wurde auch noch aus einem anderen Grund zum Einschnitt. Bis dahin hatte er Aufgaben übernommen, wie sie die Zionistische Bewegung und später dann Ben Gurion für ihn vorgesehen hatten. Kollek beklagte das nicht, weil er wußte, worum es letztlich stets ging, nämlich um die Zukunft der Juden als Volk und Staat. So war er jederzeit aus Überzeugung bei der Sache. In allen diesen Positionen konnte er seine Talente – nicht zuletzt auch Führungsfähigkeit – beweisen. Und doch war er Mithandelnder, kein Gestalter aus eigenem Recht, wie er es zum Beispiel als gewählter Politiker gewesen wäre.

Nun stand der 53jährige zu seiner eigenen Überraschung plötzlich vor der Frage, ob er genau diesen Weg gehen sollte, aus freier Entscheidung und mit ungewissem Ausgang. Ironischerweise offenbarte sich das Problem wieder erst auf einem Umweg. Kollek sagte sich, daß er endlich, nach den langen Jahren im öffentlichen Dienst, einen handfesten Beruf brauche. Und da griff er zu, als ihm angeboten wurde, Präsident einer Investmentgesellschaft zu werden. Die Tätigkeit war, wie er später gestand, etwas langweilig, aber gut bezahlt. Obwohl er seiner neuen Aufgabe treu bleiben wollte, schien es seinen Freunden, als sei er nicht besonders glücklich dabei.

Zur gleichen Zeit hatte die Politik sich wieder in sein Blickfeld geschoben. Der verbitterte Ben Gurion verließ 1965 seine Partei, die Mapai, und gründete eine neue Arbeiterpartei mit dem Namen Rafi. In diesem Entschluß Ben Gurions spiegelte sich damals die ganze Enttäuschung des alten Staatsmannes über die bittere Fehde des »zweiten Glieds« – Golda Meir, Levi Eshkol und anderer – gegen ihn. Der Grundgedanke der neuen Partei lautete, einem Wort Ben Gurions folgend: »Was für das Land gut ist, ist auch gut für die Partei.«

Damit war der Vorwurf an die alte Garde der Mapai verbunden, sich mehr dem Partei-Interesse verpflichtet zu haben als dem Staat. Das mußte der Konsolidierung des Staats nach Ben Gurions fester Überzeugung schaden. Und die »jungen Männer« Ben Gurions – Dayan, Peres, Eban, Rabin und andere – waren ja nach seinem Ausscheiden nicht so zum Zuge gekommen, wie er es gewünscht hatte.

Abba Eban sieht in seiner »Geschichte der Juden« noch tieferliegende Gründe für die scharfen inneren Auseinandersetzungen der israelischen Führung jener Zeit, die im krassen Gegensatz zur wirtschaftlichen Erfolgsperiode standen. Die Streitigkeiten hätten zu den Symptomen eines in fast allen Bereichen feststellbaren Mangels an Zusammenhalt gehört, dessen Ursachen letztlich darin zu suchen gewesen seien, daß die alten Werte allmählich verblaßten. »Die karge Einfachheit des Kibbuz wurde immer mehr von den hedonistischen Kompromissen der verstädterten Gesellschaft in den Schatten gestellt, die Idee der Gleichheit durch die sich ständig vergrößernden Unterschiede im Lebensstandard ausgehöhlt, und das Streben des einzelnen nach persönlichem Glück galt nicht mehr als verwerflich.«

Aber da der Zionismus, der Sozialismus, die Ideale des Friedens, der Gleichheit und der Nächstenliebe sowie ein zu Entbehrungen bereiter Pioniergeist für die Israelis typisch gewesen seien, habe ihr teilweiser oder vollständiger Verfall ein geistiges Vakuum hinterlassen müssen. »Die Idealvorstellung von Israel als einem ›besonderen‹, zu einem düsteren, aber erhabenen Schicksal bestimmten Volk löste nun eher Verlegenheit aus.« Im politischen Kampf seien, so Eban, die menschlichen Schwächen ebenso deutlich zutage getreten wie in anderen Bereichen. Erst in der Stunde der Gefahr, im Sechs-Tage-Krieg von 1967, hätten sich die alten Leitbilder von neuem bewährt und schnell Einigkeit geschaffen.

Teddy Kollek war nicht der Mann, der sich nach der Nestwärme einer Partei sehnte. Die Mitgliedschaft in der Mapai entsprach zwar seiner Überzeugung, aber er gehörte ihr eher lustlos an. Nachdem er aber gesehen hatte, wie rücksichtslos die alte Garde mit Ben Gurion umging, entschloß er sich, der neugegründeten Rafi beizutreten. Auch Moshe Dayan und Shimon Peres stießen – mit einer Minderheit von Mapai-Mitgliedern – dazu. Der Wahlkampf für die Knesset-Wahlen 1965 begann, und Kollek fing an, von Kundgebung zu Kundgebung zu reisen und für die neue Partei zu werben. So etwas hatte er noch nie getan.

Eines Tages saß er mit Dayan, Peres und Yitzhak Navon – einst Sekretär Ben Gurions und später Staatspräsident – in Tel Aviv beim Essen, als diese ihn überreden wollten, selbst für die Knesset zu kandidieren. Aber er schüttelte nur den Kopf. Das Gesetzemachen sei nichts für ihn. Seine Erfahrungen lägen allesamt in der Exekutive. Das war das Stichwort: Wie wäre es, wenn er für das Bürgermeisteramt in Jerusalem kandidierte? Da hätte er sicher viel Rückhalt bei den Wählern, was auch der Rafi zugute kommen müßte. Teddy Kollek machte Ausflüchte.

Er schlug Dov Joseph vor, der 1948 Zivilgouverneur der Stadt und später unter Ben Gurion Justizminister war. Aber der lehnte ab. Inzwischen war Kollek zu einem kurzen Feiertagsurlaub nach Ein Gev gefahren. Gewiß, er hatte seit vielen Jahren alte Karten von Jerusalem und Antiquitäten aus der Region gesammelt. Doch auch bei ruhigem Nachdenken fand er kaum etwas

Reizvolles an dem Gedanken, sich als Stadtoberhaupt von Jerusalem zu bewerben, einer Stadt, deren Verwaltung er für untüchtig hielt. Sein Sohn Amos meinte spitz: »Und was passiert, wenn Du gewinnst? Wirst Du dann Chef der Müllabfuhr?«

Kolleks Bruder Paul warnte vor einem solchen Abenteuer, und Tamar war derselben Meinung wie ihr Mann: Aus der ganzen Sache werde sowieso nichts. Aber einer kam und redete ihm entschlossen zu: Amos Manor, der alte Freund aus Transsilvanien… Als Teddy Kollek nach Jerusalem zurückkehrte, hatte er sich entschieden. Er war bereit, sich als Kandidat für das Bürgermeisteramt aufstellen zu lassen. »Der tiefere Grund war«, schrieb er später, »daß ich meine Loyalität Ben Gurion gegenüber demonstrieren wollte, selbst wenn keinerlei Aussicht auf Erfolg bestand.«

Niemand hatte ihm die Entscheidung abgenommen. Er mußte sie ganz allein treffen. Dazu gehörte Mut. Denn die Stadt war geteilt, Frieden nur eine Hoffnung. Doch er nahm das Wagnis auf sich, in richtiger Einschätzung seiner Fähigkeiten und Grenzen. Teddy Kollek, meint Amos Manor heute, sei weder dazu geschaffen gewesen, für eine Investmentfirma Apartments zu verkaufen, noch habe er sich zum »Apparatschik« geeignet, angewiesen auf die Hilfe eines Parteiapparats. In aller Eile richtete er mit zwei jungen Helfern im berühmten King-David-Hotel in Jerusalem ein kleines Wahlkampfbüro ein und ging ans Werk.

Große Hoffnungen machte er sich nicht. Er hatte als einzelner gegen die mächtige Parteimaschine der Mapai anzutreten. Deren Kandidat, der amtierende Bürgermeister Jerusalems, Mordechai Ish Shalom, war von seinem Sieg überzeugt. Teddy Kollek dagegen sah sich schon vom Wahlgesetz her benachteiligt. Damals wurde auch in den israelischen Gemeinden nach Parteilisten gewählt. Bekam eine Liste die meisten abgegebenen Stimmen, konnte sie den Bürgermeister bestimmen. Andernfalls war eine Verbindung aus mehreren Listen erforderlich. Kollek aber vertrat die Ansicht, daß der Gewählte seinen Wählern direkt verantwortlich sein müsse.

Aber es dauerte noch ein Jahrzehnt, bis Israel sich entschloß, die Bürgermeister in den Gemeinden direkt und die Stadtverordneten über Parteilisten wählen zu lassen. Gerade Kollek ist ein herausragendes Beispiel für die Berechtigung dieser Wahlrechtsänderung; denn nicht nur seine Popularität, sondern auch seine Sachkenntnis wird vom unmittelbaren Kontakt mit dem Wähler erheblich beeinflußt. Von der Siegesstimmung seines Gegners im Wahlkampf 1965 ließ Kollek sich nicht entmutigen – auch dann nicht, als eine Meinungsumfrage der Rafi nur drei von 21 Sitzen im Stadtrat prophezeite.

Doch es kam anders. Kolleks Liste brachte es auf fünf Sitze, die Mapai ebenfalls auf fünf. Das hatte niemand erwartet. Sollten die Wähler doch schon mehr auf die Person als auf die Liste geachtet haben? Auffallend war jedenfalls auch, daß die Stimmenzahl für Kolleks Rafi von der Stimmenzahl auf nationaler Ebene positiv abwich. Es gelang dem Neuling in der Kommunalpolitik, eine arbeitsfähige Koalition zusammenzubringen – ohne Scheu vor der Einbeziehung der religiösen Parteien und der rechten Herut, die später im Likud aufging. Mit 16 von 21 Sitzen besaß Kollek eine sichere Mehrheit gegen die Mapai. Der Erdrutsch war da…

Schon im Wahlkampf hatte Kollek sich für eine möglichst breite Koalition ausgesprochen. Nur sie hielt er für fähig, mit den komplizierten Problemen der alten Stadt fertigzuwerden. Von seinem eigenen politischen Hintergrund her gesehen – als Vertreter einer Arbeiterpartei –, wäre es verständlich gewesen, wenn er auf die Einbeziehung der rechtsgerichteten Herut verzichtet hätte. Er erinnerte sich sehr wohl daran, wie demagogisch und doktrinär die Revisionisten, Vorläufer der Herut, die Ziele der Zionistischen Bewegung zu beeinflussen versuchten. Zeitweise hatten diese Kräfte sogar geglaubt, den jüdischen Staat herbeibomben zu können.

Doch Teddy Kollek blickte nicht zurück, sondern nach vorn, wie er es immer tat. So sehr er der Politik der Herut auf nationaler Ebene auch mißtraute – in Jerusalem bekam die Partei die Chance, mitzuregieren – zum erstenmal. Und bald stellte der neue Bürgermeister fest, daß sie konstruktiv mitzuarbeiten verstand. Wie aber sollte er es mit den religiösen Parteien halten, die in Jerusalem eine besonders wichtige Rolle spielten? Kollek war stets davon überzeugt, daß Religion und Politik getrennt bleiben sollten. Seiner Meinung nach ließ es sich mit dem Wesen der Religion nicht vereinbaren, wenn einer Koalition zuliebe um religiöse Grundsätze gefeilscht wird.

Von diesem Widerspruch hat die israelische Politik sich jedoch nie freimachen können. Mit Hilfe des Wahlrechts konnten religiöse Parteien immer wieder »Zünglein an der Waage« im Entscheidungsprozeß sein und religiöse Verhaltensregeln zunehmend durchsetzen. Dennoch war sich Kollek im Laufe seines Lebens mehr und mehr darüber klar geworden, daß das Festhalten an religiösen Bräuchen zu den Grundwerten des jüdischen Volkes gehört. Und die frommen Juden, die oft unter Schwierigkeiten große Familien unterhielten, nötigten ihm Respekt ab.

»Diese Familien«, sagte er einmal, »repräsentieren eine Kraft und eine Würde, der meine größte Bewunderung gilt.« Orthodoxe religiöse Kräfte hatten in der Stadtverwaltung von der Staatsgründung an mitgearbeitet. Rabbi Porush, einer der führenden Vertreter der stärksten religiösen Partei, der Agudat Israel, war sogar jahrelang stellvertretender Bürgermeister. Nun wollte ein Mann wie Teddy Kollek ihr Vertrauen gewinnen, der von sich sagte, er sei weitgehend mit antireligiösen Gefühlen groß geworden – und mit der Einsicht, daß die Schaffung einer jüdischen Gesellschaft mit eigener Hände Arbeit dem Judentum stärker entspreche als die Beachtung religiöser Vorschriften.

In dieser Hinsicht konnten die Rabbiner keinen Zweifel daran haben, wen sie vor sich hatten. Aber sie nahmen auch noch seine Vorfahren unter die Lupe, und da kam Kollek ein Zufall zu Hilfe. Es stellte sich heraus, daß der Großvater seiner Frau Tamar eine weithin bekannte Autorität am Wiener Rabbinerseminar gewesen war. Eine Reihe bedeutender Rabbiner in Jerusalem saß als Schüler zu seinen Füßen oder hatte brieflichen Kontakt mit ihm. Auch Tamars Vater, ebenfalls ehrwürdiger Rabbiner, hatten viele noch gekannt. Teddy Kollek war beiden nur kurz begegnet, nun aber kamen sie ihm, sozusagen postum, zu Hilfe: Die Orthodoxen betrachteten ihn als »koscher«.

Von Anfang an war dem neuen Bürgermeister klar, daß er in seinem Amt Kompromisse eingehen mußte – anders überlebt eine

Koalition nicht. Er hätte sie aber auch gemacht, wenn er mit seiner Partei allein in der Mehrheitsposition gewesen wäre. Denn von dem einen Grundsatz, der zu seinem Wesen gehörte, wollte er in keinem Fall abweichen, weder damals noch heute: Daß es der ganzen Kraft bedürfe, zwischen den orthodoxen und den weniger religiösen Bevölkerungsteilen größeres gegenseitiges Verständnis zu entwickeln. Das hieß auch, den Orthodoxen Konzessionen zu machen. Nur so konnte Frieden herrschen in Jerusalem.

Aber wie vorsichtig mußte man mit dem Begriff »Frieden« in dieser Stadt umgehen! Das war nicht mehr das Jerusalem der dreißiger Jahre. Teddy Kollek erinnerte sich noch an Besuche in der Zeit der britischen Mandatsherrschaft. Da sah er »eine verschlafene kleine Stadt in den Bergen mit eng aneinander geduckten Häusern aus grauem Jerusalemer Stein mit roten Ziegeldächern. Es war ein Mosaik von kleinen Nachbarschaften, die irgendwo am Ende schmaler Gassen in verschwiegenen Höfen ein verstecktes Dasein führten. Selbst die Basars und Geschäfte waren dem Lärm und dem Tempo des modernen Lebens vollkommen entrückt.«

Und 1965? Welche Straße Jerusalems man auch benutzte, man sah fast immer vor sich ein Schild mit der Aufschrift: »Stop! Gefahr! Vorsicht Grenze!« Die Stadt war geteilt; im Westen die Israeli, im Osten die Jordanier. Zwischen ihnen Mauern, Stacheldraht, Niemandsland. Kaum ein Monat verging, in dem an der Grenze nicht ein jüdischer Bewohner erschossen oder verwundet wurde. Die 100 000 israelischen Bürger lebten in ihrem Teil nicht in Frieden; sie durften noch nicht einmal ihre heiligste Stätte besuchen. Die Klagemauer lag auf der anderen Seite – in dem Stadtteil, den die 70 000 muslimischen oder christlichen Araber unter jordanischer Herrschaft bewohnten.

Nein, Stadtoberhaupt in Jerusalem zu sein, das mußte unter den Bedingungen der Teilung eine außergewöhnliche Herausforderung bedeuten. Die Geschichte ließ dieser Stadt keine Ruhe. Mochte sie vor wenigen Jahrzehnten noch verschlafen gewirkt haben: Es war nur eines von vielen Gesichtern, das Jerusalem den Menschen gezeigt hat. Nie verlor das Wort des Propheten

Der Felsendom – arabisch Qubat es Sakhra –, erbaut von dem Omaija-den-Kalifen Abd el-Malik im Jahr 691. Man nimmt an, daß hier der jüdische Tempel stand, der 70 n. Chr. von den Römern zerstört wurde.

Jesaja seine seherische Kraft: »Dies ist dir begegnet – Verwüstung und Schaden, Hunger und Schwert – wer hat dich getröstet?« Kein Ort der Welt war in seiner langen Geschichte so wie Jerusalem Schauplatz tiefer religiöser Ergriffenheit, leidenschaftlicher Glaubenskämpfe und zerstörerischer Wut. Allein seit Christi Geburt ist die Stadt zehnmal erobert und fünfmal völlig zerstört worden. So überraschte es nicht, als Jerusalem nach dem Entstehen der jüdischen und arabischen Nationalbewegungen Anfang des 20. Jahrhunderts zu einem besonders empfindlichen Seismographen für den Grad der Konfrontation zwischen den beiden Kraftzentren wurde. Der Widerstand der Araber gegen die jüdische Besiedlung Palästinas erhielt in Jerusalem seine emotionale Dimension. An der Klagemauer war es, als Araber Ende der zwanziger Jahre über deren Rand Steine auf die betenden Juden warfen.

Nirgendwo wurde im israelischen Unabhängigkeitskrieg 1948/49 so erbittert gekämpft wie zu Füßen der heiligen Stätten Jerusalems. Und doch herrschte nicht nur Unfrieden. Vielfältige

Unter den heiligsten Stätten der gläubigen Moslems nimmt die Al-Aqsa-Moschee auf dem Tempelberg in Jerusalem den dritten Platz ein – nach Mekka und Medina.

*In der Al-Aqsa-Moschee zu Jerusalem. Zwischen den Säulen aus ita-
lienischem Marmor beten die Gläubigen. Die Moschee wurde vor 1275
Jahren erbaut. Erdbeben zerstörten sie mehrfach.*

Kontakte entwickelten sich zwischen den Angehörigen der verschiedenen Religionen, und manche bestanden nach gewaltsa-
mer Unterbrechung weiter bis in die Gegenwart. Keine der drei
großen Religionen – Judentum, Christentum, Islam – konnte
und wollte jemals von Jerusalem lassen. »Al-Kuds«, »Die Heilige«, wie Jerusalem auf arabisch heißt, ist tief im Glauben des
Islam verwurzelt. Zu einer Pilgerreise dorthin sind die Muslime,
anders als im Fall von Mekka und Medina, nicht verpflichtet.
Doch bleibt die Reise nach Jerusalem eine fromme Tat.
Ursprünglich wandten die Muslime sich zum Gebet nicht in
Richtung Mekka, sondern nach Jerusalem, von wo aus der
Prophet Mohammed auf seiner Stute al-Burak gen Himmel ge-
ritten sein soll. Die Stelle im Fundament des Felsendoms auf
dem Tempelberg wird noch heute gezeigt. Für die gläubigen
Christen ist die Stadt mit dem Leben Jesu, seinem Tod und seiner Auferstehung untrennbar verbunden. In Jerusalem lebte die
erste christliche Gemeinde und entstand die erste Kirche. Im

»himmlischen« Jerusalem fand christliche Frömmigkeit sich wieder.

Aber während das religiöse Leben der Christen sich im Lauf der Jahrhunderte auch andere irdische Zentren suchte, blieben die Juden stets ausschließlich auf Jerusalem fixiert. König David machte die Stadt um 1000 v. Chr. zum Eckpfeiler der religiösen, kultischen und nationalen Einigung Israels. Seitdem dient die Stadt, wie es R. J. Zwi Werblowsky von der Hebräischen Universität Jerusalem formuliert hat, »einem verfolgten, gedemütigten und immer wieder massakrierten Volk, welches doch die Hoffnung auf die verheißene endgültige Rückkehr niemals aufgegeben hat, als Symbol seiner historischen Existenz«.

Die Begriffe »Jerusalem« und »Zion« symbolisieren in gleicher Weise die Verbundenheit des jüdischen Volkes mit der Stadt und dem Land. Die moderne jüdische Nationalbewegung entlehnte ihren Namen nicht dem eines Staates oder Volkes, sondern dem einer Stadt und nannte sich Zionismus. Und die Hymne der Zionistischen Bewegung, die 1948 zur Nationalhymne Israels wurde, spricht vom »Auge, das nach Zion blickt« und von der jahrtausendealten Hoffnung auf Rückkehr in das »Land von Zion und Jerusalem«. Nur die Juden haben – in den frühen Perioden ihrer Geschichte – Jerusalem zur Hauptstadt eines unabhängigen Staates gemacht.

Am 1. Dezember 1965, einem unfreundlich kalten Tag in Jerusalem, betrat Teddy Kollek das Rathaus, um die Amtsgeschäfte von seinem Vorgänger zu übernehmen. Es war für beide kein angenehmer Augenblick. Während der scheidende Bürgermeister den Verlust des Amtes offensichtlich noch nicht verwunden hatte, beunruhigte den neuen, daß er nicht wußte, was ihm bevorstand. Zum erstenmal schien es, als ängstige ihn die neue Aufgabe. Und einfach würde sie auch nicht sein. Denn die Mapai-Regierung des Landes war gegen ihn und auch ein Teil des Stadtrats. Und draußen, auf der anderen Seite der Straße, lagen die arabischen Scharfschützen.

Aber schon eine seiner ersten Amtshandlungen zeigte, daß er auch und gerade in der neuen Funktion tun würde, was er für richtig erachtete. Als Jerusalem noch nicht geteilt war, vor 1948, lag das Rathaus im Stadtzentrum – so wie es die Briten 1934 bauen ließen. Dann aber wurde der östliche vom westlichen Teil der Stadt abgetrennt, und das israelische Verwaltungsgebäude rückte an den äußersten Rand Westjerusalems. Es lag im Schußfeld der Arabischen Legion, die sich auf der gegenüberliegenden Altstadtmauer eingenistet hatte. Bürgermeister Ish Shalom hatte das ändern wollen und ein Grundstück in zentraler, sicherer Lage gefunden.

Als aber Kollek nach seinem Amtsantritt die Entwürfe und Modelle für ein neues Rathaus entdeckte, stoppte er sogleich das Millionenprojekt. Er fürchtete, daß es wie eine Anerkennung der Teilung Jerusalems für alle Zeiten wirken würde. Statt dessen war die Grenzlage Ausdruck der gegenteiligen Auffassung. Außerdem dachte er an die vielen Einwanderer, die sich nahe der Grenzlinie niedergelassen hatten und sich verlassen vorkommen mußten, wenn die Stadtväter sich in Sicherheit brachten. Niemand sah voraus, daß der Sechs-Tage-Krieg schon zwei Jahre später das Rathaus wieder ins Zentrum der vereinigten Stadt rücken würde.

Westjerusalem hatte sich von den Folgen des Unabhängigkeitskriegs nur langsam erholt. Die Stadt war schon vor der Staatsgründung von der arabischen Seite belagert und zeitweise von Zufuhren abgeschnitten worden. Bewaffneten Konvois gelang es, die Bewohner mit Lebensmitteln zu versorgen. Doch unter ständigem Beschuß hatten die Jerusalemer lange zu leiden. So konnten das Parlament und Teile der Regierung erst Monate nach dem Waffenstillstand von Tel Aviv nach Jerusalem umziehen. Die Knesset wurde provisorisch untergebracht und zog erst 18 Jahre später, 1966, in ihr neues monumentales Gebäude um.

Das jüdische Jerusalem blieb ein Mosaik von Stadtvierteln, jedes mit seinem besonderen Charakter. Die Viertel waren seit Mitte des 19. Jahrhunderts nach und nach entstanden, nachdem die Juden vorher fast ausschließlich innerhalb der Altstadtmauern gelebt hatten. Als Kollek Bürgermeister wurde, lebten in neun der 24 jüdischen Viertel Juden europäischer Herkunft, in weiteren neun orientalische Juden und in sechs Vierteln Juden verschiedener Herkunft. Die Juden in zwölf Vierteln zählten zum religiösen Bevölkerungsteil, in sieben zu den Nichtreligiösen, und in fünf Vierteln lebten teils Juden der einen, teils der anderen Gruppe.

Jene Gebiete, in denen die Juden europäischer Herkunft lebten, wiesen im allgemeinen eine höhere Einkommensstruktur auf als die, in denen orientalische Juden wohnten. Schon diese Unterschiede machten eine gleichmäßige Entwicklung der Stadt schwer. Hinzu kam der besondere Charakter des Arbeitsmarkts in Jerusalem. Die Regierung war zum größten Arbeitgeber geworden. Sie beschäftigte zusammen mit der Hebräischen Universität, dem Hadassah-Hospital und der Jewish Agency über 30% aller Einkommensbezieher. Dagegen gab es nur wenig Industrie in Jerusalem. So kam es, daß die Einkommen in Jerusalem generell niedriger waren als in anderen Städten Israels.

Seit Mitte der fünfziger Jahre war es rascher vorangegangen in Westjerusalem. Man sah die ersten großen Hotels emporschießen und monumentale Bauten großer Institutionen. Zu ihnen gehörten das Gebäude des Oberrabbinats und – daneben – eine neue große Synagoge. Es wurde mehr und mehr deutlich, daß die Stadtplanung sich nach Westen orientierte, während die alten Viertel im Zentrum, in der Nähe der Altstadt, vernachlässigt wurden. Noch heute ist dieses Problem nicht überwunden. Erst Kollek faßte wieder eine Stadtplanung für ganz Jerusalem ins Auge…

Als Teddy Kollek Bürgermeister geworden war, rieb sich mancher Frühaufsteher die Augen, als er ihn pünktlich um 6.15 Uhr vor dem Rathaus stehen und als erster die Tür aufschließen sah. Dann wieder startete Kollek im Morgengrauen mit dem Auto zu einer Fahrt durch die Stadt, um zu sehen, wo er eingreifen mußte. Der neue Bürgermeister war überzeugt davon, daß vor ihm das Ergebnis einer jahrelangen Mißwirtschaft lag, die es zu ändern galt. Und da er im Wahlkampf versprochen hatte, für die Sauberkeit der Stadt und eine bessere Infrastruktur in Neubaugebieten zu sorgen, gönnte er sich keine Pause. Es ärgerte ihn außerdem, daß die Mapai-Opposition ihm ungelöste Probleme vorwarf, die sie selbst nicht bewältigt hatte.

Aber Teddy Kollek hatte auch hinzuzulernen. Nun erinnerte er sich daran, daß er früher auf Bürgermeister und Stadträte herabgesehen hatte. Und noch immer schien Israel in den Augen des politischen Establishments im wesentlichen von Kibbuzim und landwirtschaftlichen Siedlungen geprägt zu sein, während in Wahrheit schon 80% der Israeli in Städten lebten. Von dort her, so meinte Kollek jetzt, müsse die Erneuerung kommen. Statt dessen aber wurden die Probleme der Städte seiner Meinung nach nicht ernst genug genommen; diejenigen Jerusalems am wenigsten.

Die umfangreiche Hilfe, die Kollek in den folgenden Jahrzehnten von Freunden und Gönnern in aller Welt erfuhr und deren Ergebnisse im Stadtbild unübersehbar sind, konnten ihn doch nicht davon abhalten, mangelndes Verständnis des Staates für die Belange der Stadt weiterhin zu beklagen. Damals, 1965, war er über solche und andere Ärgerlichkeiten in seinem Amt so erbost, daß er jeden Monat mindestens einmal zurücktreten wollte. Aber er gab doch nicht auf, sondern brachte frischen Wind ins Rathaus, dezentralisierte die Verwaltung und ging unbeirrt daran, Westjerusalem ein neues Gesicht zu geben.

Er brauchte nicht ganz von vorn anzufangen. Wenn Teddy Kollek nach einem langen Arbeitstag eine Stunde der Ruhe und Besinnung suchte, dann fand er sie im Israel-Museum. Dort hatte er ein kleines, versteckt liegendes Büro, in dem er die Lasten des Tages abstreifen und sich seiner Lieblingsbeschäftigung widmen konnte, der Weiterentwicklung des Museums. Und 25 Jahre später engagiert er sich immer noch dafür – von derselben Stelle aus. Kollek war es, der sich jahrelang unbeirrbar für den Bau eines repräsentativen israelischen Museums eingesetzt hatte. Seinen Platz fand es schließlich auf einem Hügel über dem Tal des Kreuzes, nicht weit von der Knesset entfernt.

Die Vorgeschichte des eigenwilligen Bauwerks, das in Pavillons untergliedert ist und von weitem den Eindruck eines arabischen Dorfs vermittelt, geht weit zurück. In den fünfziger Jahren, als Teddy Kollek an der Botschaft in Washington arbeitete, fiel ihm auf, daß zwei große jüdische Kunstsammler ihre Sammlungen zwei amerikanischen Museen vermachten. Er sagte sich, daß

Blick auf das Israel-Museum mit seinen Pavillons, die wie ein orienta-
lisches Dorf beieinander liegen. Im Vordergrund das griechisch-ortho-
doxe Kreuz-Kloster aus dem 11. Jahrhundert.

sicher auch Israel in den Genuß solcher »Erbschaften« kommen
würde, wenn es nur die entsprechenden Ausstellungsräume
dafür hätte. Und wäre es nicht dringend nötig, jungen Israeli,
die doch selten ins Ausland kämen, ein Bild der verschiedensten
Kulturen zu vermitteln?
Daß diese Idee ihn so faszinierte, hatte seine Wurzeln aber wohl
auch in seiner eigenen Jugend. Da hatte er oft vor den Minia-
turen, antiken Gläsern und silbernen Schnupftabakdosen gestanden, die sein Vater so gern sammelte. Zusammen mit ihm
besuchte er die Museen Wiens, dieser kulturell so anregenden
Stadt. So entwickelte der junge Kollek einen ausgeprägten Sinn
für das Schöne, der später der alten Stadt in den Bergen Judäas
in reichem Maße zugute kommen sollte. Auch wenn mancher israelische Politiker noch glaubte, es gäbe in den Aufbaujahren
des Staates Dringenderes als ein Museum – für Kollek war es
keinesfalls ein Luxus. Und so sehr er es auch selbst liebte, in An-

tiquitätenläden und Antiquariaten zu stöbern – der Museums-
gedanke war mehr als ein Hobby. Das zeigte auch die Tatsache,
daß fast jeden Tag neue archäologische Entdeckungen gemacht
wurden, wenn ein Neubau entstand oder ein Pflug die Erde auf-
riß. Diese Funde gehörten, meinte er, in ein Nationalmuseum,
wo sie die Bewunderung der Israeli – und der Touristen – finden
würden.

Teddy Kollek ließ nicht mehr locker. Als er aus den USA zurück-
kam und in das Ministerpräsidentenamt eintrat, begann er mit
den Vorarbeiten. Zwar war er nicht offiziell »zuständig« dafür,
doch legte ihm auch niemand Steine in den Weg. Zusammen mit
einer kleinen Gruppe von Experten, darunter ein Museums-
Fachmann, zwei Archäologen und ein Orientalist, entwickelte er
die Idee eines Museums, das Beispiele der größten Leistungen
menschlichen Schöpfergeistes umfassen sollte, die biblische Ar-
chäologie eingeschlossen. Die israelische Regierung stellte ein
Grundstück zur Verfügung, und von amerikanischer Regie-
rungsseite kam ein erster namhafter Geldbetrag.

Kollek und seinen Freunden war jedoch klar, daß ein so ehrgei-
ziges Projekt nur mit Hilfe umfangreicher privater Spenden zu
dem gewünschten künstlerischen Rang entwickelt werden
konnte. Kollek nahm Verbindung zu alten Bekannten in den
USA auf, und es fand sich eine Anzahl wohlhabender Geschäftsleute, die großzügig Geld für den Bau von Pavillons und
für Kunstwerke zur Verfügung stellten. 1961 wurde schließlich
mit dem Bau begonnen, und im Mai 1965 folgte dann die feierli-
che Eröffnung mit einer Ausstellung von Kunstwerken, die Illu-
strationen von Bibelszenen zum Thema hatten.

Das Israel-Museum gliedert sich in seinem Kern in fünf separa-
te Einheiten: das jüdische Nationalmuseum, das biblische und
archäologische Museum, der Skulpturen-Garten, der Jugendflü-
gel und der Schrein des Buches. Einzelne Flügel wurden nach
ihren Spendern benannt, u.a. Bronfman, Crown und Goldman.
Einer der eindrucksvollsten Teile des Museums ist der Billy-
Rose-Skulpturen-Garten, in dem Werke von Rodin, Bourdelle,
Maillol, Archipenko, Picasso, Moore, Lipchitz und anderen in
parkähnlicher Umgebung stehen. In der Galerie der Impressio-

nisten und Expressionisten kommt man zu Werken von Corot, Courbet, Vlaminck, Renoir, Utrillo, Chagall, Pechstein, Schiele und Kokoschka. Ein Flügel für die Kunst des 20. Jahrhunderts ist noch im Bau.

Die Galerien für jüdische zeremonielle Kunst gehören zu den schönsten Ausstellungen der Welt. Hier findet man, was das Erbe jüdischer Religion ausmacht, darunter eine hölzerne deutsche Synagoge aus dem 18. Jahrhundert, eine Leihgabe der Stadt Bamberg. Im ethnographischen Teil begegnen orientalische Juden ihrer alten Kultur: festlichen Trachten, Schmuck… Da kann es sein, daß man eine Gruppe von Kurden trifft, die ihre alten Tänze gleich an Ort und Stelle vorführen. Auch eine Ausstellungsfläche ist da, die Künstlern gewidmet wurde, die während des NS-Regimes umkamen.

Archäologische Galerien präsentieren Funde aus prähistorischer Zeit ebenso wie solche aus islamischen Perioden. Die Büste des römischen Kaisers Hadrian, gefunden in Galiläa, erlangte Berühmtheit. Im Pavillon für ethnische Kunst wirft man einen Blick auf fernöstliche, afrikanische und südamerikanische Kunst. »Ein funkelndes Juwel« aber ist für Kollek der »Ruth-Jugendflügel«. Hier werden Kinder in Kursen und Sonderausstellungen mit dem Museum und seinen Kunstwerken vertraut gemacht. Eine Stätte geräuschvollen Lebens und Lernens…

Das Israel-Museum ist heute dreimal so groß wie 1965. Von Jahr zu Jahr wird eine Million Besucher gezählt. Mit Hilfe der Stifter und Freunde aus der ganzen Welt, auch ein deutscher Förderverein gehört dazu, konnte Teddy Kollek sein Ziel erreichen: »einen makellosen Grundstock von Kunstwerken und ein Museumsgebäude von Format«. 1990, zum 25jährigen Jubiläum des Museums, durfte er mit Genugtuung auf dieses Werk blicken, dem er als Aufsichtsratsvorsitzender von Anfang an verbunden ist. Und das Jubiläum festigte das Band nochmals: Er eröffnete eine Ausstellung mit 101 Zeichnungen von Marc Chagall, die dessen Tochter dem Museum überlassen hatte.

Der Künstler, mit dem Kollek befreundet war, hatte an der Entwicklung des Museums großen Anteil genommen. Seine Wandteppiche im nahen Gebäude der Knesset gehören zu seinen bedeutendsten Arbeiten. Hinter dem Raum im Israel-Museum, der die Chagall-Zeichnungen enthält, befindet sich ein weiterer mit »Neuerwerbungen«, die bei der gleichen Gelegenheit vorgestellt wurden. Teddy Kollek hatte den Kustoden des Museums erlaubt, Teile seiner privaten Sammlung zu übernehmen, wertvolle Vasen, Münzen und Keramik darunter. 20 alte Ansichten Jerusalems aus seinem Besitz kamen hinzu.

Wenn Kollek in sein kleines Büro kommt und mit seiner langjährigen Mitarbeiterin Shulamith Eisner die nächsten Aktivitäten bespricht, dann scheinen die Gewichte auf der Waage seines Lebens richtig verteilt zu sein. Auf der einen Seite der Bürgermeister, der täglich und stündlich anpackt, um die Probleme seiner Stadt zu lösen; auf der anderen der Mann, der die herausragende kulturelle Institution Israels geschaffen hat. Beide Aufgaben liegen ihm deshalb so sehr, weil sie ihm das Gefühl vermitteln, etwas Konkretes zu schaffen. So »interessant« könnte ein Kabinettsposten niemals für ihn sein…

In den knapp zwei Jahren, die Teddy Kolleks Verantwortung auf Westjerusalem beschränkten, bis der Sechs-Tage-Krieg 1967 den tiefen Einschnitt brachte, konnte der Bürgermeister sich bereits deutlich profilieren. Der israelische Historiker Howard M. Sachar spricht davon, daß Kolleks Erfolge bei der Verbesserung der Dienstleistungen in der Stadt, der Verschönerung mit Parks und Gärten, beim Museumsbau, der Hebung der Attraktivität Jerusalems für Touristen und Wohltäter allein ausgereicht hätten, ihm großes Ansehen zu sichern. Und doch war es eine bedrückende Zeit.

Jüdische Eltern konnten nichts anderes tun, als ihren Kindern aus der Ferne die Altstadt zu zeigen, wo in der Nähe der Kuppel des Felsendoms die Klagemauer sein mußte. Der einzige Übergang vom israelischen zum jordanischen Teil der Stadt, das weltbekannte »Mandelbaum-Tor«, blieb ihnen versperrt. Dort durften nur UNO-Personal, Geistliche und Diplomaten passieren, auch ausländische Touristen – diese aber nur in einer Richtung. Schließlich erhielten auch Christen aus Israel zu Weihnachten und Ostern Gelegenheit, ihre heiligen Stätten zu besuchen und wieder zurückzukehren. In Abständen durften

Das berühmte »Mandelbaum-Tor«, das von 1948–1967 der einzige Übergang vom israelischen zum jordanischen Teil Jerusalems war. Ein israelischer Konvoi passiert das Tor auf dem – gefährlichen – Weg zur israelischen Exklave auf dem Scopus-Berg.

Konvois zur israelischen Enklave auf dem Scopus-Berg durchfahren.

Im übrigen handelte es sich nicht um ein Tor, sondern um eine Straße mit einem Schlagbaum und einem Dach darüber, die in der Nähe eines Hauses angebracht waren, das einer Familie Mandelbaum gehört hatte. Formelle Kontakte zwischen Israel und Jordanien gab es an dieser Stelle nicht – bis auf die der Gesundheitsbehörden, die gegen streunende Hunde und Moskitos im Niemandsland gemeinsam vorgingen. Als Kollek eines Tages fotografiert wurde, wie er an der Grenzlinie mit dem Ostjerusalemer Gouverneur Anwar el-Khatib zusammenstand, hatte der Araber danach viel Ärger.

Die Entwicklung Ostjerusalems nach dem Krieg von 1948/49 fiel hinter der im jüdischen Teil der Stadt weit zurück. Zerstört lag das jüdische Viertel in der Altstadt, das lange Zeit von gläubigen Juden bewohnt war, die dort lebten, um zu beten und am Ölberg ihre letzte Ruhe zu finden. 8500 Juden hatten sich in dem Viertel auf engem Raum um die Synagogen und Religionsschulen geschart, als der Krieg ausbrach und sie von arabischen Truppen eingeschlossen wurden. Nach sechsmonatiger Verteidigung waren nur noch 1700 übrig geblieben. Sie gingen in Gefangenschaft. Nun war das Viertel ein wahrhaftes Niemandsland.

Aber aus den Dörfern der Umgebung Jerusalems strömten Flüchtlinge in die Stadt. Sie wurden zum Teil im verlassenen jüdischen Viertel untergebracht. In ganz Ostjerusalem herrschte drangvolle Enge: Auf jeden Wohnraum entfielen im Durchschnitt 2,4 Personen, in Westjerusalem nur 1,6. Die Versorgung mit Dienstleistungen war schlecht. Über 59% der Bewohner des Ostteils hatten kein fließendes Wasser, 30% keinen elektrischen Strom. Die Juden im anderen Teil verdienten pro Kopf viermal so viel wie die Araber, allerdings waren die Preise im Osten erheblich niedriger. Das Hauptproblem aber: Jordanien hatte wenig Interesse an der Stadt.

Noch immer nahm Ostjerusalem, was Banken, Handel und Import betraf, eine zentrale Position für das Westjordanland ein. Aber der Hauptsitz vieler Geschäfte wurde in die jordanische

Hauptstadt Amman verlegt. Sie wurde mehr und mehr bevorzugt, Jerusalem hatte keine Priorität. Was es an Regierungsämtern dort gegeben hatte, wurde in den fünfziger Jahren nach Amman verlegt. Die Autorität der Stadtverwaltung mit ihrem gewählten Stadtrat und dem von Jordanien bestimmten Bürgermeister wurde systematisch ausgehöhlt.

Immerhin wurde das Geschäfts- und Handelszentrum nahe der Salah-ed-Din-Straße zwischen dem Damaskus-Tor, der Amerikanischen Kolonie und Wadi Joz ausgebaut. In der Nähe des Tempelbergs, in den Vierteln Sheikh Jarrah und Abu Tor, entstanden neue Wohnbauten. Die Wirtschaft stützte sich hauptsächlich auf den Tourismus. 1966 wurden noch 600 000 Besucher in Ostjerusalem gezählt. Sie kamen hauptsächlich, um die heiligen Stätten zu sehen. Ihnen blieb aber meist verborgen, daß die Zahl der in der Stadt ansässigen Christen sich mehr und mehr verringerte – von 1948 bis 1961 um 62%.

Jordanien hatte ihren religiösen Institutionen in Jerusalem Autonomie zugestanden, die interne kommunale Selbstverwaltung und die personale Gerichtsbarkeit. Auch ein unabhängiges Schulsystem behielten sie. Dennoch wurden die Christen diskriminiert. Christliche Feste galten nicht als Feiertage. Am Freitag, dem muslimischen »Sonntag«, durften auch Christen nicht arbeiten. Schließlich war ihnen der Verkauf von Land verboten. Die Beschränkungen waren ein eindeutiger Verstoß gegen die UNO-Resolution vom 29. November 1947 – ebenso wie die Tatsache, daß Jordanien den Gläubigen aus Westjerusalem den Zugang zur Klagemauer versperrte.

Auch die Schulbildung in Ostjerusalem ließ viel zu wünschen übrig. Nur 68% der Bevölkerung konnten vor 1967 eine Grundschulausbildung abschließen. Ein Drittel blieb ohne diese Ausbildung – eine Zahl, die deshalb so hoch ist, weil fast die Hälfte der weiblichen Bevölkerung traditionell keine Schule besuchte. In Westjerusalem war die Analphabetenquote in dieser Zeit auf 14% gesunken. Wer im Osten zur Schule ging, fand in seinen Büchern zum Thema Juden nur Worte des Hasses, während in den jüdischen Schulbüchern die Araber fast ganz ignoriert wurden. Wege zum anderen waren nirgendwo zu erkennen.

Den Menschen an der Schnittstelle dieser beiden Welten blieb nichts anderes übrig, als das Beste aus ihrem Alltag zu machen – hüben und drüben. Der jordanische König hatte Ostjerusalem zugunsten der Hauptstadt Amman ins politische Abseits gedrängt. Westjerusalem dagegen brauchte sich mit einer solchen politischen Randlage nicht zu begnügen. Das mußte seine Entwicklung fast automatisch voranbringen. Die jüdische Neustadt war Sitz der Regierung, des Parlaments und des Obersten Gerichtshofs, Zentrum der wissenschaftlichen Lehre und Forschung, Stadt der Kongresse und Ausstellungen.

Nicht nur die dafür nötigen Gebäude prägten das Stadtbild. Schulen, Einkaufszentren, Schwimmbäder, Kliniken, Theater und Konzertsäle gehörten ebenso dazu; allesamt gebaut aus gelblich-grauem Stein, der für diese Gegend von altersher typisch ist. Der aufstrebende Staat Israel symbolisierte sich in diesem Teil Jerusalems als seiner Hauptstadt. Die repräsentativen Bauten erweckten den Eindruck des Dauerhaften, ja Endgültigen. Anders als in Deutschland nach 1949 hatte die Hauptstadt hier keinen provisorischen Charakter. Sie war und blieb für die Juden immer die einzig denkbare Hauptstadt des Volkes, in welchen Teil Jerusalems sie den Fuß auch setzen konnten.

Um von der geteilten Stadt aus Israel regieren zu können, brauchten Politik und Verwaltung wenigstens bis zu einem gewissen Grad normale Verhältnisse. Das war im politischen Alltag auch der Fall. Aber niemand durfte sich der Illusion hingeben, als sei da nicht noch eine zweite, weit weniger normale Ebene der staatlichen Existenz. Die Schüsse an der Altstadtmauer erinnerten nachdrücklich daran. Die arabische Umwelt hatte sich keineswegs mit dem Wunsch der Israeli nach Normalität in dieser Weltregion abgefunden.

Goldenes Jerusalem

Im selben Jahr, in dem Teddy Kollek sein Amt in Jerusalem antrat, 1965, begann der palästinensische Widerstand. Die Fatah, eine der Gruppen, die Israel mit Gewalt aus Palästina vertreiben wollte, unternahm eine erste bewaffnete Aktion gegen ein israelisches Ziel. Es war jene Organisation, die vier Jahre später an die Spitze der PLO rückte und die »Hausmacht« Yassir Arafats wurde. Die PLO selbst war schon 1964 von der arabischen Gipfelkonferenz in Kairo ins Leben gerufen worden. Sie hatte noch im selben Jahr einen ersten Kongreß des »palästinensischen Nationalrats« nach Jerusalem einberufen. Dabei wurde eine Nationalcharta verabschiedet.

Als Ziel der PLO war darin die Befreiung Palästinas genannt, jedoch blieb noch unklar, mit welcher Strategie das erreicht werden sollte. Erst nach der arabischen Niederlage im Sechs-Tage-Krieg 1967 wurde die Charta erweitert, und es hieß dann: »Der bewaffnete Kampf ist der einzige Weg zur Befreiung Palästinas.« Und an anderer Stelle: »Kommando-Aktionen stehen im Mittelpunkt des palästinensischen Volkskriegs zur Befreiung.« Mit dem Entstehen einzelner Widerstandsgruppen, noch deutlicher dann nach der Gründung der PLO, war zum erstenmal eine Art palästinensischer Identität zu erkennen.

Aber erst 1974, zehn Jahre nach der Gründung, erklärten die arabischen Staaten die PLO zur einzigen legitimen Vertretung der Palästinenser. 1964 konnte ein Mann wie Gamal Abdel Nasser, der ägyptische Präsident, noch hoffen, den palästinensischen Widerstand unter seiner Kontrolle zu halten. Jedenfalls war das bei der Gründung der PLO sein Ziel. Damals hatte Nasser kein Interesse an einer militärischen Konfrontation mit Israel. Den Zeitpunkt dafür wollte er bestimmen. Er konnte nicht wissen, daß er den nächsten Krieg verlieren und damit die PLO aufwerten würde. Seit der Suez-Krise von 1965 hatte dieser Mann, der sich als Führer der arabischen Nation sah, vorsichtig gegenüber Israel taktiert.

Nasser war der Meinung, die arabischen Staaten sollten sich so lange zurückhalten, bis sie fähig seien, einen Krieg gegen Israel militärisch zu gewinnen. Er wußte, daß die Rivalitäten innerhalb der arabischen Welt koordinierten Anstrengungen entgegenstanden. Doch 1967 hielt er die Zeit für gekommen, um seine große Popularität und seine panarabischen Ansprüche in die Waagschale zu werfen und einen Krieg ins Auge zu fassen.

Es müsse allerdings, so ließ er die anderen arabischen Führer wissen, zu arabischen Bedingungen geschehen, nicht zu israelischen.

Teddy Kollek war im Mai 1967 gerade dabei, die Feierlichkeiten für den Unabhängigkeitstag vorzubereiten, und dachte nicht im geringsten an einen Krieg. So ging es anderen in Israel auch. Abba Eban schreibt über die Stimmung in jenen Tagen: »Anfang Mai 1967 rechnete man in Israel wie im Westen damit, daß sich die seit einem Jahrzehnt beobachtete ›labile Stabilität‹ auf unbestimmte Zeit fortsetzen werde. An drei Waffenstillstandslinien herrschten relativ friedliche Zustände. Und die von Syrien aus gesteuerten Terroristenüberfälle konnten durch wachsame Verteidigung, in schweren Fällen auch durch kleinere Vergeltungsmaßnahmen in Grenzen gehalten werden.«

Es hätte damals den Anschein gehabt, meint Eban, daß zweierlei im höchsten Maß unwahrscheinlich sei: »Frieden – und Krieg«. Dennoch: innerhalb von drei Wochen änderte sich die Lage von Grund auf. Genau an dem Tag, an dem die Feiern zum Unabhängigkeitstag begannen und das neu komponierte Lied »Jerusalem – the Golden« intoniert wurde, erhielt der israelische Generalstab erste Nachrichten von ägyptischen Truppenkonzentrationen auf der Sinai-Halbinsel. Kollek wußte, was das für den Bürgermeister bedeutete.

Über jene dramatischen Wochen im Mai 1967 ist bekannt, daß Nasser vom sowjetischen Geheimdienst darüber informiert worden war, daß Israel an der Grenze zu Syrien Truppen zusammenziehe und in das Land einzumarschieren beabsichtige. Da Ägypten und Syrien ein gegenseitiges Verteidigungsabkommen hatten, glaubte Nasser offenbar, Israel von einem Angriff abhalten zu sollen. Daher veranlaßte er die UNO-Truppen auf der Sinai-Halbinsel zum Abzug und marschierte dort ein. Doch die Information der Sowjets war, wie sich später herausstellte, eine Falschmeldung. Nasser schlitterte in den Krieg...

Doch ganz ungelegen kam ihm ein Schlag gegen Israel nicht. Gerade zu diesem Zeitpunkt erschien es ihm vorteilhaft, von den inneren Problemen Ägyptens ablenken zu können. Und würden die anderen arabischen Staaten sich jetzt nicht um ihn scharen? Zwar hatte er sich die umgekehrte Reihenfolge vorgestellt: erst die Einigung und dann den Kampf! Und seine Armeen waren auch noch nicht so kampfstark, wie er es sich gewünscht hatte. Doch so, wie er die Lage einschätzte, konnte er jedenfalls die Initiative in der Hand behalten. Sein nächster Schritt: Er kündigte die Sperrung des Golfs von Akaba am Roten Meer an.

Mit dieser Aktion gegen die israelische Schiffahrt stieg die Spannung weiter. In einer Ansprache verkündete Nasser das Ziel: die Zerstörung Israels durch einen umfassenden Krieg. Während Israel scharf gegen die Völkerrechtsverletzung protestierte, enthielten die Westmächte und die UNO sich jeder Intervention. Syrien, mit Ägypten eng verbunden, bereitete sich auf ein militärisches Eingreifen vor. Jordanien und der Irak folgten. Auch Algerien, Marokko, Kuwait und Saudi-Arabien stellten Truppen bereit. Israel war isoliert. Seine Chance, das war der Führung klar, blieb allein ein militärischer Überraschungsschlag.

Das Land bereitete sich auf den Krieg vor. In Jerusalem ließ Teddy Kollek Schutzgräben ausheben und Bunker bauen. Lebensmittelvorräte wurden beschafft und von Freiwilligen auf Vorratslager in der Stadt verteilt. Ausweichquartiere für die Bewohner grenznaher Gebiete standen bereit. In Zisternen wurde Wasser gesammelt. Tausende spendeten Blut für den Notfall. Die Mitarbeiter des Israel-Museums brachten die Kunstschätze in den Keller. Nacht für Nacht fuhr Kollek in der Stadt umher, um den Fortgang der Arbeiten zu kontrollieren. Ihm fiel die gute Haltung der Bevölkerung auf, die überall mit anpackte.

Die Talmudschulen hatten mit dem Zionismus nichts im Sinn, und doch griffen ihre Schüler mit zu. Kollek beobachtete sie, wie sie fleißig Sandsäcke füllten. Mit ihnen wurden die Fenster verbarrikadiert. Aber war das alles wirklich nötig? Durfte man nicht damit rechnen, daß Jerusalem vom Krieg verschont blieb? Wer konnte ein Interesse daran haben, die heilige Stadt zu zerstören? Das Warten auf die Entscheidung kam allen wie eine Ewigkeit vor. Am Montag, dem 5. Juni 1967, saß der Bürgermeister nach der üblichen Kontrollfahrt durch die Stadt an seinem Schreibtisch, als ihn die Nachricht erreichte: Krieg!

161

Israel griff ägyptische Ziele an. Kurz darauf begannen auch Syrien und Jordanien mit den Kriegshandlungen. In Jerusalem wußte niemand, daß die israelische Regierung König Hussein von Jordanien über Vermittler eine Botschaft übersandt hatte, in der ihm versichert wurde, daß die israelisch-jordanische Grenze nicht angetastet würde, wenn Jordanien nicht in den Krieg eintrete. Würde Hussein es wagen, das jüdische Jerusalem anzugreifen und den Gegenschlag auf den jordanischen Teil der Stadt zu riskieren? Die Antwort kam umgehend: Um 10.45 Uhr schlugen die ersten Granaten in Wohngebieten Westjerusalems ein.

Fünfzig Stunden dauerte die wahllose Beschießung der Neustadt. Städtische Krankenhäuser, die Residenz des Ministerpräsidenten und das Israel-Museum wurden getroffen. Teddy Kollek fuhr los, um Schutzraum für Schutzraum aufzusuchen und sich von der Stimmung der Bevölkerung ein Bild zu machen. Über den Rundfunk konnte er sich nicht an die Jerusalemer wenden, da die Armee Funkstille angeordnet hatte. So blieb der Äther den unablässigen Siegesmeldungen der Araber überlassen. Mit der Wahrheit hatten sie allerdings nichts zu tun, denn noch am Montagvormittag war die gesamte ägyptische Luftwaffe von den Israeli vernichtet worden.

Schwere Kämpfe entwickelten sich in der Nähe des Rathauses. Kollek setzte sich mit einigen Journalisten wieder ins Auto und fuhr zu den Eltern von Kindern, die nicht mehr rechtzeitig ihre Schule hatten verlassen können. Der Wagen wurde unterwegs von mehreren Kugeln getroffen, doch kam niemand zu Schaden. Den Eltern konnte die Nachricht überbracht werden, daß ihren Kindern nichts passiert sei. Dann ging es wieder zurück zur Schule, um die Kinder wiederum vom Wohlergehen der Eltern zu informieren. Später fragte sich Kollek, ob sein Verhalten als Bürgermeister – unter Beschuß hin- und herzujagen – nicht absurd gewesen sei.

»Die Wahrheit ist jedoch«, so erinnert er sich, »daß ich nichts besseres zu tun hatte, und ich meine auch heute noch, daß es wesentlich konstruktiver war, einen persönlichen Beitrag zur Aufrechterhaltung der Ruhe in der Stadt zu leisten, als am

Schreibtisch zu sitzen und bedeutend zu wirken.« Israel hatte sich mit einem Gegenschlag in Jerusalem noch zurückgehalten, bis die Ziele Jordaniens besser zu erkennen waren. Inzwischen wurde in den Vorräumen der Knesset heftig darüber diskutiert, ob Israel Ostjerusalem besetzen sollte. Eine Frage von großer politischer Tragweite, wie jedermann wußte.

Jordanien ließ die Israeli nicht lange im unklaren. Deren Militärs mußten nun handeln – und sie taten es mit dem Ziel, Ostjerusalem zu erobern. Der israelische Gegenangriff begann, als sichtbar wurde, daß jordanische Truppen die nur schwach besetzte israelische Enklave auf dem Scopus-Berg nordöstlich der Altstadt angreifen würden. Andere jordanische Einheiten drangen in die entmilitarisierte Zone im Süden Jerusalems ein und besetzten auf einem Hügel das Gebäude, in dem einst der britische Hochkommissar residiert hatte. Jetzt waren Mitarbeiter der UNO dort untergebracht. Unter Protest verließen sie das Gelände. Der Süden der Stadt war nun bedroht.

Daraufhin traten Reservisten der israelischen Jerusalem-Brigade zum Angriff an und erstürmten binnen kurzem den Hügel. Auf dem Westufer des Jordans waren starke Infanterie- und Panzerverbände Jordaniens zusammengezogen worden, eine irakische Infanteriedivison wartete auf der anderen Seite des Flusses. Die Israeli mußten Verstärkung herbeiholen. Am Montagnachmittag stürmten ihre Panzer die erste stark befestigte Hügelstellung der Jordanier westlich von Jerusalem. Pioniere räumten die Minenfelder an den Hängen mit Spaten und Messern, wobei sie schwere Verluste erlitten. Aber die Panzer konnten weiter vordringen und den Hügel schließlich einnehmen.

Einer zusätzlich herangeführten israelischen Fallschirmjägerbrigade gelang es, sich von Westjerusalem durch die nördlichen Vorstädte des jordanischen Teils vorzukämpfen. Am frühen Dienstagmorgen trat sie erneut zum Angriff an, um den Durchbruch zur Altstadt einzuleiten. Was dann geschah, gehört zu den blutigsten Kämpfen dieses Krieges. Der Schauplatz des Geschehens, der »Munitionshügel«, ist noch heute zu besichtigen – ein Denkmal für die 183 dort gefallenen Fallschirmjäger. Ziel der israelischen Operation war ein hochgelegenes Gelände mit der jordanischen Polizeischule und dem angrenzenden »Munitionshügel«.

Beides war, militärisch gesehen, der Schlüssel zur Altstadt. Also hatten die Jordanier das Gelände besonders stark befestigt. Wabenartig zogen sich Schützengräben und Einzelposten durch den Hügel. Bunker beherrschten alle Zugänge. Einheiten der Jerusalem-Brigade hatten die erste israelische Linie 70 Meter entfernt gehalten, doch erst die Fallschirmjäger konnten einen Frontalangriff wagen. Ein Zeitzeuge – Moshe Pearlman – beschreibt das dramatische Geschehen: »Plötzlich schlugen sie los und stürmten kühn und völlig ungedeckt gegen die Polizeischule; ihre Silhouetten waren im Feuerschein gut zu sehen. Viele wurden schon im Anlauf auf das feindliche Minenfeld niedergemäht und noch mehr Opfer der Minen.

Die überlebenden Verwundeten wurden in gewagten Rettungsaktionen zurückgetragen. Der Rest drängte weiter, jetzt unterstützt von der eigenen Artillerie und dem Feuer der Reservepanzer in den hintersten Linien, die wegen der Minenfelder noch nicht näher heranrücken konnten. Das feindliche Feuer verstärkte sich, aber die Fallschirmjäger ließen sich nicht irritieren, sie erkämpften sich ihren Weg durch fünf Stacheldrahtzäune und Minensperren, bis sie, voll eingesehen, die erste befestigte Stellung der Arabischen Legion erreichten. Die erste Postenkette wurde erstürmt.

Einige Fallschirmjäger drangen in das Gebäude selbst ein, andere sprangen in das Netzwerk der Schutzgräben, und in den nächsten Stunden gab es überall heftige Mann-gegen-Mann-Kämpfe, in den Gräben, Zimmern, Bunkern, auf den Dächern. Kein befestigter Posten konnte ausgelassen werden, um jeden wurde erbittert gekämpft. Diese blutigen Kämpfe dauerten, bis um sieben Uhr morgens das Gelände der Polizeischule und des ›Munitionshügels‹ in israelischer Hand waren.«

In weiteren schweren Gefechten mit den sich tapfer wehrenden jordanischen Truppen wurden die nördlichen Vorstädte eingenommen, und im Morgengrauen des Mittwochs – am 7. Juni 1967 – war Jerusalem von israelischen Streitkräften praktisch umstellt. Die gegnerischen Stellungen am Auguste-Victoria-Hospital zwischen Scopus-Berg und Ölberg konnten kurz darauf auch eingenommen werden, und damit war der Weg zur Altstadt frei. Oben, vom Ölberg aus, öffnete sich den israelischen Soldaten der weite Blick auf den Tempelberg mit den glänzenden Kuppeln des Felsendoms und der Al-Aqsa-Moschee.

Folgen wir wieder Moshe Pearlman: »Der Brigadekommandeur (Oberst Mordechai Gur, Anm. d. Verf.) stand neben seinem Kommandowagen vor dem Hotel Intercontinental auf dem Ölberg. Vor ihm lagen die beiden Hälften Jerusalems, und in seinen Augen waren sie schon wiedervereinigt. Dann nahm er das Mikrophon in die Hand und gab über den Sender die letzte Angriffsanweisung an ›alle Bataillonskommandeure‹: ›Tempelberg, Westmauer und Altstadt. Zweitausend Jahre lang hat das jüdische Volk für diesen Augenblick gebetet. Auf zum Sieg! Laßt uns vorrücken – zum Sieg‹. Alle rückten gegen die Altstadt vor, jedes Bataillon wollte das erste sein. Sie mieden die heiligen Stätten, keine wurde getroffen.«

Um 9.50 Uhr konnte Gur dem Oberkommando melden, »der Tempelberg ist unser«. In den engen Gassen der Altstadt wurde immer noch geschossen. Eine Fallschirmjägereinheit erreichte als erste die Klagemauer. Tief gerührt traten die Soldaten an die Mauer, um sie zu berühren und zu küssen. Jerusalem war wiedervereinigt. Es war der dritte Tag des Krieges. An den anderen Fronten wurde weitergekämpft. Aber nicht mehr lange: Am vierten Tag stimmte Ägypten einem Waffenstillstand zu, am sechsten Syrien.

Während der schicksalhaften drei Tage hatte Teddy Kollek weder die Zeit noch die Kraft, sich über das Geschehen tiefreichende Gedanken zu machen. Er war schon vor dem Krieg nächtelang auf den Beinen gewesen, um alle Vorkehrungen zu überprüfen. Und als dann der Krieg da war, ging es so weiter. »Es gab einen Zeitpunkt«, so erinnert er sich, »wo ich vor Müdigkeit nervlich so überdreht war, daß ich einfach keine Ruhe finden konnte. Ich schaute immer wieder ins Rathaus hinein, doch zwischendurch besuchte ich das Zentralkommando und kletterte Beobachtungsstände hinauf, um die Beschießung zu beobachten.

Ich sah unsere Fallschirmjäger in den jordanischen Teil der Stadt eindringen und wurde später Zeuge der traurigen Szene, wie Gefallene zurückgebracht wurden. Ich rotierte immer weiter: noch einen Schutzunterstand, noch eine Behelfsunterkunft für Evakuierte. Nach Hause ging ich so gut wie überhaupt nicht… Einmal hatte ich 60 Stunden hintereinander nicht geschlafen, und gegen Ende des Krieges schlief ich in meinem Arbeitszimmer ein paarmal ein.« Doch der Bürgermeister wußte natürlich, daß er sich vom Tag der Vereinigung der Stadt an erst recht keine Ruhe gönnen konnte. Wieder stand er an einem Wendepunkt!

Den Krieg hatte Israel nach sechs Tagen glänzend gewonnen. Dabei war ihm strategisch zugute gekommen, daß die Araber eben nicht so geschlossen handelten, wie der Ägypter Gamal Abdel Nasser es für erforderlich gehalten hatte. So vermied Israel den gleichzeitigen Mehrfrontenkrieg. Am Ende hatte es die Sinai-Halbinsel mit dem Gaza-Streifen besetzt, das Land am Westufer des Jordans und die Golan-Höhen. Die Karte des Nahen Ostens hatte sich gründlich verändert und damit die Position Israels. Es war nun nicht mehr so verwundbar wie 1949, als die Waffenstillstandslinien gezogen wurden.

Mit den besetzten Gebieten hatte Israel jetzt mehr strategische Tiefe und konnte sich daher etwas sicherer fühlen. Von den Bergen Judäas schoß keine jordanische Artillerie mehr herüber, Widerstandsgruppen hatten es schwer, dicht bevölkerte Gegenden zu überfallen. Im Norden konnten die Kibbuzniks, z.B. in Ein Gev, jetzt ruhiger leben: Die Syrer schossen nicht mehr von den Golan-Höhen herab. Die Besetzung der Sinai-Halbinsel schließlich erhöhte die Vorwarnzeit gegenüber Israels unangenehmstem Gegner: Ägypten.

Eine politische Trumpfkarte hatte Israel außerdem in der Hand. Es konnte »Land gegen Frieden« tauschen. Und tatsächlich war Israel nach dem Krieg bereit, darüber zu verhandeln – allerdings nicht über Jerusalem und die Golan-Höhen. Die arabischen Staaten lehnten das jedoch ab. Diese Chance wurde für unabsehbare Zeit vertan. Nach dem Sieg hatten viele Israeli geglaubt, der Friede rücke nun in greifbare Nähe. Teddy Kollek berichtet von einem Essen mit Freunden in seiner Wohnung am Tag nach der Einnahme Ostjerusalems. Da seien alle optimistisch gewesen. Nur einer nicht – der anwesende David Ben Gurion. Sein Kommentar: »Das ist noch nicht das Ende des Krieges...« Wieder einmal sollte er recht behalten. Eine so schnelle Niederlage mußte den Stolz und die Ehre der Araber empfindlich treffen und alte Wunden noch vergrößern. Welches Ausmaß dieser Schock hatte, wurde am Schicksal Nassers besonders deutlich. Er war vom Podest des einflußreichsten arabischen Nationalisten, der den stärksten arabischen Staat führte, hinabgestoßen worden – ein geschlagener Mann. Seine Demütigung und die der arabischen Welt konnten nur den Haß fördern, nicht aber Friedensbereitschaft. Nicht viel später gaben die arabischen Führer auf der Konferenz von Khartum ihre Antwort: kein Frieden mit Israel, keine Anerkennung, keine Verhandlungen...

Dennoch markiert das Jahr 1967 tiefgreifende Veränderungen. Mit dem Sechs-Tage-Krieg betraten die Supermächte die Bühne des Konflikts. Die USA wurden Israels wichtigster Waffenlieferant, und die Sowjetunion begann, Ägypten wiederaufzurüsten. Gleichzeitig rückte die Position der Palästinenser in ein neues Licht. Die Besetzung des Westjordanlands und des Gaza-Streifens durch Israel gab ihren »legitimen Rechten« nun ein anderes Gewicht. In den Augen der Weltöffentlichkeit schienen Selbstbestimmungsrecht einerseits und Anerkennung der Existenz Israels gleiches Gewicht zu haben.

Seinen Ausdruck fand das in der Resolution 242, die der UNO-Sicherheitsrat 1967 einstimmig verabschiedete. Darin wurden alle künftigen Friedensinitiativen an den Rückzug der Israeli von den besetzten Gebieten, die Anerkennung der Souveränität, die territoriale Integrität und die politische Unabhängigkeit jedes Staates in der Region sowie an das Recht gebunden, in Frieden mit sicheren und anerkannten Grenzen – frei von Bedrohung – zu leben. Dem Sicherheitsrat unterlief dabei ein folgenschwerer Fehler: Er sprach nur von der Notwendigkeit einer »gerechten Regelung des Flüchtlingsproblems«, nicht von weitergehenden Rechten der Palästinenser.

Die UNO-Initiative änderte an der fortbestehenden Konfrontation in der Region nichts. Der palästinensische Widerstand äußerte sich intensiver und ließ sich immer weniger an die Zügel arabischer Staaten legen. Nasser versuchte, moralisches Terrain zurückzugewinnen, indem er Israel in einen Abnutzungskrieg am Suez-Kanal verwickelte. Erst 1970 kam es zu einer Waffenruhe. Doch der Schwebezustand zwischen Krieg und Frieden änderte sich nicht. Als Nasser im selben Jahr starb, ahnte niemand, daß sein Nachfolger Anwar Al-Sadat sich auf die Seite des Friedens schlagen würde.

Mauern fallen

Wie immer in Augenblicken von historischer Bedeutung haben es die Menschen schwer, die volle Tragweite der Ereignisse zu begreifen. Sie sind mit den Herzen oft mehr bei der Sache als mit dem Kopf. So ging es auch Teddy Kollek an dem Tag, als Ostjerusalem von den israelischen Truppen eingenommen wurde. Doch seine Stimmung war an jenem Mittwoch so ganz anders als die Ruhi el-Khatibs, des Bürgermeisters von Ostjerusalem. Beide lernten sich am Nachmittag in der Halle des Ambassador-Hotels im eroberten Teil der Stadt kennen. Der Araber machte auf Kollek einen geradezu verstörten Eindruck. Er war erschüttert.
Später wurde bekannt, daß sich Khatib vor Landsleuten damit gebrüstet hatte, er werde sie 48 Stunden nach Kriegsbeginn zu einem Drink ins Hilton-Hotel nach Tel Aviv einladen. Statt dessen wurde er Zeuge der schweren Niederlage Jordaniens in seinem Teil der Stadt. Der Bürgermeister von der westlichen Seite war bei ihrer Begegnung fair genug, Verständnis dafür aufzubringen, daß Khatib nun aus der Fassung gebracht war. Beliebt war dieser nicht bei den Bewohnern Ostjerusalems, weil sie ihn für die Vernachlässigung der Stadt durch Amman mitverantwortlich machten. Jetzt hatte das Blatt sich gewendet.
Noch am selben Tag wurden im Rathaus an der Jaffa-Raod in Westjerusalem die ersten Vorbereitungen für die Aufgabe getroffen, 65000 Menschen mehr als bisher zu versorgen. Am nächsten Morgen begann eine fieberhafte Aktivität. Zuerst muß-

Orthodoxe Juden aus dem nahen Mea Shearim sahen zu, als nach dem Sechs-Tage-Krieg 1967 die Mauern niedergerissen wurden, die Jerusalem so lange teilten.

ten die Toten bestattet werden, Juden und Araber. 654 wurden gefunden. Dann verteilten Kolleks Mitarbeiter im Ostteil der Stadt frische Milch und Wasser. Später wurde die Wasserleitung an diejenige Westjerusalems angeschlossen. Die Stromleitungen waren zu reparieren, und die Straßen zu reinigen. Auch in Westjerusalem mußte aufgeräumt werden: 1000 Wohnungen waren zerstört.

Die trennenden Mauern in Jerusalem fielen am 29. Juni 1967, drei Wochen nach der Einnahme des arabischen Stadtteils. Eine Zeit der Improvisation und der raschen Entscheidungen lag davor. Überall in Westjerusalem hatte man die freudige Erwartung gespürt, wieder an der Klagemauer beten zu dürfen. Für eine große Menschenmenge aber gab es dafür keinen Platz vor der Mauer. Das Moghrabi-Viertel, eine slumähnliche Ansiedlung ursprünglich marokkanischer Araber, reichte bis dicht an sie heran. Bis 1948 hatten die Juden deshalb stets zu wenig Platz an ihrer heiligen Stätte. Nun entschied Kollek, das Quartier ab-

Sofort nachdem Jerusalem im Sechs-Tage-Krieg von 1967 wiederver-
einigt worden war, strömten die Juden zur Klagemauer, um dort nach
fast zwanzigjähriger Unterbrechung wieder zu beten.

reißen zu lassen. Innerhalb von zwei Tagen war das geschehen.
Eine provisorische Straße, die um die arabische Altstadt herum-
führte, wurde ebenso schnell gebaut. Und so konnten bereits
eine Woche nach der Vereinigung der Stadt 200 000 Menschen
anläßlich des jüdischen Offenbarungsfestes zur Westmauer des
Tempelbergs pilgern. Die Bewohner des alten Moghrabi-Viertels
waren in andere Teile der Stadt umgesiedelt worden, doch
hinterließ die Abrißaktion bei den Arabern der Stadt bittere
Gefühle.
Inzwischen waren Mitarbeiter der israelischen Stadtverwaltung
nach Ostjerusalem hinübergefahren und hatten in der dortigen
Verwaltung die Arbeit aufgenommen. Mancher von ihnen traf
dort alte Bekannte aus der Mandatszeit wieder, und so gab es
eine freundliche Begrüßung. Drüben in Westjerusalem aber
machte der Bürgermeister sich Sorgen, was geschehen werde,
wenn die zu der Zeit noch bestehenden Grenzkontrollen zwischen den Stadtteilen plötzlich aufgehoben würden. Würde sich

dann nicht beiderseitiger Haß entladen? Verteidigungsminister Moshe Dayan war ganz anderer Meinung, und Kollek ließ sich schließlich überzeugen. Als dann der Morgen des 29. Juni kam, wurden die Mauern gesprengt, die Kontrollpunkte beseitigt. Das »Mandelbaum-Tor« hatte ausgedient.

Teddy Kollek erinnert sich: »Noch während wir bei der Arbeit waren, vollzogen sich in beiden Sektoren der Stadt Entwicklungen, die ans Wunderbare grenzten… Juden wie Araber bewegten sich ungehindert und mehr von Neugier getrieben als von Groll oder Haß durch die wiedervereinigte Stadt. Zuerst überschritten nur ein paar wenige zögernd und zaghaft die ehemaligen Grenzen… Dann am Nachmittag… setzte ein ungeheurer Zustrom von Menschen ein. Viele Juden hatten Angst davor gehabt. Manche hatten gefürchtet, daß Familien mit halbwüchsigen Töchtern wegen der Araber nicht mehr in Jerusalem leben könnten… Nichts von alledem trat ein.«

Amüsiert berichtete damals der israelische Journalist Gavriel Stern, ein alter Anhänger jüdisch-arabischer Verständigung, wie wohlhabende Araberinnen nichts Eiligeres zu tun hatten, als sich bei Friseuren in Westjerusalem anzumelden, während Israeli sogleich in Ostjerusalem auf die Suche nach Glas aus Hebron, Teppichen aus Gaza und armenischer Keramik gingen. Araber, die einst im Westen gewohnt hatten, klopften an die Türen der neuen Besitzer, um sich mit ihnen zu unterhalten. Juden gingen hinüber in die Altstadt, um nach ihren alten Wohnstätten im jüdischen Viertel zu sehen. Nicht wenige glaubten, am Beginn dauerhafter Verständigung zu stehen.

Aber dieser Augenblick blieb einzigartig in der Geschichte der israelisch-arabischen Beziehungen. Was immer an gutem Willen von der israelischen Stadtverwaltung unter Kolleks Führung aufgeboten werden würde – und das war wahrhaftig nicht wenig –, die Tatsache ließ sich nicht leugnen, daß die Araber Jerusalems unter fremder Herrschaft leben mußten. Sie erinnerten sich zwar nicht gerade freudig an die 19 Jahre unter der Fuchtel König Husseins von Jordanien. Aber er war doch einer der ihren an der Spitze – wie seit 100 Jahren!

Teddy Kollek führt den ehemaligen Ministerpräsidenten David Ben
Gurion kurz nach dem Sechs-Tage-Krieg 1967 über den »Deutschen
Platz« im zerstörten jüdischen Viertel der Altstadt von Jerusalem.
Hier hatten sich um das Jahr 1000 deutsche Juden angesiedelt.

172

Mit der ersten, die verschiedenen Wohnviertel Jerusalems über-
greifenden Verwaltung hatte es 1863 angefangen. Damals gab es
unter der Herrschaft der Osmanen, die selbst Muslime waren,
einen Stadtrat aus drei Muslimen, einem Christen und einem
Juden. Einer der Muslime war Bürgermeister. Die Juden
machten da schon die Hälfte der Bevölkerung der Stadt aus.
Doch auch noch dann, als 1892 bereits knapp 62% der Einwohner Juden waren, blieb ein Muslim an der Spitze der Verwaltung. Mit den britischen Eroberern nahmen 1917 zum
erstenmal seit der Kreuzfahrerzeit Christen das Heft in Jerusalem in die Hand.
Bürgermeister aber blieb ein Muslim. Christen und Juden durften je einen Stellvertreter benennen. Und so blieb es bis 1944. Die
ständigen Proteste der Juden führten lediglich zu einer leichten
Verschiebung im Stadtrat zu ihren Gunsten, nicht aber an der
Spitze. Jerusalem war 1918 Verwaltungshauptstadt ganz Palästinas geworden, und so wurde der Streit um die Kontrolle der
Stadtverwaltung auch zu einem Teil des umfassenderen Konflikts zwischen Juden und Arabern. Die arabische Elite Jerusalems beharrte auf der Kontrolle der Stadt, weil sie behauptete,
die ganze islamische Welt zu repräsentieren.

Der Tempelberg in Jerusalem mit dem Felsendom um das Jahr 1921.

Des ständigen Ärgers überdrüssig, beriefen die Briten zwischen 1944 und 1948 überhaupt keinen Bürgermeister mehr, sondern ließen die Stadt von drei britischen Beamten leiten. Die arabischen Muslime dachten natürlich nicht daran, ihren Anspruch aufzugeben. Schließlich sei ihre Kontrolle der Stadt, so argumentierten sie, jahrhundertelang von Juden und Christen akzeptiert und deren Rechte geschützt worden. Und nun, im Jahr 1967, erlebten sie, daß eine fremde Macht sich um diese Vorgeschichte nicht im geringsten kümmerte: Drei Wochen nach dem Fall wurden Bürgermeister und Stadträte Ostjerusalems ihrer Ämter enthoben…

Daß die UNO sich dem Anspruch Israels auf Jerusalem schon mehrfach in den Weg gestellt hatte, konnte den Jerusalemer Arabern kaum Hoffnung machen. In der Teilungsresolution von 1947 war für Jerusalem ein völkerrechtlicher Sonderstatus mit internationaler Kontrolle vorgesehen gewesen. Dennoch wurde Westjerusalem israelische Hauptstadt. Am 4. Juli 1967 erklärte die UNO-Generalversammlung alle Maßnahmen Israels, die den Status Jerusalems änderten, für ungültig. Und die meisten ausländischen Botschaften blieben auch in Tel Aviv. Inzwischen liegen etwa zwei Dutzend Resolutionen zu diesem Thema in den Archiven, doch Israel ließ sich auf keine Diskussion ein.

Zwei Tage vor der Öffnung der innerstädtischen Grenzen in der Stadt verabschiedete die Knesset drei Gesetze: Eines legte die praktische Einbeziehung Ostjerusalems in den Staat Israel fest. Das zweite regelte eine Vergrößerung des Stadtgebiets, und das dritte sicherte den Schutz und den freien Zugang zu den heiligen Stätten. Eine formelle Annexion wurde zu diesem Zeitpunkt zwar vermieden – sie folgte erst 1980 –, doch mit diesem Gesetzesrahmen konnte und sollte die ganze Stadt nun verwaltet werden. Alle folgenden humanitären Maßnahmen oder Dienstleistungen für Ostjerusalem sollten also auch deutlich machen, daß Israel dort zu bleiben beabsichtigte.

Die Staatsbürger des Haschemitischen Königreichs erhielten, soweit sie in Jerusalem lebten, nicht automatisch die israelische Staatsbürgerschaft, wie jene Palästinenser, die 1948/49 ihren Wohnsitz im Staatsgebiet Israels hatten. Die Jerusalemer Araber konnten sich einbürgern lassen, brauchten es aber nicht zu tun. Die meisten verzichteten darauf und begnügten sich mit einer israelischen Kennkarte. An Gemeindewahlen in Jerusalem dürfen sie alle teilnehmen, nicht aber an Parlamentswahlen. Sie können sich auch politisch organisieren. Für alle gilt israelisches Recht. Auch eigene Zeitungen besitzen sie.

Es war vernünftig, daß Teddy Kollek sogleich versuchte, ehemalige arabische Stadträte als Berater der israelischen Verwaltung zu gewinnen. Mit ihnen wünschte er sich soviel Zusammenarbeit wie möglich, um ihre Erfahrung und ihren guten Willen für Jerusalem zu nutzen. Das Innenministerium ging weiter und wollte diese Männer sogar zu offiziellen Stadträten ernennen – in der Hoffnung, sie würden damit die Souveränität Israels anerkennen. Aber die Araber wollten von Anfang an gerade das vermeiden und sagten ab. Auch Kolleks nicht so weitgehendem Vorschlag folgten sie nicht.

So wurden schon zu Beginn der Entwicklung im vereinigten Jerusalem die Grenzen eines Brückenschlags deutlich gezogen. Zwar konnte der Bürgermeister Hunderte von Beschäftigten aus der alten jordanischen Verwaltung in die israelische eingliedern, darunter alle Ostjerusalemer Polizisten. Aber nach außen sichtbare profilierte Positionen wollten sie nicht einnehmen. Sie waren auch nicht bereit, für Gemeindewahlen zu kandidieren. Es lag ihnen daran, konsequent alles zu vermeiden, was nach Anerkennung der israelischen Herrschaft aussehen konnte, wenigstens in der Öffentlichkeit.

Dennoch: Vom Zeitpunkt der Wiedervereinigung an ließ Kollek sich nie davon abbringen, den Aufbau guter Beziehungen zu den arabischen Nachbarn als seine wichtigste Aufgabe zu betrachten. Dabei war er realistisch genug, nicht zu erwarten, daß dies über Nacht möglich sein werde. Es lag ihm fern, das ganze Jerusalem in einen Schmelztiegel der Nationalitäten und Religionen zu verwandeln. Er strebte im Gegenteil die ungehinderte Entwicklung der arabischen Lebensweise an. Es galt, die Identität der Araber zu erhalten.

Den Respekt vor der Würde und der Selbstachtung der Araber in die Tat umzusetzen, sollte sich als nicht leicht erweisen. Stets blieben die Befürchtungen wach, Israel wolle mit seinen Aktivitäten nur seine Herrschaft über Jerusalem festigen. Und nach den ersten Terrorakten in der Stadt 1968 nahm auch unter den Israeli das Mißtrauen gegenüber den Arabern zu. Die Stadtverwaltung baute dennoch die Kooperation mit dem neuen Bevölkerungsteil, für den sie mitverantwortlich war, systematisch aus. Die alten Bindungen der Einwohner Ostjerusalems an Jordanien wurden z. B. nicht unterbrochen.

Die arabische Handelskammer im Geschäftsviertel Ostjerusalems arbeitete weiter. Sie nahm die Wirtschaftsinteressen ihrer rund 2000 Mitglieder wahr – hauptsächlich Händler und Geschäftsleute aus der Hotel- und Touristikbranche, aber auch mittlere Unternehmer der wenigen Industriebetriebe im Ostteil der Stadt. Sie vermittelte jordanische Darlehen und Zuschüsse, beschaffte Exportlizenzen und leitete auch Paßanträge nach Amman weiter. Wie ein Konsulat, nur ohne einen solchen Status, stand die Kammer unerfahrenen Arabern im Umgang mit Israel zur Seite.

Die Sharia-Gerichte brauchten ihre Tätigkeit nicht einzustellen. Sie blieben höchste religiöse Autorität für die Muslime Jerusalems und des Westjordanlandes. Die Richter an diesen Institutionen, die auf der Basis der für Jordanien geltenden islamischen Gesetze urteilen, brauchten keinen Treueid auf die israelische Regierung abzulegen und wurden auch nicht von Israel ernannt. Dafür war vielmehr der Oberste Moslemrat zuständig, dem eine wichtige Rolle auch im politischen Leben der Stadt und des Umlandes zukam. Sein Vorläufer wurde bereits 1921 zur Zeit der britischen Herrschaft berufen.

Er leitete und überwachte die Verwaltung der heiligen Stätten in Palästina (WAQF), wurde aber 1937 von den Briten wegen seiner militanten Haltung gegenüber den Juden abgelöst. Als der Oberste Moslemrat 1967 wiederbegründet wurde, erkannten die Israeli ihn zwar nicht an – wie umgekehrt der Rat die israelische Herrschaft auch nicht –, aber sie unterhielten Kontakte zueinander. Israel wußte sehr wohl um den Einfluß des Gremiums und legte u. a. die Richtlinien für die Freitagspredigten fest, in denen auch zu politischen Fragen Stellung genommen wurde.

Außerdem konnte der Moslemrat Rechtsgutachten zur Zulässigkeit des Landverkaufs an jüdische Siedlungsorganisationen vorlegen. Die Richter und Beamten, die von ihm ernannt wurden, bezahlte die jordanische Regierung. Vor allem aber trug der Rat die Verantwortung für die Verwaltung des Tempelbergs, genauer: des Felsendoms und der Al-Aqsa-Moschee. Diese hatte Israel wenige Wochen nach dem Sechs-Tage-Krieg den Arabern übertragen und Juden zugleich verboten, dort zu beten. Es war eine kluge Entscheidung, die ein Aufflammen der Gegensätze an der Stelle, an der einst der jüdische Tempel gestanden hatte, ausschließen sollte. Aber es kam später anders.

Teddy Kollek und sein Beauftragter für den arabischen Stadtteil, Meron Benvenisti, standen über den Moslemrat mit der arabischen Gemeinschaft in ständiger Verbindung, informierten sich über deren Bedürfnisse und halfen mit, Probleme zu lösen. Ebenso blieben sie in Kontakt mit den traditionellen Mukhtars, die in den kleinen Gemeindeeinheiten Ostjerusalems für die Registrierung von Geburten und Sterbefällen sowie des Landbesitzes zuständig waren. Sie beglaubigten auch Dokumente für die Gerichte. So erhielt die Stadtverwaltung Einblick in die Wirkung ihrer Maßnahmen.

Ohne Einfühlungsvermögen in die Denkweise, die arabischem Verhalten zugrunde liegt, würde, das war Kollek und seinen Mitarbeitern klar, die Zusammenarbeit nicht funktionieren. Der israelischen Regierung allerdings fiel diese Einsicht weniger leicht. Eine der schwierigsten Fragen war die nach dem Lehrplan für die arabischen Schulen in Ostjerusalem. Der Bürgermeister hielt den jordanischen Lehrplan, der in den besetzten Gebieten galt, für den geeigneten – jedoch unter Verzicht auf die antiisraelische Propaganda in den Schulbüchern. Doch das Erziehungsministerium führte den Lehrplan der Schulen für israelische Araber im Kernland ein, der vielen als zu »jüdisch« galt.

Darauf protestierten die arabischen Lehrer heftig; Oberschüler wanderten in Privatschulen oder Schulen des Westjordanlandes ab. 1970 waren nur noch weniger als 10% an den staatlichen Schulen in Ostjerusalem geblieben. Die muslimischen Privatschulen richteten sich nach jordanischen Lehrplänen, die christlichen nach europäischen. Erst unter dem Druck der Stadtverwaltung wurde der israelisch-arabische Lehrplan um Unterricht nach den jordanischen Methoden ergänzt. Aber auch dies brachte den staatlichen Schulen wenig Erfolg. 1975 schließlich entschloß sich die Regierung, ihre dogmatische Haltung zum Teil aufzugeben.

Die Oberschüler hatten nun die Auswahl zwischen zwei Lehrplänen. Drei Jahre vor dem Abitur mußten sie sich entscheiden: entweder für das jordanische Modell, ergänzt durch Kurse in hebräischer Sprache und israelischer Staatsbürgerkunde; oder für den israelisch-arabischen Lehrplan. Die Mehrheit der Schüler votierte daraufhin für den jordanischen Lehrplan, der später die Möglichkeit bot, an arabischen Universitäten zu studieren. Am Eigenleben festhalten, das war das Hauptinteresse...

Einer sinnvollen Weiterentwicklung des Erziehungswesens standen viele Araber jedoch nicht im Wege. Schon vor 1967 hatte es in Ostjerusalem ein bemerkenswertes Gesetz gegeben, das entgegen der arabischen Tradition auch Mädchen zum Schulbesuch verpflichtete. Doch nur wenige gingen wirklich zur Schule. Als die Israeli kamen, bestanden sie auf der Einhaltung des Gesetzes. Und dies hatte einen unerwarteten Nebeneffekt. Denn nun wollten plötzlich auch die Mütter lesen und schreiben lernen. So lange nur die Ehemänner diese Kunst beherrschten, hatten sie es hingenommen. Seit die Töchter aber auch zur Schule gingen, wollten sie nicht mehr allein zurückstehen.

Die Stadt richtete für sie Erwachsenenkurse ein, die sich großen Zuspruchs erfreuten. Auch der Kindergartenbesuch wurde in Ostjerusalem zur Pflicht gemacht. Innerhalb von zehn Jahren baute die Stadt 50 Kindergärten. Die Zahl der Klassenräume verdoppelte sich, zehn Grundschulen wurden neu errichtet oder renoviert und drei Berufsschulen eröffnet. Das war immer noch nicht genug, denn die Bevölkerungszahl wuchs – durch Geburten oder Zuwanderung, und bis heute konnte der Bedarf nicht befriedigt werden.

Außerdem wurden die Fortbildungskurse für arabische Frauen erheblich erweitert. Handarbeits-, Zuschneide-, Frisier- und an-

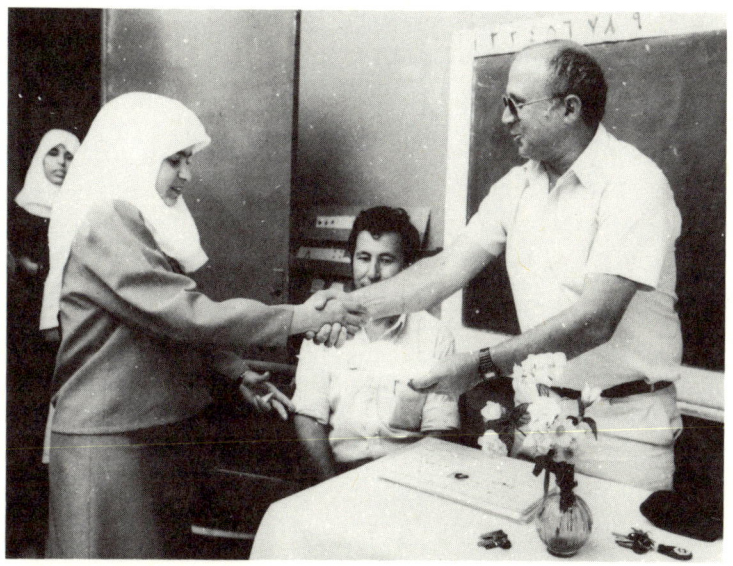

In einer arabischen Schule im Norden Jerusalems übergibt der Vertreter der israelischen Stadtverwaltung im Sommer 1990 einer jungen Araberin das Abschlußzeugnis eines Nähkurses.

dere praktische Kurse boten Frauen und Mädchen die Möglichkeit zu größerer Selbständigkeit. Für das Selbstverständnis der muslimischen Gesellschaft konnten sich so Ansätze für einen Rollenwechsel anbahnen. Jedenfalls veränderte sich das Alltagsleben auf arabischer Seite. Das begann schon damit, daß es früher die Frauen waren, die meist das Wasser für ihre Haushalte aus dem Brunnen oder den Regenzisternen herbeischleppen mußten. Als alle Häuser Wasseranschlüsse bekommen hatten, hörte das auf.

Der Lebensstandard der arabischen Bevölkerung begann sich in dem Augenblick am sichtbarsten zu erhöhen, als die Stadt damit anfing, die Unterentwicklung Ostjerusalems abzubauen. Schritt für Schritt wurden Leitungen für elektrischen Stom gelegt, die Straßenbeleuchtung und die Telefonanschlüsse. In den überalterten Vierteln führte das zu komplizierten Bauarbeiten. Oft entstanden statische Probleme, weil keine Hauswand jünger war als 300 Jahre. Die Fundamente wurden zum Teil schon vor über tausend Jahren gelegt. Daher stützten die Bauingenieure vom Einsturz bedrohte Häuser mit steinernen Bögen, die typisch für den Orient sind.

Kanalisation und Entwässerung waren von altersher in einem einzigen Rohrsystem zusammengefaßt. Es mußte nach modernen Gesichtspunkten getrennt werden. An einigen Stellen stammten die Abflußrohre noch aus dem 5. Jahrhundert, so wie das Kopfsteinpflaster darüber auch. Nach Beendigung der Schachtarbeiten wurden die Pflastersteine wieder so zusammengefügt, daß Passanten sich vorstellen können, sie gingen über dasselbe Pflaster wie die Jerusalemer vor 1500 Jahren. Die Via Dolorosa bietet eine der Gelegenheiten dazu. Die Kabel für die 6000 bis 7000 Telefonanschlüsse wurden ebenso unter der Erde verlegt wie die für die Fernsehversorgung.

Viel ist schon getan worden, um die Lebensverhältnisse im muslimischen Viertel der Altstadt zu verbessern. Es bleibt aber noch viel zu tun.

Doch noch sind nicht alle Fernsehantennen von den Dächern verschwunden, und noch müssen kleinere Gebiete im muslimischen Viertel der Altstadt saniert werden. Die bisherige Bilanz der Entwicklung im östlichen Teil der Stadt ist jedoch bemerkenswert. Aus einer Studie von Professor Raymond M. Lemaire, die im Auftrag der UNESCO 1990 erarbeitet wurde, geht hervor, daß bisher 60 Millionen US-Dollar investiert worden sind. Von 1976 bis 1990 wurden zwei Drittel der Altstadt mit dem getrennten Kanalisations- und Entwässerungssystem versorgt. 16 Wasserleitungen sind gelegt worden und 48 km Telefonkabel. 45 000 qm Straßen, Alleen und Aufgänge wurden gepflastert und 244 gefährdete Gebäude saniert. Mehrere christliche Kirchen und Klöster sowie andere architektonisch bedeutende Stätten konnten restauriert werden. Man schätzt in der Stadtverwaltung, daß der Lebensstandard der Bewohner der Altstadt durch die Infrastruktur-Maßnahmen um die Hälfte gestiegen ist. Es gebe, so heißt es, keine ansteckenden Krankheiten mehr, wie z. B. Typhus und Cholera. Die Kindersterblichkeit sei um mehr als die Hälfte zurückgegangen. Allerdings: Die Altstadt Jerusalems ist besorgniserregend überfüllt.

Die Finanzierung der Arbeiten in Ostjerusalem war am Anfang keineswegs gesichert. Kollek war sich bewußt, daß für diesen Teil der Stadt mehr Geld aufzuwenden sein würde als für Westjerusalem, wenn er allein bedachte, daß Jungen und Mädchen getrennt zur Schule gingen und daher mehr Gebäude erforderlich wurden als für das israelische Schulsystem. Grundsätzlich sollten die Araber genauso viel Einkommen- und Vermögensteuern zahlen wie Israeli, aber das wäre ohne Spannungen nicht durchzusetzen gewesen, zumal ein Teil der Abgaben für israelische Verteidigungszwecke bestimmt war.

So wurden mit Beginn der siebziger Jahre in Ostjerusalem niedrigere Steuersätze angewandt, obwohl auch diese noch den Unmut vieler Araber auslösten. Jordanien hatte noch weniger erhoben – dafür aber die Stadt vernachlässigt. Um die Lebensverhältnisse der beiden Stadtteile einander anzugleichen, reichte das Budget im Rathaus bei weitem nicht aus. Die Regierung zeigte zunächst wenig Interesse zu helfen, und erst als Teddy

Kollek bei Freunden im Ausland eine Spende von 200 000 US-Dollar erhielt, änderte sich das. Nun schoß die israelische Regierung Jahr für Jahr 1,5 Millionen US-Dollar zu.

Den Wiederaufbau des zerstörten jüdischen Viertels in der Altstadt wollte der Bürgermeister bei alledem nicht vernachlässigen. Das Gebiet zwischen dem armenischen und muslimischen Viertel zieht sich nach Osten hinab bis in die Nähe der Klagemauer und wurde im 8. Jahrhundert v. Chr. durch die Könige von Juda erstmals besiedelt. Die Babylonier zerstörten es 586 v. Chr. gleichzeitig mit dem ersten jüdischen Tempel. In der Zeit der Makkabäer im 2. Jahrhundert v. Chr. wurde das Viertel wieder aufgebaut und entwickelte sich zur wohlhabenden »Oberstadt«. Nachdem die Römer Jerusalem zerstört hatten, entstand das Viertel in byzantinischer Zeit zum zweitenmal neu, und zwar im 4. Jahrhundert n. Chr.

Nur wenige Juden lebten noch dort – neben den christlichen Pilgerstätten. Als die Araber im 7. Jahrhundert kamen, wurde wieder aufgebaut, doch nach den Schrecken der Kreuzfahrerherrschaft verlegten die Juden ihre Heimstatt auf den Zionsberg, von wo sie um 1400 wieder zum alten Platz zurückkehrten. Das Auf und Ab zwischen Aufbau und Zerstörung hatte die Juden mit ihrem Stadtviertel in Jerusalem fest verbunden. Doch das Leben dort war nie einfach. Unter osmanischer Herrschaft gab es keine wirtschaftliche Entwicklung, die Juden waren auf Spenden angewiesen. Fanatische Nachbarn bedrohten sie.

Und doch kamen immer mehr Juden. Es wurde eng in den alten Gassen. Viele wichen nun ins Viertel der Muslime aus, andere siedelten sich mit der Hilfe des britischen Gönners der Juden, Sir Moses Montefiore, außerhalb der Mauern an. Nach und nach entstand so das jüdische Westjerusalem. 1948 aber fiel das jüdische Viertel noch einmal in Schutt und Asche. Die Geschichte schien sich zu wiederholen. Knapp 20 Jahre mußten vergehen, bis der Lebenwille der Juden an dieser Stelle wieder eine Chance bekam. Und ein ungewöhnliches Gesicht…

Noch bevor der Wiederaufbau begann, stießen Archäologen auf dem 145 000 qm großen Gelände in 20 Meter Tiefe auf Spuren der ersten jüdischen Siedler vor 3000 Jahren. Ein weiterer Beweis der Kontinuität jüdischer Präsenz in dieser Stadt, wie Archäologen sie immer wieder in Jerusalem geduldig suchten und fanden. Die Planung des Viertels ging von dem Gedanken aus, Altes mit Neuem zu verschmelzen. Die eine Hälfte der 600 Wohneinheiten entstand in wiedererrichteten alten Gebäuden, die andere in neuen Häusern. Nur natürliches Material durfte verwendet werden, sandfarbener Stein, Holz und Eisen.

Die Gassen blieben so eng wie im Mittelalter; die Wegführung wurde nicht geändert. Asphalt gibt es nicht auf den Straßen, sondern Steinpflaster. Terrassen und Innenhöfe der Gebäude erinnern an die Bauweise früherer Zeiten. Viele Synagogen wurden wiederaufgebaut, bis auf eine, die eines der ältesten Gotteshäuser war: die Hurva-Synagoge. Nur ein großer steinerner Halbbogen des Gebäudes wurde neu gestaltet und erinnert, weithin sichtbar, an Geschichte und Schicksal jüdischer religiöser Stätten. Ein paar Schritte davon entfernt wird die Ver-

Die zwischen 1948 und 1967 im jüdischen Viertel der Altstadt von den Jordaniern gesprengte Hurva-Synagoge. Das Viertel wurde wieder aufgebaut, aber die Synagoge blieb eine Ruine – mit einem der Bögen, die einst die Kuppel trugen.

bindung von modernem Wohnen und lebendem Museum in anderer Weise deutlich.

Auf dem Weg zum Viertel der Muslime legten die Archäologen die Cardo-Straße frei, eine Hauptgeschäftsstraße aus byzantinischer Zeit. Sie wurde restauriert und zugleich als moderne Geschäftsstraße wieder eröffnet. Man hatte erwartet, daß sich in der eigenwilligen Wohnstätte nebenan vor allem Intellektuelle und Künstler niederlassen würden. Heute aber prägen die Schüler der zahlreichen Talmudschulen des Viertels und andere religiöse Juden eher das Gesicht der alt-neuen Straßen und Plätze. Teddy Kollek hatte ein anderes Problem.

Er mußte den Arabern, die während der jordanischen Herrschaft in den erhalten gebliebenen Teilen des jüdischen Viertels angesiedelt worden waren, Ersatzwohnungen beschaffen. Nur wenige hatten schon vor 1948 dort gelebt. Die meisten dieser Araber, erinnert sich Kollek, waren froh, daß sie – mit einer Entschädigung der Israeli – in Wohnungen außerhalb der Altstadt umziehen konnten. Dennoch gab es Proteste – in der internationalen Öffentlichkeit und bei den Arabern Jerusalems. Der Bürgermeister fand das ungerecht, denn, so meinte er, als die Juden 1948 aus ihren Wohnungen vertrieben wurden und das Viertel zerstört worden war, habe die Welt geschwiegen.

Aber es half ihm nichts. Er durfte sicher sein, daß die »Vertreibung« der Araber aus dem jüdischen Viertel nicht vergessen werden würde. Als orthodoxe Juden in den achtziger Jahren im Viertel der Muslime Häuser besetzten und behaupteten, dort hätten einmal Juden gewohnt, da hagelte es bei den Arabern Proteste, weil sie – obwohl nicht vergleichbar – einen weiteren Schritt zur »Judaisierung« Jerusalems zu erkennen glaubten. Mit dieser Kritik wurden auch stets die archäologischen Arbeiten in der Altstadt begleitet. Ihr schloß sich sogar die UNESCO an, die Israel vorwarf, den Charakter Jerusalems damit zu verändern.

Systematische Ausgrabungen hatte es schon in der Mitte des 19. Jahrhunderts gegeben. Der Brite Charles Warren machte sich 1867 mit Grabungen in der Nähe der Westmauer des Tempelbergs einen Namen. Jahrzehntelang gingen diese Ar-

Wo man auch gräbt in Jerusalem – fast immer stößt man auf Reste
einer antiken Bebauung. So auch bei Ausschachtungsarbeiten für eine
neue Verkehrsführung zwischen Jaffa-Tor und Mamilla-Viertel. Im
Hintergrund rechts das King-David-Hotel.

beiten, die im Auftrag des britischen »Palästina Forschungs-Fonds« vorgenommen wurden, weiter. Noch in den sechziger Jahren unseres Jahrhunderts war eine britische Archäologin für den Fonds in Jerusalem tätig. Kollek selbst wies darauf hin, daß die israelischen Ausgrabungen auch über die islamische Geschichte mehr enthüllt hätten, als jemals bekannt gewesen sei.

Ein umfassender Plan zur Restaurierung und Erhaltung historisch, religiös oder architektonisch bedeutsamer Stätten in Jerusalem wurde ausgearbeitet. 300 schützenswerte Kulturdenkmäler konnten ermittelt werden. Bald nach dem Sechs-Tage-Krieg gingen angesehene Archäologen an die Arbeit. Es wird noch lange dauern, bis alle Arbeiten in dieser Stadt, in der die Völker nicht nur nach-, sondern auch übereinander bauten, beendet sein werden. Aber der Blick von der Altstadtmauer läßt bereits heute einen weiträumigen »archäologischen Garten« erkennen, der in knapp 25 Jahren entstanden ist.

Die Innenseite des Damaskus-Tors. Hier beginnt der Basar mit seinem geschäftigen Treiben. Touristen sieht man allerdings immer weniger seit Beginn der »Intifada« 1987.

Auf der restaurierten Mauer, die Sultan Suleiman der Prächtige um 1536 bauen ließ, geht man nun kilometerweit fast um die ganze Altstadt. Südlich und westlich des Tempelbergs sieht man die freigelegten Reste der Stadt Davids, der 1000 v. Chr. errichteten Hauptstadt des vereinigten israelitischen Königreichs. Reste früherer Siedlungen aus dem 3. und 2. Jahrtausend v. Chr. schließen sich an. Diese Ausgrabungen galten als die schwierigsten im ganzen Land, weil das Gelände sehr hügelig ist. Als Sultan Suleiman die Mauer bauen ließ, war das Damaskus-Tor am Nordrand der Altstadt Hauptausgang in Richtung Kontantinopel, der Metropole des Osmanischen Reichs.

Das Tor, durch das regelmäßig Tausende von Muslimen zum Freitagsgebet auf den Tempelberg strömen, wurde lange vernachlässigt. Nach der Neugestaltung ähnelt der Vorplatz einem steinernen Amphitheater mit zahlreichen Stufen, die im Halbkreis um das Tor angeordnet sind und den Passanten aus den

Das Damaskus-Tor am Nordrand der Altstadt. Die Israelis haben den Zugang neu angelegt – im Stil eines Amphitheaters. An Freitagen strömen Tausende von gläubigen Muslimen durch das Tor zum Tempelberg.

187

nahen Geschäftsvierteln Ostjerusalems einen Ruheplatz bieten. Ausgrabungen legten außerdem unter dem jetzigen Tor einen Eingang frei, der vermutlich der Hauptzugang zur Stadt war, als sie zur Zeit des römischen Kaisers Hadrian »Aelia Capitolina« hieß.

An der Westseite der Altstadt, neben dem Jaffa-Tor, restaurierten die Architekten die historische Zitadelle mit dem weithin sichtbaren Davidsturm. An kaum einer anderen Stelle sind so viele steinerne Zeugnisse der Herrscher seit der Errichtung des ersten jüdischen Tempels 1000 Jahre v. Chr. konzentriert wie dort: Hasmonäer, Römer, Mamelukken, Kreuzritter und Türken. Ein archäologischer »Park« entstand – mit dem Stadtmuseum in der Zitadelle. An der Ostseite der Mauer, wo man durch das Löwentor die Via Dolorosa betritt, wurde aus Steinquadern der Antike ein Ruheplatz für christliche Pilger angelegt.

Vom Tempelberg blickt man in südöstlicher Richtung auf Ausgrabungen – das Gebiet wird Ophel genannt –, die Reste aus der Zeit des ersten und zweiten Tempels, der byzantinischen und der muslimischen Omajaden-Herrschaft zeigen. In 2500 Jahren Geschichte bauten die einander folgenden Herrscher mit den Gebäuderesten ihrer Vorgänger jeder seine eigene Stadt. An diesen und zahlreichen anderen Ausgrabungen in der Stadt wird unzweifelhaft deutlich, daß die Zeichen der Kontinuität jüdischer Geschichte von unschätzbarem Wert für das Selbstverständnis dieses Volkes sind. Aber auch Muslime und Christen können sich in den steinernen Zeugen vielfach wiedererkennen.

Die Stadtplanung im vereinigten Jerusalem mußte unter den mißtrauischen Blicken der Araber und angesichts der historisch gewachsenen Bedingungen besonders umsichtig vorgehen. Teddy Kollek stellte sich eine Stadt mit friedlicher Nachbarschaft der einzelnen Bevölkerungsgruppen vor, die sich gerade hier in ihrer Vergangenheit wiederbegegnen. Aber ihm schwebte auch eine moderne und vor allem eine »grüne Stadt« vor. Es sprach für seine internationale Erfahrung und seine Weitsicht, daß er sich dabei nicht allein auf seine eigene und die Phantasie und Einsicht seiner Mitarbeiter verließ.

Ein Jahr nach dem Sechs-Tage-Krieg lud er 60 bis 70 international bekannte Persönlichkeiten nach Jerusalem ein, um sich von ihnen beraten zu lassen. Darunter waren Pädagogen, Schriftsteller, Historiker, Philosophen, Theologen, Architekten, Stadtplaner und Künstler. Dieses »Jerusalem-Komitee« ist inzwischen eine Institution geworden, die alle zwei Jahre in die Stadt kommt, um die städtebauliche Entwicklung mit Vorschlägen und Kritik zu begleiten. Gleich zu Beginn seiner Tätigkeit ermutigte das Komitee Kollek, durch Ausgrabungen eine Brücke von der Vergangenheit zur Zukunft zu schlagen.

Der erste Generalplan der Stadt hingegen wurde vom Komitee rundweg abgelehnt. Die Mitglieder befürchteten das Entstehen einer »Asphaltwüste« in der Nähe der Altstadtmauer, wo große neue Straßen und Parkplätze vorgesehen waren, die den wachsenden Autoverkehr aufnehmen sollten. Das Komitee erinnerte sich nur zu gut an die mißlungenen Versuche der eigenen Stadtväter, den Wettlauf zwischen Straße und Auto in den Zentren zu gewinnen. Statt dessen wurde angeregt, einen umfassenden Grüngürtel anzulegen, der die Altstadt davor bewahren sollte, erdrückt zu werden.

Im Rathaus ließ man sich überzeugen, und so ist im Lauf der Jahre eine Grünfläche mit einer Größe von rund zwei Millionen Quadratmeter entstanden, die nun ein Teil des neuen Gesichts der Stadt ist. Aber nicht diese Veränderungen, die Arabern und Israeli gleichermaßen zugute kommen, erregten das Interesse der internationalen Öffentlichkeit. Es waren vielmehr die umfangreichen Neubauten für israelische Bürger. Im jüdischen Teil der Stadt hatten die Menschen oft sehr beengt gewohnt, vor allem wegen des Zuzugs orientalischer Einwanderer. Und die Bevölkerungszahl stieg nach 1967 rasch weiter: von 197 000 jüdischen Einwohnern 1967 auf über 320 000 im Jahr 1985.

Das war einer der beiden Gründe für das Entstehen riesiger Neubauviertel in Jerusalem. Der andere war die Absicht Israels, diese Bauten so zu plazieren, daß sie eine Barriere gegen jede mögliche neue Teilung der Stadt bildeten. Im ehemaligen jordanischen Stadtteil wurden zum Beispiel neue Viertel so angelegt, daß sie eine Landbrücke zwischen dem Scopus-Berg, der ehemaligen und zuletzt umkämpften israelischen Enklave, und anderen jüdischen Vierteln bildeten. Grundlage der Planung war die Erweiterung der Stadtgrenzen auf das Doppelte.

Dann entstanden seit 1967 zwei große Ringe von Neubauvierteln. Der erste Ring wurde Mitte der siebziger Jahre fertiggestellt. Der zweite, umfangreichere, bestand nicht mehr aus der Erweiterung von Wohneinheiten in unbewohnte Gebiete hinein. Stattdessen wuchsen vier neue Vorstädte – Neve Ya'akov, Ramot Allon, East Talpiot und Gilo – hinter der bestehenden Bebauung empor – größer als alle Stadtteile vorher. In jedem dieser neuen Viertel, die für rund 120000 Bewohner vorgesehen sind, lebt ein hoher Prozentsatz von Neueinwanderern. Ferner wohnen junge Familien dort und Menschen, die aus ärmeren Gegenden zuzogen. Es sind Schlafstädte geworden, denn Arbeitsplätze gibt es fast nur im Stadtzentrum.

Die gewaltige Silhouette der Neubauten vermittelt nicht wenigen Arabern den Eindruck, als seien sie regelrecht umzingelt. Wieder erschien ihnen die Ausdehnung der jüdischen Präsenz in die bis dahin wenig bevölkerten Randgebiete als Bestätigung, daß Israel in Wahrheit nicht an gleiche Rechte für Araber denke. Dies um so mehr, als die israelische Regierung für Neubauvorhaben Grundstücke beschlagnahmte, die hauptsächlich Arabern gehört hatten. Es war brachliegendes Land, und es wurde eine Entschädigung gezahlt; bebaute Gebiete wurden ausgenommen. Aber ein Stachel blieb für die Araber...

Auch der Bürgermeister versteht, daß die kolossalen steinernen Tatsachen das Lebensgefühl des Betrachters, der unter ganz anderen Bedingungen wohnt, beeinflußt. Da mögen noch so viele Kilometer Kabel unter die Altstadterde gelegt und die Entwässerungssysteme perfekt erneuert werden: Solche notwendigen Leistungen der Stadtväter würdigt der Kritiker selten; denn sie sind eben buchstäblich nicht so gut zu sehen. Und selbst dann, wenn die Stadtentwicklung gut sichtbare Fortschritte macht, fallen die ungelösten Probleme mehr auf als die gelösten. So war es stets mit dem Wohnungsbau in Ostjerusalem.

Dort leben die Menschen – und leben zum Teil noch – in sehr beengten Verhältnissen. Nicht wenige arabische Schulkinder nehmen ihre Bücher unter den Arm und setzen sich irgendwo auf eine Mauer in der Altstadt, weil sie ihre Hausaufgaben in der häuslichen Enge nicht machen können. Hinzu kam, daß die arabische Bevölkerung sich nach 1967 rasch vergrößerte. Bis heute hat sie sich auf 140000 verdoppelt. Für sie Wohnungen zu bauen, war aus mehreren Gründen schwierig. Zunächst sind Geschmack und Bedürfnisse der Araber von eigenen Traditionen geprägt. Dann warf die Finanzierung Probleme auf.

Beides konnte aber im Lauf der Zeit gelöst werden. Eine private arabische Baufirma übernahm mit Hilfe israelischer Kredite die Finanzierung. Wer selbst bauen wollte, konnte von Israel Hypotheken erhalten. Da aber die Frage des Eigentums an Grund und Boden nur selten eindeutig zu klären war, wurde das Geld auf Treu und Glauben gegeben. Auch Darlehen aus arabischen Quellen wurden geboten. 4000 Gebäude sind seit 1967 gebaut worden. Hochhäuser sind es nicht, denn in ihnen fühlt sich kein Araber wohl. Ein Haus allein ist am begehrtesten. Mit der Bautätigkeit geht es voran, aber, wie Kollek meint, zu langsam. Das staatliche Genehmigungsverfahren braucht viel Zeit.

Geduld bringt Teddy Kollek ungern auf. Doch im Verhältnis zum arabischen Bevölkerungsteil ist gerade diese Tugend unerläßlich – und der Bürgermeister weiß es. Gerade weil Zustimmung und Verweigerung zum Bemühen der Stadtverwaltung für die Araber so dicht beieinander liegen, dürfen rasche Erfolge nicht erwartet werden. Sie überhaupt zu messen, ist schwierig. Würde die erste Gemeindewahl nach der Vereinigung Jerusalems im November 1969 darauf eine Antwort geben? Schließlich durften die Araber der Stadt mit zu den Urnen gehen. Aber schon im Jahr zuvor waren mehrere Bomben in der Stadt hochgegangen; es hatte Verletzte gegeben.

Kollek reagierte auf die für ihn typische Weise. Er eilte – zusammen mit dem Polizeiminister – von einem Geschäft der Stadt zum anderen, von einem Café ins andere, um den Willen zu friedlicher Zusammenarbeit zu bekunden und mögliche Spannungen abzubauen. Die Terroristen, so argumentierte er, hofften auf nichts anderes als gewalttätige Reaktionen. Bald gab es weitere Zwischenfälle – den schwersten im ältesten jüdischen Markt

Mahane Yehuda, wo bei einem Bombenanschlag elf Menschen ums Leben kamen, darunter zwei Araber. Der Vorfall löste bei den Juden große Erregung aus. Die antiarabischen Gefühle verstärkten sich.

Teddy Kollek jedoch, der wegen des Anschlags eine Reise nach New York abgebrochen hatte, blieb bei seinem Kurs: Mit fester Hand und Geduld müßten solche hochwallenden Gefühle gebremst werden. Er glaubte Ende der sechziger Jahre daran, daß die Mehrheit der Jerusalemer Araber Terror nicht unterstütze, weil sie wisse, daß er ihr schade. Jerusalem bilde schon aus diesem pragmatischen Grund keinen Nährboden für Terrorismus. Noch lange Zeit sprachen die Tatsachen für diese Theorie. Erst gegen Ende der achtziger Jahre wandelte sich das Bild mit der aufkommenden »Intifada«.

Die Wahl rückte näher. In aller Stille versuchten Kollek und seine Mitarbeiter, im arabischen Bevölkerungsteil ein oder zwei Männer zu finden, die zur Kandidatur für den Stadtrat bereit

Am 29. August 1969 setzte ein geistesgestörter Australier, ein Christ, die Al-Aqsa-Moschee auf dem Tempelberg in Brand, eines der wichtigsten Heiligtümer des Islam.

waren. Natürlich bestanden unter den Arabern die alten Vorbehalte weiter: Es sollte alles unterlassen werden, was nach einer Anerkennung der israelischen Herrschaft aussehen könnte. Doch Kollek glaubte Anhaltspunkte für eine Meinungsänderung bei einigen ernstzunehmenden Arabern zu haben. Die jüdische Seite war entschlossen, ihnen mit Respekt und Rücksichtnahme gegenüberzutreten. Verhandlungen kamen in Gang.

Gewiß konnte der Eindruck entstehen, als gehe es nur darum, einige würdig aussehende Araber zu finden, die Israels Oberhoheit bemäntelten – ohne daß ihnen konkrete Funktionen übertragen werden. Ein solches Mißtrauen ganz zu vermeiden, wäre wohl unmöglich gewesen. Aber Kollek glaubte, dem entgegenwirken zu können, wenn er die richtigen – »bürgernahen« – Persönlichkeiten finden würde. »Wir wollten Stadtverordnete auf unserer Liste«, erinnert er sich, »die sich für das öffentliche Wohl einsetzen und ihre arabischen Mitbürger vertreten sollten.« Soweit Kolleks eigentliches Verhandlungsziel. Um die Wirkung nach außen ging es ihm, wie er betonte, dabei nicht.

Doch da traf, zweieinhalb Monate vor der Wahl, die Nachricht vom Brandanschlag auf die Al-Aqsa-Moschee ein. Ein geistesgestörter Christ aus Australien hatte das Feuer gelegt. Er hatte geglaubt, die Juden würden ihren Tempel wieder aufbauen, wenn die Moschee niederbrenne, und dann werde der Messias kommen. Die arabischen Muslime aber, in hochwallender Erregung, gaben allen Ungläubigen die Schuld, also auch den Juden. Nachdem das Feuer gelöscht war, halfen die Israeli bei der Instandsetzung der ehrwürdigen Moschee. Doch nun wagte es kein Jerusalemer Araber mehr, über eine Kandidatur für den israelischen Stadtrat auch nur nachzudenken.

Und dann geschah das Überraschende. Am Wahltag kamen die wahlberechtigten Araber in großer Zahl, um ihre Stimme abzugeben. Die Verwaltung hatte zuvor Wahllokale eingerichtet, in denen sowohl Araber als auch Juden wählen konnten, damit die Wähler aus Ostjerusalem unauffälliger blieben. 8000 gültige Stimmen kamen von arabischer Seite, etwa 15% der wahlberechtigten arabischen Bevölkerung. Niemand im Rathaus sah in dieser bemerkenswert großen Zahl ein Zeichen der Anerkennung für die israelische Herrschaft. Aber es war ein persönlicher Erfolg für Teddy Kollek und seine Art, mit den Menschen in Ost-jerusalem umzugehen. Immer wieder kam dieser Bürgermeister herüber zu ihnen, um sich ihre Sorgen anzuhören oder einfach ein offenes Gespräch zu führen. Er kannte ihre Probleme und half, sie zu lösen. Wenn jemand die Stimmung hinter den Türen arabischer Häuser beurteilen konnte und kann, dann ist es Kol-

Trotz »Intifada«: Bürgermeister Kollek hört sich in einem Café im Muslim-Viertel die Sorgen der arabischen Bevölkerung an und gibt Ratschläge.

lek. Und gerade diese Kenntnis bewahrte ihn davor, seine Kontakte politisch zu überschätzen. Der persönliche Vertrauensbeweis wiederholte sich in den folgenden 14 Jahren. Die Wahl von 1983 brachte den größten Erfolg.

Damals nahmen mehr Araber an einer Wahl teil als je zuvor: 12500, das heißt rund 22,5% der Wahlberechtigten. Der Anteil der Araberinnen, die mitwählten, hatte sich um die Hälfte erhöht. Die Boykottaufrufe, die es vor dieser Wahl in arabischen Zeitungen gegeben hatte, waren offensichtlich kaum befolgt worden. Erst gut ein halbes Jahrzehnt später wandelte sich die Stimmung gründlich. 1989 gingen von den 80000 arabischen Wahlberechtigten nur noch 2500 zu den Urnen. Der Druck der PLO und der fundamentalistischen Hamas-Bewegung war – seit die »Intifada« begonnen hatte – zu groß geworden.

Für diese Verschlechterung der Situation auch in Jerusalem trägt Teddy Kollek gewiß keine Verantwortung. Seine Position bleibt in ihrem Kern unverändert richtig. »Wir können in Jerusalem nicht die Fragen des Nahen Ostens lösen«, hat er einmal gesagt, »aber wir können zumindest eine Situation herbeiführen, in der Jerusalem nicht ein zusätzliches Problem ist – indem die Menschen dort lernen, zusammenzuleben und damit ein Beispiel zu geben.« Dieser Lernprozeß ist zwar noch längst nicht beendet. Aber es nutzte auch nichts, zu resignieren.

Der Proklamation großer Ziele stand Kollek immer skeptisch gegenüber. Kleine Schritte in die richtige Richtung waren ihm wichtiger. So förderte er nach der Vereinigung der Stadt die Begegnungen von Mensch zu Mensch. Er hatte erkannt, daß es an Informationen übereinander fehlte, auch an Verständnis für die Lebensweise des anderen. Daraus war das zähe Mißtrauen gewachsen, das über den jüdisch-arabischen Beziehungen liegt. Vor allem setzte er auf die Wirkung derjenigen Kontakte, die nicht organisiert wurden. Wenn Kollek auf Spielplätzen in Westjerusalem arabische Kinder sieht, die Rollschuh laufen; wenn er im Bassin eines Brunnens jüdische und arabische Kinder beim Planschen beobachtet, dann ruhen darauf seine Hoffnungen. Nach und nach entstanden organisierte Kontakte zwischen jungen Juden und Arabern. Da wurde in der Nähe des Zionsbergs eine Musikschule eingerichtet, in der arabische Mädchen und Jungen zwischen acht und achtzehn Jahren Gitarren- oder Mandolinenunterricht erhalten. Sie treffen dort auf jüdische Schüler. In einer Taubstummenschule werden arabische und jüdische Kinder auf das Leben vorbereitet. Am Martin-Buber-Institut der Hebräischen Universität wird hebräischer Sprachunterricht für die einen, arabischer für die anderen erteilt. In den Pausen gibt es gemeinsame Gespräche. Jugendklubs machen gemeinsame Ausflüge.

Aber wie tief die Wurzeln des Vertrauens reichen, die bei diesen und vielen anderen Begegnungen gelegt wurden, bleibt eine offene Frage. Das gilt auch für die Begegnungen am Arbeitsplatz. Tausende von Arabern aus Ostjerusalem fanden im Westteil der Stadt Arbeit, und viele israelische Unternehmer wollten sie nicht mehr missen. Zur Verbesserung der Lebensqualität in arabischen Familien war das stets der wichtigste Beitrag. Doch er setzte eine friedfertige Nachbarschaft voraus, die in Jerusalem lange Zeit mehr Chancen zu haben schien als in anderen Gebieten der Region.

Die frommen Nachbarn

So sehr der Bürgermeister von Jerusalem innerlich beteiligt war, als die Stadt unter israelischer Souveränität vereinigt wurde – er hatte fortan auch an andere religiöse Stätten zu denken als ausschließlich an jüdische. Vor sich sah er »ein Mosaik mit kleinen Steinchen, jedes in einer anderen Farbe«. Erst alle zusammen, das wußte er, machen das Bild Jerusalems aus. Und jeder Teil dieses Bildes führt sein Eigenleben: Muslime wollen Muslime bleiben; armenische, griechisch-orthodoxe und katholische Christen das, was sie schon immer von den anderen abhob. Und die verschiedenen Richtungen des Judentums bleiben auch sehr gern bei ihrer Farbe.

Da erinnerte Teddy Kollek sich an seine Jugend in Wien. Wie viele Gesichter hatte diese Stadt doch! In Wien lebten mehr Ungarn als in Budapest, erinnert er sich, und mehr Tschechen als

Bürgermeister Kollek hält engen Kontakt auch zu den christlichen Kirchen der Stadt. Hier (Mitte) mit griechisch-orthodoxen Würdenträgern.

in Prag. Außerdem war und blieb es eine streng katholische Stadt. Dem jungen Kollek konnte die Denkweise der Menschen dort, auch im religiösen Bereich, gar nicht fremd bleiben. Zudem hatte er vor 1967 immer wieder einmal nach den Büchern über Jerusalem gegriffen. Und da gab es wahrlich genug zu lesen über Kirchen und Kirchenmänner in der Stadt. Es sollte ihm also nicht schwerfallen, mit den Christen bald ins Gespräch zu kommen, und das geschah auch.

Ob es der griechisch-orthodoxe oder der armenische Patriarch, ob es Erzbischöfe der verschiedenen katholischen oder Oberhäupter kleinerer orientalischer Kirchen waren – er knüpfte gute persönliche Beziehungen zu ihnen. Ihm lag überdies sehr daran zu beweisen, daß die Stadt unter israelischer Souveränität toleranter verwaltet wird als jemals zuvor. Und dafür brauchte man ein Fingerspitzengefühl, das bestimmt nicht weniger ausgeprägt sein durfte als das für die jüdisch-arabischen Beziehungen. Teddy Kollek stand es, wie nicht anders zu erwarten, zur Verfügung.

197

Die Grabeskirche, im 4. Jahrhundert von der Kaiserin Helena, Mutter Konstantins des Großen, an der Stelle erbaut, wo Christus nach der Überlieferung gekreuzigt wurde. Die Perser zerstörten die Kirche zum erstenmal, die Araber zum zweitenmal. Die Kreuzfahrer gaben dem Gotteshaus ihr heutiges Gesicht.

Die Freiheit der Religionsausübung war bereits in der Unabhängigkeitserklärung Israels garantiert worden, wie es auch schon die Teilungsresolution der UNO von 1947 verlangt hatte. Nach dem Krieg von 1967 bekannte Israel sich ausdrücklich zum Recht auf den freien Zugang zu allen religiösen Stätten Jerusalems. Dort selbst sollten die Regeln der Religionsgemeinschaften gelten. Israel hob auch sogleich die jordanischen Gesetze auf, die es den christlichen Institutionen verboten hatten, Land zu kaufen und zu bauen. In den christlichen Schulen mußte bis dahin Unterricht in islamischen Fächern erteilt werden. Israel mischte sich dagegen nicht in die Lehrpläne ein.

Die Ausstrahlungskraft der christlichen Kirchen in Jerusalem auf Millionen von Menschen in der Welt ist unzweifelhaft. 65 Kirchen, 72 Klöster und zahlreiche andere kirchliche Einrichtungen künden heute wie vor Jahrhunderten von der Verwurzelung des Glaubens in dieser Stadt. Er findet seinen Ausdruck in über 30 Religionsgemeinschaften, großen und kleinen. Dabei deckt sich die Bedeutung der einzelnen Gemeinschaften draußen in der Welt nicht immer mit der in Jerusalem. Ihre Position in der Stadt hängt nicht zuletzt von der Frage ab, wie früh sie sich dort niederließen.

Die griechisch-orthodoxe Kirche erhebt in Jerusalem den Anspruch, die älteste am Ort zu sein. Ihre Besitzrechte an der Grabeskirche umfassen über die Hälfte des Gotteshauses, und auch in der Geburtskirche in Bethlehem hat sie eine Schlüsselstellung. Ihre Rolle in der Welt beschränkt sich dagegen auf einen relativ kleinen Bruchteil der Christenheit. Noch auffallender ist der Unterschied bei der armenischen Kirche. Sie zählt gerade sechs Millionen Gläubige, besitzt jedoch in Jerusalem ein Drittel aller heiligen Stätten – und herausragende Kunstschätze.

Die römisch-katholische Kirche verfügt trotz ihrer bedeutenden Position in der christlichen Welt nur über einen Anteil von 17% an den heiligen Stätten, denn sie kam spät nach Jerusalem: mit den Kreuzfahrern. Noch später erschienen die Protestanten, und so verblieb ihnen nur das Recht, im Hof der Geburtskirche zu Bethlehem Weihnachtslieder zu singen. Ihr Gotteshaus, die Erlöserkirche in Jerusalem, wurde allerdings zu einem Wahrzei-

Das Grabmal Rachels, der Frau Jacobs (1. Mose 35) an der Straße von Jerusalem nach Bethlehem. Um 1920.

chen der Altstadt. Kopten und Abessinier stehen im Schatten der großen Gemeinden, haben sich aber unmittelbar neben der Grabeskirche niedergelassen. Christlicher Glaube ist ihnen allen gemeinsam, das Ringen um Einfluß trennt sie jedoch wieder.

Vom machtvollen Glanz der Kirchen vor 100 Jahren ist nichts übriggeblieben. Damals besaßen die großen christlichen Gemeinschaften mächtige europäische Schutzpatrone, die allesamt glaubten, in Jerusalem Vorposten für eine Politik zu finden, die zur Aufteilung des wankenden Osmanischen Reichs führen sollte. So bauten die Russen Klöster und Kathedralen und stützten die orthodoxe Kirche. Die Franzosen standen hinter den Katholiken. Zahlreiche Bauten erinnern noch daran. Deutsche Interessen wurden im Auguste-Victoria-Hospital auf dem Scopus-Berg und in der Erlöserkirche sichtbar.

Die Geschichte ging über die Machtpolitik jener Zeit hinweg. Doch ein Bürgermeister von Jerusalem sieht sich nach wie vor

Die evangelisch-lutherische Erlöserkirche in der Altstadt. Sie wurde 1898 von Kaiser Wilhelm II. eingeweiht. Links im Hintergrund sieht man hinter dem Minarett die Kuppel der Grabeskirche.

einer Interessenpolitik der Kirchen untereinander gegenüber, die jeweils von großer Empfindlichkeit geprägt ist. Die Ironie der Geschichte will es, daß Kollek sich in dem Bemühen, den Frieden zwischen den Glaubensrichtungen zu erhalten, auf Regeln des längst versunkenen Osmanischen Reichs stützen kann. Dieses hatte im 19. Jahrhundert, der Streitereien um die Besitzrechte an der Grabeskirche müde, in einem Erlaß festgelegt, wer welche Rechte besaß. Und dieser »status quo« gilt noch immer.

Teddy Kollek wendet viel Zeit dafür auf, um die Beziehungen zu den christlichen Kirchen in Jerusalem zu pflegen und zur Schlichtung innerkirchlichen Streits beizutragen. Aber so wie das Schicksal der heiligen Stätten immer wieder das Interesse der UNO fand, konnten auch die christlichen Kirchen Jerusalems den großen Problemen der Region nicht entfliehen. Rund 20% der 150 000 Araber Jerusalems und der umliegenden Dörfer sind heute Christen. Die meisten von ihnen gehören griechisch-orthodoxen und katholischen Gemeinden an. Der Rest bekennt sich zur armenischen, syrischen, koptischen oder äthiopischen Kirche sowie zu protestantischen Kirchen Englands, Deutschlands und Skandinaviens.

Es konnte also nicht ausbleiben, daß der jüdisch-arabische Gegensatz seine Schatten auch auf die Kirchen warf. Da sie für die Sorgen und Nöte ihrer Gläubigen unter den Arabern ein Ohr haben mußten, konnte ihr Verhalten leicht einen politischen Akzent erhalten. Dem ist die katholische Kirche nicht ausgewichen. Stets stand der Vatikan mit dem Blick auf die Wurzeln des Christentums im Heiligen Land dem Herrschaftsanspruch Israels distanziert gegenüber. Bis heute unterhält er keine diplomatischen Beziehungen zu Israel. Papst Johannes Paul II. äußerte sich zu Jerusalem eindeutig.

Er forderte 1984 in einem apostolischen Schreiben ein Sonderstatut für Jerusalem mit internationalen Garantien. Das »resignierte Weiterschieben des Problems«, so schrieb er, »kompromittierte nur die erwünschte friedliche und gerechte Regelung der Krise im ganzen Nahen Osten noch mehr. Das Land, um das es geht, ist nach der Meinung des Papstes nicht nur für die Juden reich an geschichtlichen und religiösen Wurzeln, sondern auch für das palästinensische Volk. Eine deutlich pro-israelische Haltung ist daran nicht abzulesen.

Die historischen Belastungen im Verhältnis zwischen Judentum und Katholizismus durfte ein israelischer Bürgermeister nicht übersehen. Um so mehr Fingerspitzengefühl war nötig. Das sollte sich am Fall des alten Klosters »Notre Dame de France« erweisen. Das Gebäude, gegenüber dem Neutor und nicht weit vom Rathaus entfernt, hatte in den vorangegangenen Kriegen sehr gelitten. Eines Tages, nach dem Sechs-Tage-Krieg, hatte es die Hebräische Universität gekauft, um dort ein anderes Gebäude zu bauen. Als Kollek davon hörte, wollte er nicht glauben, daß der Vatikan dem Verkauf zugestimmt habe. Und tatsächlich erschien ein Abgesandter Roms bei ihm.

Dieser kündigte gerichtliche Schritte an, weil die Zustimmung des Vatikans zu dem Kauf fehle. Der Kirchenmann argumentierte, der Verkauf von »Notre Dame« könne die Araber zu der

Hunderte von orthodoxen Juden demonstrieren gegen den Bau eines monumentalen Mormonen-Zentrums am Scopus-Berg. Es wurde dennoch gebaut.

203

Ansicht verführen, daß der Vatikan den Zionismus unterstütze. Und dies müßte zu Vorurteilen der Araber gegen die Kirche auf anderen Gebieten führen. Kollek nahm Verbindung zur Universität und zur israelischen Regierung auf, und der Kauf wurde schließlich rückgängig gemacht. Das brachte ihm zwar Kritik in der öffentlichen Meinung Israels ein, doch blieb er dabei, daß es sich bei der Rückgabe des Gebäudes um eine wichtige Investition an gutem Willen gehandelt habe.

Auch Kollek konnte nicht verhindern, daß es im Verhältnis zwischen den Kirchen und der Stadtverwaltung hin und wieder zu Reibereien kam. Und der Bürgermeister scheute sich auch nicht, seine Meinung deutlich zu sagen. Dennoch blieben die Beziehungen von gegenseitigem Respekt gekennzeichnet, weil offensichtlich ist, daß Kollek stets ohne Vorurteile um Problemlösungen bemüht ist. Und mehr und mehr erkannte er: Die Balance zwischen den Christen war heikel – doch die zwischen den Juden viel mehr.

Niemand durfte sich darüber wundern, daß Israel alles daransetzte, um Jerusalem als seine Hauptstadt kenntlich zu machen. Politischer Wille und die Bindung an die religiösen Wurzeln begegneten sich dabei. Die massive Wiederherstellung des jüdischen Viertels und der Bau großer religiöser Institutionen in der Stadt wurden, wie es in einer Stellungnahme des Jerusalem-Komitees zu den Bautrends heißt, als Symbole einer Entschlossenheit verstanden, die eine Wiederholung der Geschichte verhindern und garantieren soll, daß Juden niemals wieder gezwungen werden, ihre Stadt zu verlassen.

In dem gleichen Maße, in dem die religiös gestimmte Bevölkerung Jerusalems anwuchs, nahm auch der Druck auf den Bau von Synagogen, Talmud-Schulen und anderen religiösen Einrichtungen zu. Heute gibt es über 900 Synagogen und Hunderte von Religionsschulen. Wuchtige Gebäude sind darunter, wie etwa die Große Synagoge im geschäftigen Zentrum Westjerusalems. Ihre Fassade ruft noch einmal jenen Tempel mit dem Allerheiligsten in Erinnerung, der einst die geistige, nationale und territoriale Einheit des jüdischen Volkes repräsentierte. Ein Rabbiner nannte die Synagoge einmal »ein Haus, das die Größe des

Orthodoxe Juden in Mea Shearim. Die rund 5000 Einwohner dieses Viertels leben ohne Ausnahme nach den uralten religiösen Gesetzen der Juden. Kein Radio und kein Fernsehen verbindet sie mit der Außenwelt. Von Besuchern erwarten die Ultra-Orthodoxen »sittsame Kleidung«.

Judentums widerspiegelt, ein Juwel für das Land Israel und eine Krone des Ruhms für Jerusalem«.

Bei weitem nicht alle Juden Jerusalems wollen die Religion in den Mittelpunkt ihres Alltagslebens stellen. Israel selbst ist von seinen Gründervätern als modernes, weltlich geordnetes Gemeinwesen gedacht worden. Und doch wurde das nicht konsequent verwirklicht; denn es gibt keine klare Trennung zwischen »Kirche« und Staat, zwischen religiösem und bürgerlichem Recht. Das Erziehungswesen ist gemischt – weltlich und religiös. Die religiösen Parteien beeinflussen nachhaltig die Gesetzgebung.

Die Vorsitzende der israelischen Bürgerrechtspartei, Shulamit Aloni, zog eine sehr pessimistische Bilanz. »Schritt für Schritt«, sagte sie, »wird Israel von einem demokratischen, humanistischen Staat zu einer orthodoxen, klerikalen Gemeinschaft. Gesetze mit rassistischen und diskriminierenden Untertönen finden ihren Weg in Gesetzbücher und werden Teil des normativen Systems.« Selbst wenn man soweit nicht gehen will: Die Polarisierung zwischen den Juden hat stark zugenommen und ist für den Bürgermeister eine ständige Quelle der Sorge.

Unkonventionelle Architektur zeichnet zahlreiche neue jüdische Stadtviertel am Rande Jerusalems aus. In Ramot im Norden der Stadt (Foto) löste die Phantasie der Architekten heftiges Pro und Contra in der Bevölkerung aus.

Nur etwa 20% der jüdischen Bevölkerung Jerusalems gelten als ultra-orthodox. Doch in ihren Wohnvierteln konzentriert sich der größte Teil religiöser Bauten, und bei ihren extremsten Vertretern ist auch die Intoleranz gegenüber jenen am größten, die ihre hergebrachten Grundsätze nicht beachten. Diese Gruppen fordern weniger religiöse Israeli zur Stellungnahme heraus, weil sie in deren Alltag rücksichtslos eingreifen. Die Zahl der Versuche von Ultra-Orthodoxen, Straßen am Sabbat für den Autoverkehr zu sperren, den Bau von Schwimmbädern und Sportstätten zu verhindern, die Sittsamkeit der Werbung zu kontrollieren, wurde immer größer. Steine fliegen, Gewalt ist nicht tabu.

Im Rathaus konnte Teddy Kollek von seinem Amtsantritt an mit den religiösen Parteien in konstruktiver Atmosphäre zusammenarbeiten. Erst in den späten siebziger Jahren, als Menachem Begin Regierungschef wurde, änderte sich auf den Straßen die Stimmung. Die Extremisten blieben eine kleine Minderheit, doch sie erforderten nun mehr Aufmerksamkeit. Kollek aber tat eines nicht: Er reagierte nicht genauso intolerant. Er erinnerte sich sehr wohl daran, daß die ersten Juden, die nach Palästina zurückkehrten, nicht Zionisten waren, sondern Religiöse, die unbeschreiblich gelitten hatten.

Doch er wehrte sich dagegen zu akzeptieren, daß das Konzept der Ultra-Orthodoxen das einzig richtige für die Juden sei. Eine lärmende Minderheit, meint er, wolle Jerusalem in eine sterile Stadt verwandeln. Das Ergebnis sei, daß viele Menschen, die auf eine freundliche Weise religiös sein wollten, aus der Stadt hinausgetrieben würden, weil sie gegen den Fanatismus nicht ankämen. Und Kollek selbst bekam die zunehmende Gewaltbereitschaft zu spüren, als er 1983 nach einem Synagogen-Besuch von Extremisten verprügelt wurde. Sie hatten ihm die Unterstützung eines Schwimmbadbaues im Viertel Ramot übelgenommen.

Einer der Führer der Ultra-Orthodoxen brachte ihr Anliegen auf den Punkt: »Wir, die Juden, die jüdische Tradition repräsentieren, haben das Recht zu fordern, daß Jerusalem heiliger wird. Wir kämpfen, um es als eine besondere Stadt zu erhalten.« Der

Bürgermeister gab eine Antwort darauf, die viele überraschte: Wenn er sich gezwungen sah, eine Straße am Sabbat für den Verkehr zu schließen, dann dauerte es nicht lange, bis in der Stadt eine neue Ausstellung eröffnet wurde oder ein französischer Unterhaltungsfilm in den Kinos anlief. Als an einer Bushaltestelle die Wartehalle in Brand gesteckt wurde, weil dort ein Poster ein Mädchen im Badeanzug zeigte, hatte er sogleich die Antwort.

Der Busverkehr in die orthodoxen Stadtviertel wurde vorübergehend eingestellt und die Anzeigenagentur veranlaßt, die beanstandeten Poster aus der Umgebung religiöser Viertel zu entfernen. Kollek bekennt sich dazu, daß er mehr Synagogen und Bekenntnisschulen habe bauen lassen und mehr Straßen für den Sabbatverkehr gesperrt habe als jemand vor ihm in Jerusalem. Dies sei jedoch nur durchzuhalten, wenn beide Seiten Verständnis für Andersdenkende aufbringen.

Aber wenn dieses Verständnis selbst bei der Regierung fehlte, dann fühlte Kollek sich in unerträglicher Weise herausgefordert. In den späten siebziger Jahren hatte die Stadt mit dem Bau eines Fußballstadions begonnen. Da die dort zu erwartenden Spiele aber stets am Sabbat stattfinden würden, sahen die religiösen Parteien eine Störung ihrer Ruhe voraus. Auf Bitten der Regie-

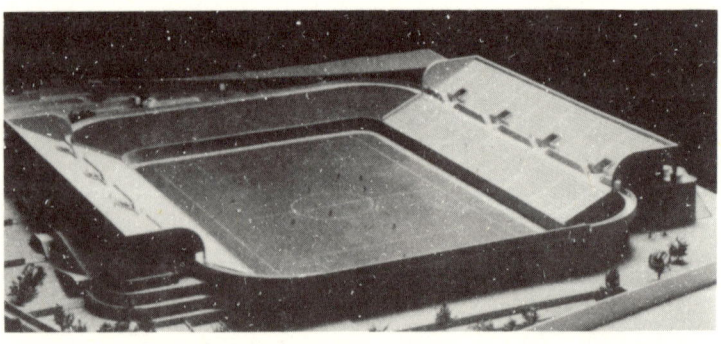

Modell des Fußballstadions im Malha-Viertel. Nicht weniger als 1500 Einsprüche wurden aus ultra-orthodoxen Kreisen eingelegt, um den Bau des Stadions und damit spätere Spiele am Sabbat zu verhindern. Schließlich gab ein Gericht grünes Licht für den Bau.

rung wurde eine andere Stelle für das Stadion gewählt. Nach endlos scheinenden Beratungen waren alle Vorarbeiten abgeschlossen – bis auf die Unterschrift von Ministerpräsident Schamir. Und die war nicht zu bekommen.

Kollek erinnert sich noch an seine Reaktion: »Frustriert entschied ich schließlich, daß es keine andere Möglichkeit gab, als vor seinem Büro zu demonstrieren. Da aber die Realität des Lebens eines Bürgermeisters nicht zuläßt, daß er einen Tag müßig damit verbringt, ein Schild in der Hand zu halten, nahm ich mein ganzes Büro zur Demonstration mit: Schreibtisch, Sekretärinnen, Telefone und alles. Leider vergeblich. Der Ministerpräsident unternahm nichts und zwang uns, die Angelegenheit vor Gericht zu bringen.« Und von dort kam 1989 endlich »grünes Licht«. Das Stadion ist im Bau.

Teddy Kolleks Strategie gegenüber den Ultra-Orthodoxen war originell und in vielen Einzelfällen erfolgreich. Doch er sieht auch den größeren Zusammenhang: »den ewig neuen Wettstreit um das Seelenheil der orthodoxen Jerusalemer Stadtbevölkerung, der Extremismus und Gewalt erzeugt. Ein Kampf um die Seele des Judentums« ist nach seiner Überzeugung im Gange, der in tiefere Schichten reicht als der Kampf gegen Araber. Auch Staatspräsident Chaim Herzog hatte in seiner vielbeachteten Antrittsrede 1983 die innere Verfassung als das Hauptproblem Israels genannt.

Daraus folgt, daß die inneren Konflikte den israelisch-arabischen Gegensatz überlagern. Doch zugleich fachen sie diesen an! Von der kleinen Minderheit extremer Aktivisten geht seit Beginn der achtziger Jahre eine Unruhe aus, die für das Nebeneinander von Juden, Muslimen und Christen in Jerusalem immer gefährlicher wurde. Vor allem in dem Augenblick, in dem die Extremisten nach dem Tempelberg greifen. Das jüdische Religionsgesetz, die Halacha, verbietet »unreinen« Juden das Betreten des Tempelbergs. Erst bei der Ankunft des Messias dürfen sie sich dem Heiligen Berg nähern.

Selbst ein Blick aus dem Flugzeug auf den Berg ist ihnen verwehrt, denn die Heiligkeit des Ortes, an dem einst der Tempel der Juden stand, reicht nach der Überlieferung bis in den Himmel. Nationalistische und religiöse Eiferer stören sich daran nicht. Für sie wäre eine jüdische Präsenz auf dem Tempelberg die Bestätigung jüdischer Souvernität über ganz Jerusalem und »Eretz Israel«, das ganze biblische Land Israel – mit den besetzten Gebieten. Und ultra-orthodoxe Eiferer meinen sogar, sie könnten mit dem Betreten des Berges die Ankunft des Messias beschleunigen, um danach den Tempel wieder aufzubauen.

Seit jüdische Extremisten 1981 versuchten, durch ein Loch, das bei Bauarbeiten an der Klagemauer entdeckt worden war, auf den Tempelberg vorzudringen, rissen die Aktivitäten der jüdischen Eiferer nicht mehr ab. Dabei erwies sich die Gruppe »Gläubige des Tempelbergs« als besonders rücksichtslos. In ihrem Umkreis bewegten sich die rechtsradikale Siedlerbewegung »Gush Emunim« und die Kach-Bewegung des Rabbiners Meir Kahane, der eine Zeitlang der Knesset angehörte und für eine radikale Vertreibung der Araber eintrat. Er wurde später in New York ermordet, doch seine Ideen leben weiter.

Teddy Kollek wehrte sich entschieden gegen die Kurzsichtigkeit der jüdischen Extremisten, weil er genau wußte, welche emotionale Bedeutung der Tempelberg für die Muslime hat. Jeder Zusammenstoß an dieser Stelle mußte Haß und neues Mißtrauen entfachen. Beschwörend klangen die Worte in seiner Rede zur Friedenspreisverleihung in Frankfurt am Main 1985: »Die Tatsache allein, daß wir es den Mohammedanern ermöglichen, ihr Leben so zu gestalten, wie sie es wollen, und, besonders, ihnen den Tempelberg überlassen, ist einer der Gründe für die Ruhe, die in Jerusalem herrscht und die wir und andere so sehr in unserer Stadt schätzen.« Doch bald sollte es anders kommen…

Zwischen Krieg und Frieden

Schritt für Schritt baute der Bürgermeister an dem Haus, dessen Äußeres attraktiv sein und dessen Bewohner in Frieden miteinander leben sollten. Die Bausteine ließen bereits nach den ersten Jahren erkennen, daß es vorwärts ging mit dem Gebäude. Es würde schön werden, das war schon zu sehen. Was die Bewohner betraf, so war Geduld erforderlich, damit die Nachbarn besser zueinander paßten. Niemals verlor Teddy Kollek aus dem Auge, daß die Koexistenz der Juden und der Araber in Jerusalem, so sehr er sie auch förderte, gefährdet blieb.

Die wirtschaftlichen Lebensverhältnisse in Ostjerusalem besserten sich. Die Kontakte von Mensch zu Mensch wurden vertieft, und doch lebten die Araber nach den eigenen Bildern, die sie sich von der Welt machten. Vom Terrorismus war Jerusalem weniger betroffen als die Region insgesamt. Doch Kollek wußte auch, daß er zwischen der alltäglichen Anpassung der Araber an ein erträgliches Leben in der Stadt und der grundsätzlichen Ablehnung israelischer Herrschaft zu unterscheiden hatte.

Das bewahrte ihn davor, sorglos in die Zukunft seiner Stadt zu blicken. Das übrige Israel hätte diesen Realismus auch gebraucht, dachte er nach dem Yom Kippur-Krieg. Israels glanzvoller Sieg im Sechs-Tage-Krieg hatte im Lande ein Gefühl der Unbesiegbarkeit entstehen lassen. Und war es nicht auch so, daß Sadat eine schwächere Figur war als sein verstorbener Vorgänger Nasser? Im übrigen schienen die israelischen Stellungen am Suez-Kanal-Ufer sicheren Schutz gegen jeden ägyptischen Angriff zu bieten. Aber Israel täuschte sich in allen Punkten. Sadat war längst dabei, die Revanche für 1967 vorzubereiten, und am 6. Oktober 1973 schlugen Ägypten und Syrien los. Israel traf es schlecht vorbereitet an einem Feiertag. Erfolgreich drangen die Feinde vor.

Dann aber nahm Israel alle Kraft zusammen. Zum Teil waren die Männer, die Gebetstücher noch umgelegt, zu ihren Einheiten geeilt. Syriens Truppen wurden hinter die Linie von 1967 zurückgedrängt, die Ägypter am Kanal geschlagen. Israelische Artillerie bedrohte Kairo und Damaskus. In dieser Phase des Kriegs überzeugten die USA Israel, nicht weiter vorzudringen und einem Waffenstillstand zuzustimmen. Die beiden arabischen Länder waren vor Schlimmerem bewahrt worden. Doch auf beiden Seiten hatte dieser Schlagabtausch tiefe und langfristige Wirkungen. Die Araber hatten mit ihrem, wenn auch nur zeitweiligen, Erfolg das 1967 verlorene Selbstbewußtsein wiedergewonnen.

Die israelischen Streitkräfte galten jetzt nicht mehr als unbesiegbar. Und so empfanden es die Israeli selbst auch. Zum erstenmal seit 1948 war die Existenz des Staates ernsthaft bedroht. Schnell wurden zwar die israelischen Waffenarsenale mit Hilfe der USA wieder aufgefüllt. Aber eine quälende Selbstprüfung setzte ein, die Israels regierender Arbeiterpartei, die bis 1968 Mapai hieß, einen nicht mehr wiedergutzumachenden Vertrauensverlust brachte. Für Teddy Kollek war es ein falsches Überlegenheitsgefühl, das beinahe zur Katastrophe geführt hätte. Die Israeli, so meinte er, hätten Fett angesetzt.

Dunkle Schatten legten sich auf die israelische Innenpolitik der folgenden Jahre. Die Wirtschaftslage verschlechterte sich, eine alarmierende Inflation griff um sich: Steuern wurden erhöht. Vor allem wandelte sich die Gesellschaft. Ihr Selbstvertrauen verfiel mehr und mehr, nachdem der Mythos von der Unbesiegbarkeit zerstört worden war. Die Zahl der Auswanderer nahm auffallend zu. Die Arbeiterpartei bot ein verwirrendes Bild. Sie war zerstritten über die Frage der Rückgabe besetzter Gebiete. Bittere Rivalitäten trennten ihre Führer. Der Skandale und Verleumdungen wurde sie nicht mehr Herr.

Das politische Aus für die Arbeiterbewegung Israels kam 1977. Bei der Knessetwahl in diesem Jahr wurde sie erdrutschartig hinweggefegt. Innerhalb von vier Jahren hatte die Hälfte der israelischen Wählerschaft der Arbeiterpartei ihre Sympathie entzogen und war zum rechtsgerichteten Likud-Block übergelaufen, darunter viele Arbeiter und Wähler aus dem unteren Mittelstand. Auffallend war vor allem, wie viele orientalische Juden den Likud-Block gewählt hatten. Obwohl dieser Bevölkerungsteil, die Sephardim, bald darauf schon 60% ausmachte, war er überall im öffentlichen Leben Israels unterrepräsentiert geblieben.

Meist hatten die aus Europa stammenden Juden, die Aschkenasim, bessere Jobs und vor allem ein höheres Einkommen. Und vielen Sephardim schien es, als hätten die Rabins, Ebans und Dayans die alten egalitären Grundsätze der Arbeiterbewegung längst vergessen. Unter Menachem Begin, dem neuen Regierungschef, würde das Leben vielleicht einfacher werden. Teilte er nicht ihre Abneigung gegen die Araber – und ihre Sympathien für das große jüdische Israel? Ein faszinierender Redner war er jedenfalls. »Zwischen dem Meer und dem Jordan«, hatte er gesagt, »gibt es nur jüdische Souveränität.« Daran konnte man sich halten...

Jerusalem war 1973 vom Krieg verschont geblieben. Dennoch blieb das Geschehen in der Bevölkerung gegenwärtig, denn am Suez-Kanal erlitt eine Jerusalemer Reserveeinheit schwere Verluste. In der Stadt ging das Leben seinen gewohnten Gang. Allerdings fiel Teddy Kollek auf, daß viele Araber sich anders verhielten als vorher. Sie ließen sich offensichtlich von der Siegesstimmung der ersten Kriegstage anstecken. Stolz trat mancher nun den Israeli gegenüber. Am Ende gab es für die Araber keinen Anlaß zur Euphorie, denn die Niederlage Ägyptens und Syriens war weit größer noch als 1967.

Und doch war das Verhalten der Menschen in Ostjerusalem in zweifacher Hinsicht aufschlußreich. Sie waren zum einen nicht bereit, die Realität anzuerkennen. Die israelischen Streitkräfte waren eben siegreich gebieben. Aber jenseits dieser Wirklichkeit meinten die Araber, den Glauben an sich selbst wiederzufinden. Das sollte später sogar eine friedensfördernde Wikrung haben. Doch konnten realitätsferne Illusionen auch zu tiefer Enttäuschung führen, wie es der Golfkrieg zu Beginn des Jahres 1991 lehrte. Zum anderen wurde deutlich, daß das Streben nach nationaler Selbstachtung stets wichtiger blieb als die Zufriedenheit mit der wirtschaftlichen Lage in Ostjerusalem.

In den arabischen Staaten war die psychologische Wirkung um so größer, als das für den Westen so folgenreiche Ölembargo die Fähigkeit der Araber zu koordiniertem Handeln erwiesen hatte. Zwar blieben die Grundprobleme der Region ungelöst. Israel war zum Rückzug von den Bergpässen des Sinai und den Ölfeldern Abu Rodeis bereit; Ägypten wollte die Schiffahrt am Suez-Kanal und im Roten Meer nicht mehr behindern. Aber die Anerkennung Israels und die Zukunft Palästinas wurden wieder ausgeklammert. Von Frieden war nicht die Rede.

Je länger es dauere, hatte der 1973 verstorbene David Ben Gurion einmal gesagt, desto schwerer werde es den Arabern fallen, Friedensbedingungen anzuerkennen. Er behielt auch in diesem

Fall, langfristig gesehen, recht. Doch jeder neue Markstein der Entwicklung im Nahen Osten führte zu eigenen Hoffnungen oder Enttäuschungen. Nach dem Yom-Kippur-Krieg zeigte die Politik der arabischen Staaten gegenüber Israel ein gemäßigtes Gesicht. Sogar die PLO schien bereit zu sein, die Existenz Israels anzuerkennen, wenn die besetzten Gebiete zurückgegeben werden würden.

Die Einsicht wuchs offenbar bei den Arabern, daß eine Alternative zur bisherigen »Alles oder nichts«-Politik nötig sei. Und Israel, das mit Ägypten ein Abkommen über die Einflechtung der beiderseitigen Truppen auf der Sinai-Halbinsel geschlossen hatte, sah plötzlich einen Weg, über die Sicherheit zu verhandeln. Im Februar 1977 dann gab Ägyptens Präsident Anwar Al-Sadat ein Interview, in dem er sich an das amerikanische Volk wandte: »Niemals zuvor«, erklärte er, »waren die Aussichten für einen Frieden besser. Niemals in den letzten 28 Jahren seit der Gründung Israels hatten wir eine bessere Chance für eine dauerhafte Regelung im Mittleren Osten. Wir dürfen diese Chance nicht verlieren.«

In dieser Atmosphäre der Hoffnung legte der amerikanische Präsident Jimmy Carter wenige Wochen später einen Drei-Punkte-Plan vor, in dem ein Präsident der USA zum erstenmal ein »homeland« für die Palästinenser forderte, eine Heimstatt. Er trat ferner dafür ein, daß Israel sich annähernd bis zu den Grenzen von 1967 zurückzieht, und sprach sich für einen dauerhaften Frieden in der Region aus. Doch die Überraschung konnte im Westen, vor allem aber in Israel, kaum größer sein, als Sadat sich am 19. November 1977 selbst auf den Weg nach Jerusalem machte.

Es war ein erregendes Ereignis für die Politiker und die Bevölkerung in der Stadt; denn seine historische Tragweite lag vor aller Augen. Teddy Kollek empfand nicht anders. Er betrachtete es als eine Ehre, Sadat auf einer Rundfahrt durch die Stadt begleiten zu können. Ihm war es besonders wichtig, dem ägyptischen Präsidenten jene Stadtteile zu zeigen, die im israelischen Unabhängigkeitskrieg vermint und mit Stacheldraht versperrt gewesen waren. Nun gab es da Grünanlagen und Ausgrabungen früher jüdischer, christlicher und islamischer Bauten. Auch zum Tempelberg ging die Fahrt und zur Gabeskirche, wo Sadat die aus Ägypten stammenden koptischen Christen besuchte.

Kollek hatte den sicheren Eindruck, daß der Präsident den Respekt spürte, mit dem die Israeli den Heiligen Stätten gegenübertraten und die Rücksichtnahme der Stadtverwaltung auf das Eigenleben der Araber anerkannte. Der folgende Tag brachte mit der Rede Sadats vor der Knesset den politischen Höhepunkt seiner Reise. Es war ein Appell zum Frieden und zum gegenseitigen Verständnis, den er von Jerusalem aus an Israel richtete. Aber auch an die anderen arabischen Staatsmänner, mit denen er die Reise zuvor nicht abgesprochen hatte. Konkret trat Sadat für die Räumung der besetzten Gebiete ein.

Er forderte die Anerkennung des Rechts der Palästinenser auf einen eigenen Staat und trat für das Recht aller Staaten der Region auf sichere Grenzen ein. Auch Menachem Begin, erst seit wenigen Monaten Regierungschef, warb für den Frieden, doch blieben die besetzten Gebiete für ihn »jüdisches Heimatland«. Verhandlungen über die Palästinenser schloß er nicht aus. Damit war trotz der Bekenntnisse zum Frieden bereits klar, daß eine umfassende Regelung des Palästinenser-Problems nicht zu erwarten war. Selbst zu einer Autonomie in den besetzten Gebieten kam es später nicht.

Dennoch sind die ein Jahr später beginnenden, von Präsident Carter vermittelten Gespräche in Camp David als eine Möglichkeit in die Geschichte eingegangen, wie alte Feinde sich an den Verhandlungstisch setzen und über Kompromisse nachdenken können. In der Rahmenvereinbarung »für den Frieden im Nahen Osten« erklärte Israel sich zum Rückzug von der Halbinsel Sinai bereit. Doch den Palästinensern wollte Begin nur eine fünfjährige Autonomie gewähren. Auch der Friedensvertrag, der 1979 folgte, wirkte sich auf die Palästinenser nicht aus, brachte Israel aber die gewünschte völkerrechtliche Anerkennung.

Von Jerusalem war in den Vereinbarungen zwischen Ägypten und Israel nicht die Rede. An das »Herz des Konflikts«, wie die Stadt einmal bezeichnet wurde, wagte sich keiner der Gesprächspartner von Camp David heran, weil jeder genau wußte,

Rede des ägyptischen Präsidenten Anwar Al-Sadat
am 20. November 1977 vor der Knesset in Jerusalem (Auszüge)

»...Die Antwort auf die Kardinalfrage über den Frieden ist weder schwierig noch unmöglich, trotz der vielen Jahre, die von Feindseligkeit und Haß geprägt worden sind. Die Beantwortung dieser Frage ist einfach, wenn wir einer geraden Linie der Wahrheit und des Glaubens folgen. Sie wollen mit uns in diesem Gebiet zusammenleben. Dazu sage ich ganz ehrlich: Wir heißen Sie willkommen. Alleine dies ist das Anzeichen eines historischen Wandels. Wir haben Sie in der Vergangenheit abgelehnt. Dazu hatten wir unsere Gründe und Argumente... Heute sage ich Ihnen und der ganzen Welt aber, daß wir es akzeptieren, mit Ihnen in einem Zustand des gerechten und dauerhaften Friedens zusammenzuleben. Wir wollen nicht, daß Sie uns, oder wir Sie, mit vernichtenden Raketen einkreisen. Ich habe mehrmals erklärt, daß Israel eine Realität geworden ist, daß es von der Welt anerkannt wurde und daß die Verantwortung für seinen Schutz die beiden Supermächte tragen. Wir wollen in der Tat, daß Sie mit uns in Frieden zusammenleben. Zwischen uns gab es eine hohe und starke Mauer, die Sie – über ein Vierteljahrhundert hinweg – aufzubauen versuchten. Diese Mauer brach im Jahre 1973 zusammen. Es war eine Mauer des kontinuierlichen psychologischen Krieges, es war die Mauer der Abschreckung und Bedrohung, die ganze arabische Nation zu überrollen... Es gab unter Ihnen sogar einige, die behaupteten, die Araber hätten nicht einmal in 50 Jahren die Chance, selbst wieder auf die Füße zu kommen... Zwar müssen wir heute zugeben, daß diese Mauer niedergerissen wurde, dennoch bleibt eine zweite Mauer, die zwischen Ihnen und uns ein kompliziertes psychologisches Hindernis bildet. Es ist dies die Mauer der Verdächtigungen, der Abneigung ... und des falschen Interpretierens eines jeden Geschehnisses. Wie ich meine – und es auch zum Ausdruck brachte – bildet dieses Hindernis 70% des Problems. Ich frage Sie heute, warum können wir uns nicht offen die Hände reichen, um dieses Hindernis niederzureißen? ... «

Quelle: Archiv der Gegenwart, XLVII. Jg. (1977), Bonn/Wien/Zürich, S. 21379–21381

Antwortrede des israelischen Ministerpräsidenten Menachem Begin
Am 20. November 1977 (Auszüge)

»...Wir betrachten es als unsere Pflicht ... darauf hinzuweisen, daß wir die Hand zum Frieden reichten von dem Tag an, an dem wir Unabhängigkeit erlangten... Israel wollte stets den Frieden und nicht die Gewalt. Israel wollte den Frieden für die Nation verwirklichen und mit seinen Nachbarn in Frieden leben... Wir beginnen jetzt eine neue Periode im Nahen Osten, die uns hoffentlich Blüte, Wachstum und Entwicklung bringen wird... Wir wünschen in Frieden zu leben und wünschen einen wirklichen und umfassenden Frieden mit unseren arabischen Nachbarn, ohne daß weiter Blut vergossen wird... Wir möchten besonders lobend die Ansicht des Königs von Marokko hervorheben, der sagte, wenn es im Nahen Osten Frieden gibt, dann werde der arabische Genius zusammen mit dem jüdischen Genius Wunder vollbringen und die Region in ein Paradies verwandeln... Wir sind bereit, die Menschenrechte, die Gerechtigkeit in Frieden und die gegenseitige Achtung allen zu garantieren, die mit uns zusammenarbeiten wollen. Sollten wir zum Besuch ihrer Hauptstädte eingeladen werden, so werden wir dieser Einladung erfreut folgen. Sollten wir nach Damaskus und Beirut eingeladen werden, so gehen wir auch in diese beiden Hauptstädte. Wir wollen nicht teilen noch zerstückeln, wir wollen nur den Frieden und einen Friedensvertrag.«

Quelle: Archiv der Gegenwart, XLVII. Jg. (1977), Bonn/Wien/Zürich, S. 21379–21381

daß er sich an dieser Frage die Zähne ausbeißen würde. Aber jeder der Beteiligten war sich insgeheim auch darüber klar, daß eine dauerhafte Friedensregelung eines Tages die Klärung der Status-Frage Jerusalems auf den Tisch bringen würde. Für die Selbstachtung der Araber blieb das ein zentrales Thema. Auch für Begin; allerdings mit einem Unterschied.
Jerusalem wurde am 30. Juli 1980 durch ein Gesetz mit Verfassungsrang als Ganzes zur Hauptstadt Israels erklärt. Die Regierung verpflichtete sich darin zwar, sich für das »Wohlergehen seiner Bewohner« einzusetzen. Aber eine Aufgabe oder auch

Verfassungsgesetz über Jerusalem
vom 30. Juli 1980

Artikel 1

Das vereinte Jerusalem ist in seiner Gesamtheit die Hauptstadt Israels.

Artikel 2

Jerusalem ist der Sitz des Staatspräsidenten, der Knesset, der Regierung und des obersten Gerichts.

Artikel 3

Die Heiligen Stätten sollen vor Entweihung, vor jeglicher Verletzung und vor allem geschützt werden, was den freien Zugang der Angehörigen verschiedener Religionsgemeinschaften zu den ihnen Heiligen Stätten oder ihre diesbezüglichen Gefühle verletzen könnte.

Artikel 4

a) Die Regierung soll sich weiterhin gewissenhaft für die Entwicklung und Förderung Jerusalems und das Wohlergehen seiner Bewohner einsetzen und zu diesem Zweck Sondermittel zur Verfügung stellen, wie zum Beispiel einen jährlichen Zuschuß an die Stadtverwaltung in Übereinstimmung mit dem Finanzausschuß der Knesset.
b) Jerusalem sollen im Wirken der staatlichen Behörden, in der Entwicklung der wirtschaftlichen und anderen Bereiche besondere Vorzugsrechte eingeräumt werden.
c) Die Regierung soll einen oder mehrere Sonderausschüsse für die Ausführung dieser Bestimmungen ernennen.

Quelle: Europa-Archiv, Folge 21/1980, S. D-603

nur eine Teilung der Herrschaft über die Stadt war damit ausgeschlossen. Teddy Kollek war sofort klar, daß ein solches Gesetz, von einer Abgeordneten der äußersten Rechten in der Knesset initiiert, der guten Nachbarschaft in der Stadt nicht dienen würde. Mit »Deklarationen«, wie er es nannte, sei das nicht zu erreichen.

In Camp David hatten Sadat und Begin ihre Standpunkte zum Thema Jerusalem nur in Briefen an Jimmy Carter festgehalten. Das erregte weniger Aufsehen, als wenn es im Vertrag gestanden hätte. Der Israeli verwies in seinem kurzen Brief lediglich auf eine Verfügung der israelischen Regierung von 1967, wonach Jerusalem unteilbar und die Hauptstadt Israels sei. Sadat wiederum bezeichnete das »arabische Jerusalem« als »integrierenden Teil des Westjordanlandes.« Insofern schlossen die Ansprüche auf Souveränität sich aus. Doch in zwei Punkten machte der ägyptische Präsident bemerkenswerte Einschränkungen.

Er sprach in seinem Brief nur vom »arabischen Jerusalem«, also nur vom östlichen Teil, der zum Westjordanland gehöre. Im Gegensatz dazu vertraten palästinensische Völkerrechtler schon lange die Ansicht, daß die Palästinenser seit dem Ende des Osmanischen Reiches und der Bildung arabischer Staaten die Souveränität über Palästina – einschließlich ganz Jerusalems – besäßen. Daran habe auch die Teilungsresolution der UNO von 1947 nichts geändert. Sie wollte Jerusalem als »corpus separatum« internationaler Verwaltung unterstellen sowie Gesetzgebung und Steuererhebung einer gewählten Vertretung der Einwohner übertragen.

Zweitens trat Sadat 1978 nicht für eine erneute physische Teilung der Stadt ein. Sein Modell hieß: zwei Souveränitäten im ungeteilten Jerusalem. Kollek hält das für einen politischen und praktisch untauglichen Lösungsversuch, wie er auch eine internationale Verwaltung als nicht praktikabel sieht. Und in der Tat lehrt die leidvolle Geschichte Jerusalemer Verwaltungen seit der Mitte des 19. Jahrhunderts nicht gerade, daß man auf freiwillige Kompromisse der Bevölkerungsgruppen untereinander hoffen dürfe. Die Muslime würden überdies die Souveräntitä von »Ungläubigen« – also auch der UNO – über ihre Heiligen Stätten nicht anerkennen.

Anwar Al-Sadat wurde 1981, isoliert in der arabischen Staatenwelt und angefeindet von den islamischen Fundamentalisten in

Brief des ägyptischen Präsidenten Anwar Al-Sadat an den amerikanischen Präsidenten Jimmy Carter
vom 17. September 1978
(im Zusammenhang mit den Vereinbarungen von Camp David über eine Nahost-Friedensregelung)

Betrifft: Status Jerusalems

Sehr geehrter Herr Präsident,
ich schreibe Ihnen, um den Standpunkt der Arabischen Republik Ägypten in bezug auf Jerusalem zu bekräftigen:

1. Das arabische Jerusalem ist integrierender Teil des Westjordanlandes. Juristische und historische Rechte der Araber in der Stadt müssen geachtet und wiederhergestellt werden.

2. Das arabische Jerusalem sollte arabischer Souveränität unterstehen.

3. Die palästinensischen Bewohner des arabischen Jerusalems haben Anspruch darauf, ihre legitimen nationalen Rechte auszuüben, da sie Teil des palästinensischen Volkes im Westjordanland sind.

4. Die einschlägigen Resolutionen des Sicherheitsrats, im besonderen die Resolutionen 242 und 267, müssen auf Jerusalem angewandt werden. Alle Maßnahmen, die seitens Israels ergriffen worden sind, um den Status der Stadt zu verändern, sind null und nichtig und sollten rückgängig gemacht werden.

5. Alle Völker müssen freien Zugang zu der Stadt haben und ohne Unterschied und Diskriminierung freie Religionsausübung und das Recht des Besuchs der Heiligen Stätten sowie des Transits zu Ihnen genießen.

6. Die Heiligen Stätten jedes Glaubens können der Verwaltung und Kontrolle von Vertretern desselben unterstellt werden.

7. Die lebenswichtigen Funktionen der Stadt sollten ungeteilt sein, und ein gemeinsamer Stadtrat aus einer gleichgroßen Zahl von arabischen und israelischen Mitgliedern kann die Ausführung dieser Funktionen überwachen. Auf diese Weise soll die Stadt ungeteilt sein.

Mit vorzüglicher Hochachtung
Mohammed Anwar Al-Sadat

Quelle: Europa-Archiv, Folge 2/1979, S. D-53

Brief des israelischen Ministerpräsidenten Menachem Begin an den amerikanischen Präsidenten Jimmy Carter
vom 17. September 1978

Betrifft: Status Jerusalems

Sehr geehrter Präsident,
Ich beehre mich, Ihnen, Herr Präsident, mitzuteilen, daß das Israelische Parlament am 28. Juni 1967 ein Gesetz verabschiedet und gebilligt hat, das besagt: »Die Regierung ist ermächtigt, durch Erlaß das Recht, die Jurisdiktion und die Verwaltung des Staates auf jeden Teil von Eretz Israel gemäß jenem Erlaß zur Anwendung zu bringen.«
Auf der Grundlage dieses Gesetzes verfügte die Regierung von Israel im Juli 1967, daß Jerusalem eine unteilbare Stadt ist, die Hauptstadt des Staates Israel.

Mit vorzüglicher Hochachtung
Menachem Begin

Quelle: Europa-Archiv, Folge 2/1979, S. D-53

Kairo ermordet – eine Rückkehr zu jenen Methoden der Gewalt, die alle Hoffnungen auf Lösungen der Vernunft in der arabischen Welt immer wieder diskreditiert. Die Frage der Souveränität über Jerusalem war für die einen längst erledigt, für die anderen blieb sie in der Schwebe. Die USA haben die Annexion Ostjerusalems durch Israel nicht offiziell anerkannt, doch gibt es Resolutionen beider Häuser des Kongresses, in denen ganz Jerusalem als Hauptstadt Israels bezeichnet wird.
Auch zwischen Palästinensern und Israeli in Jerusalem taucht das schwierige Thema im Gespräch hin und wieder auf, und dabei herrscht in einem Punkt stets Übereinstimmung: Jerusalem sollte nicht wieder physisch geteilt werden. Jedenfalls weht über dem Gebäude der UNO-Vertretung, wenige Meter vom nicht mehr vorhandenen »Mandelbaum-Tor« entfernt, noch immer die Flagge der Weltorganisation, wie seit über 40 Jahren. Für die UNO ist das Thema nicht erledigt. Wirklich akut kann es aber erst dann werden, wenn entschieden werden muß, ob

»Jerusalem« am Anfang von Verhandlungen stehen soll oder am Ende.

Der Bürgermeister würde nicht auf die Idee kommen, Israels Gesamtverantwortung für Jerusalem in Frage zu stellen. Aber seit Jahren beschäftigt er sich mit Überlegungen, wie man den Begriff der Souveränität, der die Araber der Stadt so sehr beunruhigt, »entschärfen« könnte. Sollte das Problem nicht eher funktional als territorial gelöst werden, fragt er sich. Was bisher als Einschränkung israelischer Souveränität verstanden werden kann, reicht offenbar nicht aus, um die Gemüter zu beruhigen: das Recht auf die jordanische Staatsbürgerschaft, die Verwaltung des Tempelbergs durch Muslime, die Beibehaltung jordanischer Lehrpläne…

Die neue Ordnung

Der Anstoß kam von israelischer Seite. Wenn die Soziologen sich die Stadtviertel ansahen, die nach 1967 im Norden und Süden Jerusalems gebaut worden waren, trafen sie auf eine Fülle von Juden der unterschiedlichsten Herkunft: Russische Einwanderer aller sozialen Schichten waren darunter, amerikanische Juden und solche aus dem Orient; daneben Juden aus den ärmsten Teilen der Gesellschaft. Kein Bezirk, ob älter oder neu, hatte das, was die Soziologen die »Leitungsebene« nennen. Niemand war für irgendeine Gemeinschaftsaufgabe verantwortlich. Alle blieben, jeder für sich, von Stadt und Staat abhängig. Spannungen waren die Folge.

Dahinter schien noch die alte Denkweise der Politiker zu stehen, die nach dem Motto handelten, wir wissen am besten, was der kleine Mann braucht. Er muß sich eben anpassen. Heute aber, meinten die Wissenschaftler, ist auch der einfachste Bürger fähig, seine Bedürfnisse zu artikulieren. Von dieser Erkenntnis beflügelt, suchte ein Team der Hebräischen Universität 1974 Teddy Kollek auf, um ihm das Konzept vorzutragen. Grundgedanke war, den Menschen mehr Verantwortung zu übertragen und mehr Rechte, z. B. bei der Entscheidung über Schulen und

Parks. Drei Begriffe spielten die Hauptrolle: Dezentralisation, Demokratisierung, Koordination.

Der Bürgermeister stimmte zu. Die Vorschläge kamen ihm gelegen, denn er dachte sofort an die arabischen Viertel, denen er mehr Autonomie und weniger Abhängigkeit wünschte. 1978 begann das Team mit seinen Experten, zu denen auch Fachleute für Organisation und Gemeindeentwicklung gehörten, in drei jüdischen und einem arabischen Stadtviertel mit der Arbeit. Es wurden Gemeindeversammlungen abgehalten und Ausschüsse gebildet, die sich mit sozialen und kulturellen Fragen, mit dem Erziehungs- und Gesundheitswesen befaßten.

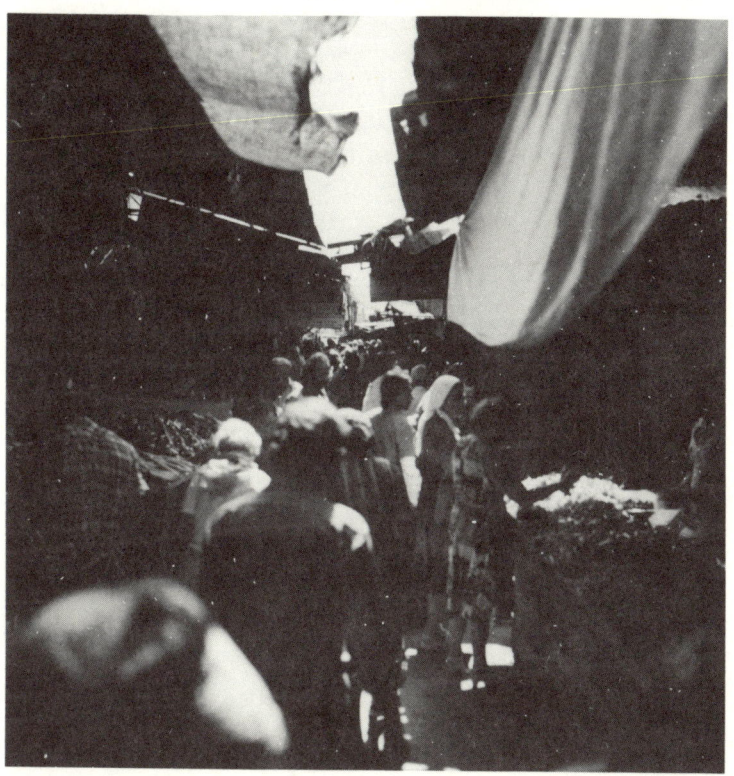

Der Markt Mahane Yehuda in Westjerusalem, wo sich Orient und Okzident begegnen. Hier ging früher der Warenverkehr von Jaffa zum Jaffa-Tor vorbei.

Schon wurde über Schulen, Kindergärten und Krippen heiß diskutiert.

Das Team beobachtete, daß vielen Menschen die Demokratie-Erfahrung fehlte. So dauerte es ein bis zwei Jahre, bis das Viertel »reif« für Wahlen war. Auf dem Weg dahin genügte es schon, wenn die Bewohner sich aktiv an den Komitees beteiligten. Nicht Autonomie stand am Anfang des Experiments, sondern Engagement. Viel zu lernen hatten die ultra-orthodoxen Juden der beteiligten Viertel, denn sie lebten wie in kleinen Theokratien, in denen das Rabbinat oft erheblich ist. Weder waren die Juden aus muslimischen Ländern noch die Muslime selbst mit demokratischen Traditionen vertraut – öfter schon mit Unterdrückung.

Zehn Jahre lang experimentierten die Männer und Frauen von der Hebräischen Universität, und es gab nicht wenig Schwierigkeiten: Politiker der Stadt sahen ihre Position bedroht. Politische Parteien waren zu den Entwicklungsprojekten nicht zugelassen. Auch die Bürokratie wurde mißtrauisch. 1986 beschloß der Stadtrat schließlich, gewählten Bezirkskomitees formelle Autorität zu übertragen. Seit 1990 beteiligt sich auch die Stadt offiziell an der Entwicklung der Projekte. Heute arbeiten die Komitees in 13 Bezirken, 10 jüdischen und 3 arabischen. Es sollen einmal rund 20 werden – die Mehrzahl der Viertel.

In den beteiligten jüdischen Bezirken leben jeweils 15000 bis 20000 Menschen, in den arabischen viel weniger: 5000 bis 7000. Noch sind die Rechte, die den Komitees zugestanden werden, gering. Immerhin aber können sie mit den einzelnen Abteilungen der städtischen Verwaltung über finanzielle oder politische Fragen direkt verhandeln. Auch mit dem Bürgermeister finden Diskussionen statt. In den beteiligten arabischen Vierteln wurde großes Interesse an den Vertretungen deutlich. Trotz des palästinensischen Aufstandes ist es groß geblieben. Wahlen allerdings gibt es dort noch nicht. Das Komitee wird von den alten Familien beschickt.

Der Weg zur Selbstverwaltung der Jerusalemer Stadtviertel wird seine Grenzen haben. Teddy Kollek hatte usprünglich an die Einführung des in London üblichen Borough-Systems gedacht, das den Vierteln echte Unabhängigkeit mit jeweils eigenen Stadträten ermöglicht. Doch bei genauerem Hinsehen wurde deutlich, daß Boroughs in Jerusalem nicht lebensfähig wären. Außerdem würde die sehr komplizierte Sozialstruktur der Stadt dem System im Wege stehen. Schließlich bliebe die Frage, ob Israels Souveränität über Jerusalem dann nicht im Kern berührt wäre. Eine direkte Entsendung von Stadtviertel-Vertretern in den Stadtrat wird jedoch diskutiert.

Die Lernprozesse in Jerusalem erfordern Geduld, bei den Lernenden und bei den Lehrenden. Und dem Auge des Besuchers der Stadt verschließen sich solche Entwicklungen. Dabei gehören gerade die Bemühungen um die Selbstverwaltung in den Stadtvierteln zu den politisch wichtigsten Vorgängen in den Beziehungen aller Bevölkerungsteile zueinander. Ob es aber gelingen wird, mit größeren Mitspracherechten in den arabischen Vierteln auch mehr Gelassenheit gegenüber den Herren der Stadt zu fördern, kann niemand voraussagen. Das Ziel muß es sein! Gelänge es trotz der Einflüsse der »Initifada«, könnte Teddy Kollek einen seiner größten Erfolge verbuchen.

Sein Werk des Brückenschlags ist heute mehr gefährdet als vor einem Jahrzehnt. Doch allein das, was mit seiner und seiner Mitarbeiter Initiative sichtbar geschaffen worden ist, sichert ihm einen einzigartigen Platz in der Geschichte der Stadt und weit darüber hinaus. Den Schlüssel zu diesem sichtbaren Werk, das ihm besonders am Herzen liegt, weil es allen Bürgern der Stadt zugute kommt, liefert die »Jerusalem Foundation«. Diese glänzend organisierte und geführte Einrichtung spiegelt sich heute in jedem Winkel der Stadt. Sie gab ihr ein neues Gesicht, das Menschen in der ganzen Welt mitgestaltet haben.

Die Ursprünge der Stiftung gehen auf die Zeit zurück, als Kollek Bürgermeister in Jerusalem geworden war. Alte Freunde in den USA meinten damals, sie sollten ihm bei den kommenden Aufgaben mit Geldspenden helfen. Rasch entwickelte sich daraus aber eine unabhängige Organisation, die unbürokratisch Geld sammelte und für ausgewählte Projekte in Jerusalem zur Verfügung stellte. Kollek war klar, daß er niemals genügend Mittel aus dem Stadtsäckel erhalten würde, um seine Pläne zu verwirklichen. Er hatte das versucht, als ein Nationalpark entlang der Altstadtmauern entstehen sollte.

Aber die israelische Regierung unternahm nichts, um ihm zu helfen. Darauf reagierte er so, wie er es immer getan hatte: Er suchte andere Wege für die Finanzierung. Die Foundation konnte mit Spenden einspringen. Einen umfassenden Plan für die Aktivitäten der Stiftung gab es nicht. Doch mit den Geldern sollten nicht nur so kostspielige Projekte wie der Nationalpark finanziert werden. Kleinere Parks entstanden in den Vierteln der ärmeren jüdischen Bevölkerung und der Einwanderer aus orientalischen Ländern. Sie lernten dabei auch, sich mit solchen ungewohnten Einrichtungen anzufreunden.

Hebung der Lebensqualität war das Stichwort vor der Wiedervereinigung der Stadt, in viel größerem Maße aber danach. Ohne die Stiftung hätten die öffentlichen Dienste für die Araber nicht in dem gewünschten Ausmaß verbessert werden können. 20 Jahre lag das Hauptgewicht der Aktivitäten auf dem Bau von

Das Sheikh Jarrach-Gesundheitszentrum in Ostjerusalem – eine Poliklinik, die ganz auf die Bedürfnisse des arabischen Bevölkerungsteils eingestellt ist. Sie wurde u.a. mit deutschen Spenden finanziert.

Einrichtungen für die Allgemeinheit. Gemeinschaftszentren gehörten dazu, Altenheime, Sportstätten, Klubhäuser. Eine der bedeutendsten Einrichtungen ist das Gesundheitszentrum Sheikh Jarrach in Ostjerusalem, eine Poliklinik für Araber, die speziell für deren Bedürfnisse ausgestattet wurde.

Diese Klinik, die sich unverändert großer Beliebtheit erfreut, wurde auch mit Hilfe deutscher Spenden gebaut. Die Foundation unterhält außer in Israel Organisationen in den USA – der wichtigsten Geldquelle –, in Deutschland, Großbritannien, Frankreich, Kanada, Belgien, den Niederlanden, der Schweiz und in Lateinamerika. Das Arbeitsprinzip ist, jeden Spender an ein bestimmtes Projekt in Jerusalem zu binden und ihm über den Fortgang der Arbeiten daran zu berichten. Solange die Einrichtung im Bau ist, verwaltet sie die Stiftung. Rund 250 Millionen US-Dollar haben Jerusalems Freunde in der Welt bisher aufgebracht – für 1027 Projekte.

Die sozialen Belange in der Stadt spielen für die Stiftung immer noch eine große Rolle, sind jedoch mehr auf bestimmte Dienste verlagert worden. So wurden Programme für Blinde und andere Behinderte finanziert, Kunstworkshops für Araber und Juden sowie Einrichtungen zur Zahnbehandlung oder Heizungsanlagen für ältere Menschen. Ein Sport- und Erholungszentrum soll in Westjerusalem entstehen und das größte Projekt der 90er Jahre werden. Nach und nach haben auch die kulturellen Aufgaben der Foundation große Bedeutung erlangt. Was hier geschaffen worden ist, hat den Charakter der Stadt stark verändert.

Jährlich findet ein Israel- und ein Filmfestival statt. Große Konzerte ziehen internationale Künstler an; das Jerusalemer Symphonieorchester wurde zum Begriff. Ein Institut für zeitgenössische Kunst verdankt seine Existenz der Stiftung ebenso wie die arabische Theatergruppe und das Experimentiertheater. Besonders stolz ist der Vorstandsvorsitzende der Foundation, Teddy Kollek, auf die »kulturelle Meile«, die nach 1967 mit Hilfe von Spenden eingerichtet wurde. Sie beginnt an der restaurierten Zitadelle und führt zum »Sultanspool«.

In dieser Talsenke westlich der Altstadtmauer finden bedeutende Konzerte statt. Weiter im Süden, im Hinnomtal, liegt die

Im Paley-Center, einer auf israelische Initiative entstandenen Begeg-
nungsstätte in Ostjerusalem. Auf dem Bild üben arabische Mädchen
pantomimischen Tanz. Trotz der Spannungen mit den Israelis kommen
sie Tag für Tag. Das Foto entstand im Sommer 1990.

»Cinémathèque« und die Herb Alpert-Musikschule. Nicht weit davon entfernt das Khan-Theater, eine alte Karawanserei. Die »Meile« führt weiter zum »Löwenbrunnen« des deutschen Bildhauers Gernot Rumpf, eine Spende der Bundesregierung, und zum »Liberty Bell«-Garten. Er erinnert mit seiner Freiheitsglocke an den 200. Geburtstag der USA. Schließlich gelangt man durch den Bloomfield-Garten nach Yemin Mosche, einem exklusiven Wohnviertel aus der Zeit von Sir Moses Montefiore. Dazu gehört auch ein Musikzentrum.

Jerusalems »kulturelle Meile« hat im Lauf der Jahre viele tausend Menschen zusammengeführt. Die Veranstaltungen mit ihrem meist hohen Niveau gaben der Stadt ein internationales Flair, das der Bürgermeister für besonders wichtig hält – sowohl im Interesse der einheimischen Bevölkerung als auch wegen der Ausstrahlung Jerusalems. Großen Wert legt die Stiftung auf Erziehungsprogramme. Die Bevölkerung der Stadt ist stark differenziert und polarisiert. Toleranz fehlt oft im Umgang miteinander. Außerdem fehlen gut ausgebildete Arbeitskräfte. Fachleute versuchen, dem abzuhelfen. Spezielle Vorschulprogramme gibt es, Computer- und Wissenschaftslabors, Theater- und Musikkurse.

Die Foundation bemüht sich auch um solche Kurse im arabischen Teil der Stadt. Bei Lehrern und Eltern soll dort der Sinn für eine fortschrittliche Erziehung geweckt weden. Mit Spenden aus Deutschland wird in Ostjerusalem eine Zentralbibliothek gebaut. Im Paley-Center werden arabische Jugendliche schon seit langem mit künstlerischen Fertigkeiten vertraut gemacht. Und schließlich öffnet sich von der »Haas-Promenade« auf einem Hügel südöstlich der Altstadt der Blick auf einen »Friedenswald«, der zu Kolleks 80. Geburtstag seinen Grundstein erhält.

Der tägliche Frieden

Jerusalem ist schöner geworden. Ohne das nie erlahmende Engagement Teddy Kolleks wäre die Stadt heute nicht so attraktiv. Aber diese Stadt der Stadtviertel ist nie fertig. Wohl pulsiert das

In der Ben Yehuda-Straße in West-Jerusalem. Die Fußgängerzone ist ein Treffpunkt für jung und alt. Bis in die Nacht hinein sind die Cafés am Straßenrand überfüllt: unbeschwerte israelische Gegenwart.

Leben in den Straßen und Fußgängerzonen Westjerusalems. Das Zentrum, das so lange etwas verschlafen wirkte, ist aufgewacht. Dort, wo die großen Wohnsiedlungen für die vielen Juden aus orientalischen Ländern, die in den fünfziger Jahren einwanderten, allmählich verfallen waren, ist gründlich renoviert worden. Schon aber wirft die Unterbringung der hereinströmenden Juden aus der Sowjetunion neue große Probleme auf. Sozialer Sprengstoff entsteht.

Die Spuren der Teilung und des Niedergangs in der geteilten Stadt sind noch nicht alle beseitigt. Lange ist der Wiederaufbau des einst so reizvollen, dann im Niemandsland verkommenen Mamilla-Viertels gleich unterhalb der Zitadelle vorbereitet worden. Wie vor 1948 soll es nun wieder ein Geschäftsviertel werden, ergänzt durch Parks, Hotels und Wohnungen. Noch stehende alte Fassaden bleiben erhalten; Hochhäuser wird es nicht geben. Das neue Viertel ist nun im Bau und wird, wenn es fertig ist, eine Brücke von der Altstadt zur Neustadt im Westen schlagen.

Noch eine »Spielfläche« für die Planer und Architekten ist ein ödes Gebiet, das einen Steinwurf weit vor dem Damaskus-Tor liegt, genannt Seam. Es liegt zwischen jüdischen und arabischen Geschäftsvierteln und bedarf daher besonders sorgfältiger Überlegungen. Einer der Pläne, von der Harvard-Universität in den USA beigesteuert, sieht an dieser Stelle den Bau von Einkaufs-Arkaden, Gärten, öffentlichen Bibliotheken, kleinen Hotels und einer Bus-Station vor. Die Entscheidung ist noch nicht gefallen. Wie hier darf sie auch an anderer Stelle nicht isoliert gesehen werden. Im Vorort Talpiot steht ein großes Modell der Stadt. Da sieht man, ob die Bausteine zueinander passen.

Ein tiefes und berechtigtes Gefühl der Befriedigung erfüllt Teddy Kollek, wenn er an Baustellen und Bauwerken des neuen Jerusalem vorüberfährt. Natürlich würde er es von sich weisen, schriebe man ihm allein das Verdienst an dieser Leistung zu. Doch ohne ihn und seine Initiativen wäre es nicht dazu gekommen. Mehr noch: Kollek hat Jerusalem, über den religiösen Aspekt hinaus, zum Bestandteil des internationalen Bewußtseins gemacht. Menschen in aller Welt, die mit ihren Spenden

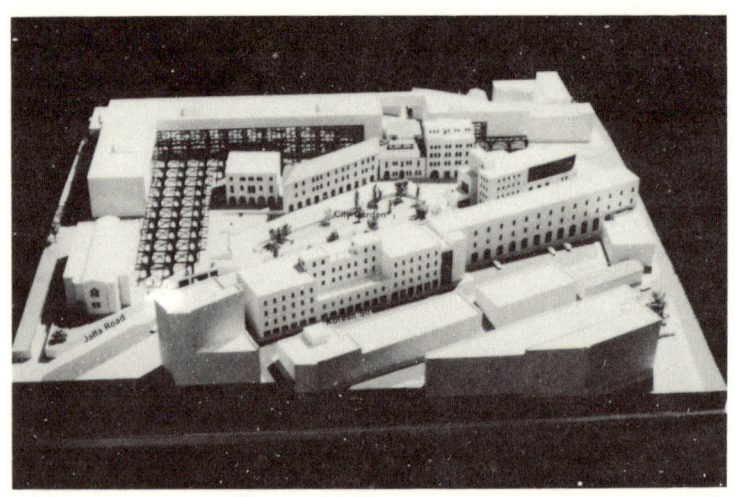

Das Modell des neuen Rathaus-Komplexes an der Jaffa Road in West-
jerusalem, der an die Stelle des alten, noch aus der Mandatszeit stam-
menden Gebäudes (Mitte rechts, mit runder Stirnseite) treten soll.
Neue Gebäude werden sich mit restaurierten historischen Bauten um
zwei dekorative Plätze gruppieren. Die Arbeiten sind in vollem Gange.

das Emporwachsen der Stadt ermöglichen, heben Jerusalem aus
der Enge des Konfliktdenkens in der Region heraus.
Dem Bild wird eine neue reizvolle Farbe hinzugefügt werden,
wenn das neue moderne Rathaus fertig ist. Die Gebäude entstehen auf dem Gelände des alten Rathauses, das so geschichts-
beladen ist. Zwischen ihm und dem nahegelegenen russischen
Viertel werden renovierte alte und sorgfältig hinzugefügte neue
Gebäude einen Rathausplatz umfassen – nach alten europäischen Vorbildern, wie sie der Bürgermeister aus seiner Jugend
kennt. In unmittelbarer Nähe zur Stadtverwaltung wird es viel
Platz für die Öffentlichkeit geben. Mit den Bauarbeiten wurde
1989 begonnen. Inzwischen bleibt die Verwaltung auf 27 Plätze
der Stadt verteilt.
Jerusalem hatte 1989 insgesamt 493 500 Einwohner. Davon waren 353 900 Juden, 125 200 Muslime und 14 400 Christen. In 20
Jahren verdoppelte sich die Bevölkerungszahl. Wie groß soll sie

noch werden? Teddy Kollek glaubt, daß bei 750000 Einwohnern die oberste Grenze liegen sollte. Die Stadt sollte sich seiner Meinung nach zum Westen hin ausdehnen. Sinnvoll erscheint es ihm, für die Araber noch etwa 20000 Wohnungen zu bauen, in denen 130000 bis 140000 Menschen untergebracht werden könnten. Am Zahlenverhältnis der Bevölkerungsgruppen zueinander hält er keine Änderung für nötig.

Der Hinweis, das Jerusalem etwas besonderes ist, klingt wie ein Gemeinplatz. Teddy Kollek aber belastet es seit langem, daß die Sonderrolle der Stadt von der israelischen Regierung nicht genügend anerkannt wird. »Wir sind«, sagt er, »in diesem armen Land die ärmste Stadt mit den größten Belastungen und dem kleinsten Einkommen.« Seine Beschwerdeliste ist lang. Das Durchschnittseinkommen zum Beispiel sei in Jerusalem um ein Viertel geringer als in Tel Aviv. Die Bevölkerung Jerusalems wachse ständig und mit ihr die Bedürfnisse, doch das Steueraufkommen sei kleiner als woanders. Allein für 2000 religiöse Gebäude brauchten keine städtischen Steuern gezahlt zu werden.

Zwar würden viele neue Straßen in Jerusalem gebaut, aber selbst kleinere Städte bekämen dafür vom Verkehrsminister höhere Zuschüsse. Die Regierung baue riesige neue Wohnviertel an den Rändern der Stadt, doch dem Service dafür müsse die Stadt bezahlen. Besonders aber trifft es Kollek, daß die Regierung mit den Baubewilligungen für Araber so sehr zögere. Und in der Tat gibt es kaum ein Gespräch zwischen ihm und Arabern, in dem dieses Problem nicht im Vordergrund steht. Der Bürgermeister äußert den Verdacht, daß es Leute in der Regierung gebe, die glaubten, den Zuzug von Arabern durch die Verweigerung von Baugenehmigungen stoppen zu können.

Doch das ist nach Kolleks Erfahrungen nicht der Fall. Es erhöhe sich lediglich die Wohndichte, und dadurch entstehe neuer Sprengstoff. Auch der Bau neuer Schulgebäude kommt nur schleppend voran – mit der Folge, daß Kinder in Privatschulen geschickt werden, in denen die PLO den Ton angibt. Koloniales, überzentralisiertes Verhalten wirft der Bürgermeister der Regierung vor. Wie weit das gehe, wurde 1990 am orthodoxen

Fest verschlossen und bewacht sind die Tore des orthodoxen St. John-Convents im christlichen Viertel der Altstadt, das von jüdischen Siedlern im Frühsommer 1990 handstreichartig besetzt wurde. Im Hintergrund der Glockenturm der evangelischen Erlöserkirche.

St. John-Convent in der Altstadt deutlich, das von extremen jüdischen Siedlern besetzt wurde – mit finanzieller Unterstützung durch die israelische Regierung.

Es gibt Bemühungen der Regierung, im Bereich der Erziehung zu einer engeren Zusammenarbeit mit der Stadtverwaltung zu kommen. Aber Jerusalem bleibt ein besonderer Status in Israel – wie ihn Washington oder Ottawa hat – verwehrt. Kollek belastet es, weil die Mittel der Jerusalem Foundation nicht alle Probleme lösen können. Für den Schulhausbau dürfen sie zum Beispiel nicht verwendet werden. Eine andere Bürde ist hinzugekom-

Teddy Kollek im Gespräch mit Danny Angel, einem alten Freund und Wahlhelfer. Er besitzt die größte Bäckerei in Jerusalem.

men. Der Bürgermeister wurde bei den letzten Kommunal-
wahlen Ende Februar 1989 zwar mit einer Mehrheit von 65% in
seinem Amt bestätigt. Aber seine Liste für den Stadtrat – »Ein
Jerusalem« – verlor ihre Mehrheit.

Hatte sie 1983 noch 17 Sitze erhalten, so waren es diesmal nur
noch 11 von insgesamt 31. Diese Wahl – die sechste für Kollek –
stand unter dem Schatten des Wahlboykotts, zu dem Aktivisten
der »Intifada« erfolgreich aufgerufen hatten. Nur noch drei Pro-
zent der wahlberechtigten Araber – 1983 waren es 18% – wagten
es, zu den Urnen zu gehen. So fehlten Kolleks Liste offenbar
viele Stimmen von dieser Seite. Außerdem konnten die religiösen Parteien ihre Position ausbauen – ein Trend, der vier Monate
zuvor schon bei der Knesset-Wahl zu beobachten war. Sie erhielten im Rathaus 30% der Sitze.

Teddy Kollek arbeitet seitdem mit einer großen Koalition, in der
religiöse Parteien, Rechte und Linke gleichermaßen vertreten
sind. Das macht ihm das Leben nicht leichter. Es sind nun mehr
Sitzungen erforderlich, um zu Beschlüssen zu kommen, mehr
Überredungskunst ist nötig. Die Vertreter der Linken im Stadtrat neigen zur Demagogie, und die Ultra-Orthodoxen fühlen

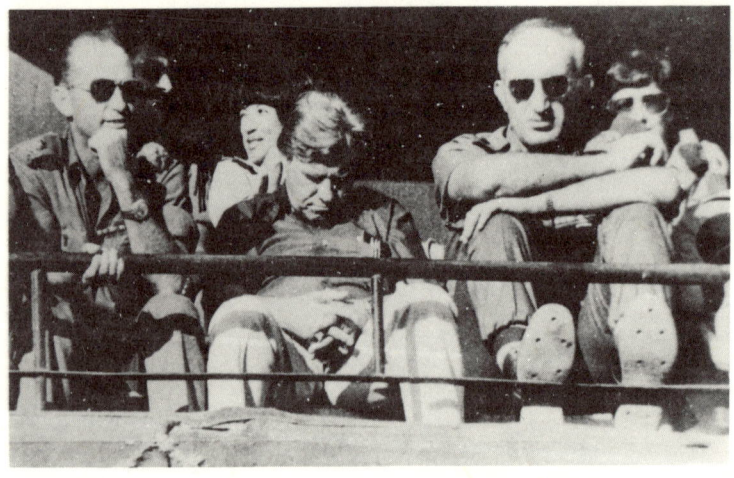

*Eine Parade scheint für Generäle aufregender zu sein als für einen
Bürgermeister.*

sich mit dem Blick auf ihre Erfolge in der Knessetwahl stärker denn je. Die Zusammenarbeit mit ihnen ist nicht unmöglich, aber ihr Druck wird größer. Wie sagte der Rabbi Porush: »Gott blickt auf Jerusalem vom Anfang bis zum Ende des Jahres.«

Viele hätten Verständnis dafür gehabt, wenn Kollek 1989 nach fast 25jähriger Tätigkeit als Bürgermeister nicht mehr kandidiert hätte. Er tat es dennoch. Sein Pflichtgefühl war auch in diesem Amt die Richtschnur für sein Handeln. Er hatte nie geglaubt, sich zum Minister oder Parteivorsitzenden zu eignen. Er wollte das Ergebnis seiner Arbeit vor sich sehen und die Zeit nicht in Sitzungen verbringen. So wurde das Amt des Bürgermeisters für ihn die Erfüllung seines Lebens, das vorher so viele Wendungen genommen hatte. Und er wollte die Verantwortung weiter tragen, weil er sein Werk noch nicht für abgeschlossen hält.

Mögen die neuen Mehrheitsverhältnisse im Stadtrat ihm auch das Leben schwermachen, mag eine immer weiter nach rechts gerückte Regierung unter Begins Nachfolger Yitzhak Schamir in seinen Augen den falschen Weg gehen: In Jerusalem ist noch viel

Stadtrats-Sitzung im Jerusalemer Rathaus. Kollek (Mitte) stützte sich stets auf breite Koalitionen – auch religiöse Parteien.

237

zu tun. Allein der Blick auf die ausgedehnte Baustelle im Mamilla-Viertel oder auf die Arbeiten für das neue Rathaus zeigt die Größe der unerledigten Aufgabe. Er glaubt daran, daß Israel fortbestehen wird. Aber die Gefahren lassen es doch nicht zu, mit der Arbeit an dieser Stadt aufzuhören. Seiner Frau Tamar, dieser klugen Beobachterin, hat die Arbeit ihres Mannes im öffentlichen Leben nie besonders gefallen. Aber von deren hohem Wert ist sie überzeugt.

Die Schatten über diesen fruchtbaren Jahrzehnten in Jerusalem bleiben niemandem verborgen. Da sitzt der Mann nun im Stadtrat und kämpft für die Rechte der Araber, für Baubewilligungen, für den Bau von Straßen und Schulen. Und dann sagen sie ihm: Wo ist eigentlich die Gegenleistung der Araber, wo bleibt denn das Dankeschön? Was antworten denn die Araber, wenn man ihnen sagt: Euch geht's doch viel besser als früher? Sie antworten: Wir würden auch Heu fressen, wenn wir nur eine Fahne hätten!

Ende der siebziger Jahre schien Teddy Kollek noch zu glauben, daß ein Gleichgewicht zwischen den nationalistischen Ansprüchen der Araber und den praktischen Vorteilen in Jerusalem möglich und erreichbar sei. Die vergleichsweise seltenen Zwischenfälle legten diesen Schluß immer wieder nahe. Empfanden die Araber Jerusalem nicht auch als etwas besonderes, das man nicht gefährden durfte? Aber Kollek wäre nicht der Realist, der er ist, wenn er nicht gespürt hätte, daß die Wurzeln eines friedfertigen Nebeneinanders nicht tief reichten. Wie tief – das mußte auch vom Verhalten der Israeli selbst abhängen.

Die krasse Polarisierung innerhalb der israelischen Gesellschaft nahm in den achtziger Jahren immer mehr zu. Auffallend viele junge Menschen entwickelten Gefühle tiefer Abneigung gegen die Araber, religiöser Fundamentalismus gab sich immer unverhüllter araberfeindlich – bis hin zu jenem Minister im Kabinett Schamir, der offen für die Vertreibung der Araber aus den besetzten Gebieten eintrat. Dagegen wirkt der Affront des Ministers Scharon, den er den Arabern mit seiner Ansiedlung in der muslimischen Altstadt bereitete, harmlos. Doch weder diese Verhärtung noch der Aufstand selbst geben eine letztgültige

Antwort auf die Frage nach dem jüdisch-arabischen Verhältnis in Jerusalem.

Teddy Kollek war überrascht, als die »Intifada« auf Jerusalem übergriff. Doch es stellte sich bald heraus, daß die Araber in der Stadt nicht wie auf einer fernen Insel lebten. Sie mußten sich dem Druck der Führung des Aufstandes genauso beugen wie die Menschen im Westjordanland und im Gaza-Streifen. Sie fingen an, mittags ihre Geschäfte zu schließen, wie die PLO es wollte, obwohl sie nichts mehr verkauften. Taten sie es nicht, mußten sie mit Repressalien rechnen. Und die Hamas, eine fundamentalistische Organisation, griff noch härter zu als die PLO.

Dennoch: Die Araber, die bei der Stadtverwaltung arbeiteten, kamen weiter herüber. Auch in den Hotels und Gaststätten Westjerusalems erschienen sie zur Arbeit. Die Histadrut, die israelische Gewerkschaftsbewegung, registrierte Hunderte von neuen Mitgliedern in Ostjerusalem. Die praktischen Kurse für Araber gingen weiter. Arabische Schüler besuchten wie zuvor die Taubstummenschule. Der Sommerkurs für Jugendliche aus Ostjerusalem, der Lagerleben, Tanz und Unterhaltung im Paley-Center anbot, war 1990 mit 250 Teilnehmern stärker besucht, als die Israeli erwartet hatten. Die Kontakte hierher und dorthin brachen nicht ab, doch sie verlaufen »leiser«.

Der Widerspruch zwischen Härte und Nachgiebigkeit der »Intifada«-Aktivisten war offensichtlich. Das Paley-Center bot im Sommer 1990 ein Beispiel dafür. Zwei ausländische Besucher kamen, um den Sommerkurs zu beobachten. Zuvor aber fragte sie der arabische Kursleiter, wo sie ihr Auto abgestellt hätten. Die Besucher zeigten auf die nahe Straße, und sogleich wurde ein zweiter Araber dorthin geschickt, um dafür zu sorgen, daß niemand den Wagen mit dem israelischen Nummernschild in Brand steckt. Die Besucher gingen inzwischen zu der fröhlichen Gruppe, die im Gebäude tanzte. Zwei Gesichter der »Intifada«! Der tagtägliche Frieden, für den sich Kollek eingesetzt hat, ist bis heute nicht ganz aus der Stadt gewichen. Aber die blutigen Gewalttaten nahmen gegen Ende des Jahres 1990 auf beiden Seiten stark zu. Das Mißtrauen der Bevölkerungsteile in Jerusalem ist ebenso gewachsen wie die Nervosität. Wie hatte es

Was wird die Zukunft ihm bringen? Palästinensischer Junge vor den bestreikten Geschäften in der Altstadt von Jerusalem.

Anwar Al-Sadat formuliert, der selbst ein Opfer des Fanatismus wurde: »Der Nahost-Konflikt besteht zu 70% aus Psychologie und zu 30% aus politischen Differenzen.« Aber es wäre kurzsichtig, das Werk Teddy Kolleks für gescheitert zu erklären. Was hilft es schon, ihm vorzuhalten, er glaube nur noch an seinen eigenen Mythos. Richtig ist, daß die Menschen beiderseits der Trennlinie ihn schätzen, weil sie ihn als Freund der Menschlichkeit kennen und brauchen. Ihre Lage wäre sonst hoffnungslos. Heute ist die Frage, ob die zurückliegenden Jahrzehnte in Jerusalem für den Frieden verloren sind, nicht zu beantworten. Sie hängt nicht von einem einzelnen Menschen ab. Teddy Kollek ist, wie sein Sohn Amos meint, in den letzten Jahren »philosophischer« geworden. Aber vom Kurs ist er nicht abgekommen.
Er hat keine Scheu, »undenkbares« zu denken – allen gegenüber. Den arabischen Freunden sagt er: Warum habt ihr die Chancen nie genutzt, die ihr hattet? Immer wolltet ihr alles haben! Und ihr

240

müßt verstehen, daß auch wir Angst haben. Die Mehrheit der Israeli kommt aus dem Orient, wo sie von euch Arabern schlecht behandelt wurde. Und wir sind nur vier bis fünf Millionen gegen die vielen Millionen auf eurer Seite. Den Israeli wiederum hält er vor: Die »Intifada« wird nicht aufhören, so lange kein Licht am Ende des Tunnels zu erkennen ist. Am Ende aber wird die israelische Regierung gezwungen werden, ihre bis heute verschwiegenen Ziele zu nennen.

Und Kollek sagt seinen Landsleuten, daß er eine Alternative zu Verhandlungen mit der PLO nicht sieht. Er hat viel zu viel Erfahrung im Umgang mit den Problemen dieser Welt, als daß er nicht wüßte: Wenn man etwas erreichen will, muß man mit jedem verhandeln. Die Wurzeln einer friedlichen Nachbarschaft werden, davon ist er überzeugt, noch Jahrzehnte wachsen müssen, um tief genug zu greifen. Und in dieser Zeit wird es auch einen Staat für Palästinenser geben müssen. Es ist schwer, Geduld aufzubringen, wenn heute hier einer erschossen und dort ein anderer verletzt wird.

Dieses Bürgermeisters Teil ist es, mit dem eigenen Beispiel gegen die Resignation anzukämpfen. Diesem Israeli glaubt man, daß er den anderen ernst nimmt, ihm zuhört und nicht nur mit sich selbst beschäftigt ist. Es ist nicht bedeutungslos, wenn Teddy Kollek sich des Morgens in ein Café der muslimischen Altstadt setzt und sich Sorgen der Araber anhört. Und es ist auch keine Verzweiflungstat, in der abendlichen Dämmerung in das arabische Dorf am Ölberg zu fahren, um einer Familie zum Tod eines Verwandten zu kondolieren. Solange einer so etwas tut, ist noch Hoffnung. Für beide Seiten. Und beide Seiten können nur verlieren, wenn Teddy Kollek verliert.

Literaturverzeichnis

Bar-Zohar, Michael/David Ben Gurion: 40 Jahre Israel, Bergisch-Gladbach 1988.

Bautz, Franz J. (Hg.): Geschichte der Juden, München 1989.

Benvenisti, Meron: Conflicts and Contradictions, New York 1986.

Benvenisti, Meron: Jerusalem, The Torn City, Jerusalem 1976.

Choshen, Maya/Shlomit Greenbaum: Statistical Yearbook of Jerusalem, Nr. 7, Jerusalem 1990.

Czech, Joachim u. a.: Weltreligionen – Judentum, Frankfurt/München 1978.

Eban, Abba: Dies ist mein Volk. Die Geschichte der Juden, Zürich 1970.

Gavron, Daniel: Israel after Begin, Boston 1984.

Gilbert, Martin: Jerusalem. Illustrated History Atlas, Jerusalem 1978.

Grosser, Alfred: Geschichte Deutschlands seit 1945, München 1987.

Hilberg, Raul: Die Vernichtung der europäischen Juden (3 Bde.), Frankfurt/M. 1990.

Kraemer, Joël L.: Jerusalem. Problems and Prospects, New York 1980.

Kollek, Teddy/Amos Kollek: Ein Leben für Jerusalem, München 1985.

Kollek, Teddy/Moshe Pearlman: Jerusalem. Seine Geschichte in vier Jahrtausenden, Frankfurt/M. 1987.

Kollek, Teddy/Shulamith Eisner: Jerusalem. Der Bürgermeister führt durch die Stadt, Frankfurt/M. 1990.

Kollek, Teddy: Ansprache aus Anlaß der Verleihung des Friedenspreises des Deutschen Buchhandels, Frankfurt 1985.

Kroyanker, David: Jerusalem. Planning and Development. 1982–1985. New Trends, Jerusalem 1985.

Laqueur, Walter: Der Weg zum Staat Israel, Wien 1975.

Laqueur, Walter/Barry Rubin: The Israel-Arab Reader, New York 1984.

Lustick, Ian S.: For the Land and the Lord, New York 1988.

Lüders, Michael: PLO. Geschichte, Strategie, aktuelle Interviews, Hannover 1982.

Martin, Bernd/Ernst Schulin: Die Juden als Minderheit in der Geschichte, München 1981.

Mejcher, Helmut/Alexander Schölch (Hg.): Die Palästina-Frage 1917–1948, Paderborn 1981.

Mendes-Flohr, Paul R.: Martin Buber. Ein Land und zwei Völker, Frankfurt/M. 1983.

Morris, Benny: The birth of the Palestinian refugee problem 1947–1949, Cambridge 1987.

Radke, Rudolf: Frieden lernen in Jerusalem, Frankfurt/M. 1986.

Ruppin, Arthur: Tagebücher, Briefe, Erinnerungen, Königstein 1985.

Sachar, Howard M.: A History of Israel, New York 1979.

Sachar, Howard M.: A History of Israel, Vol. II, Oxford 1987.

Samuel, Rinna: A History of Israel, London 1989.

Sawicki, Tom: The Jerusalem Handbook, Jerusalem 1987.

Shepherd, Naomi: The Mayor and the Citadel, London 1987.

Shimoni, Yaakov/Evyatar Levine: Political Dictionary of the Middle East in the 20th centruy, Jerusalem 1972.

Stemberger, Günter (Hg.): Die Juden. Ein historisches Lesebuch, München 1990.

Torr, David R./Bryan R. Daves: The Middle East, Washington 1986.

Trepp, Leo: Die Juden. Volk, Geschichte, Religion, Hamburg 1987.

Tuchman, Barbara: Bibel und Schwert. Palästina und der Westen, Frankfurt/M. 1983.

Weissensteiner, Friedrich: Schicksalstage Österreichs, Wien 1989.

Werblowsky, R. J. Zwi: Die Bedeutung Jerusalems für Juden, Christen und Muslims, Jerusalem o. J.

Wolffsohn, Michael: Israel. Politik – Gesellschaft – Wirtschaft, Opladen ²1987.

Bildnachweis

Karen Benzian, Jerusalem: Seite 144, 145, 146, 151, 179, 183, 185, 186, 187, 194, 198, 203, 205, 228, 230, 234

Tim Gidal, Jerusalem: Seite 120, 237

Goro Photo, Jerusalem: Seite 197

Israel Museum, Jerusalem: Seite 21, 22

Jerusalem Foundation, Jerusalem: Seite 206, 208, 226, 232

Palphot, Herzlia: Seite 50

Privatbesitz Danny Angel, Jerusalem: Seite 235

Privatbesitz Teddy Kollek, Jerusalem: Seite 10, 11, 33

Privatbesitz Amos Manor, Tel Aviv: Seite 32

Zeev Radovan, Jerusalem: Seite 155

Eli Ross, Jerusalem: Seite 169, 170

Stadtarchiv Jerusalem: Seite 38, 39, 55, 59, 86, 192, 236

Archiv des Verfassers, Königstein/Ts.: Seite 23, 51, 173, 180, 200, 201, 223, 240

Aharon Zuckermann, Jerusalem: Seite 172